I0821568

LIRE LE XVIIe SIÈCLE
sous la direction de Delphine Denis et Christian Biet
57

Série *Littérature, libertinage et spiritualité*
dirigée par Sophie Houdard
11

Les Politiques de l'âme

Ouvrage publié avec le soutien des Facultés Jésuites de Paris – Centre Sèvres

Patrick Goujon

Les Politiques de l'âme

Direction spirituelle et Jésuites français à l'époque moderne

PARIS
CLASSIQUES GARNIER
2019

Patrick Goujon, professeur d'histoire de la spiritualité aux Facultés jésuites de Paris et membre associé au CéSor-EHESS, est spécialiste des rapports entre littérature, société et spiritualité au XVIIe siècle. Il a également publié *Les Conseils de l'Esprit, Lire les lettres d'Ignace de Loyola*, Lessius.

ISBN 978-2-406-09291-9 (livre broché)
ISBN 978-2-406-09292-6 (livre relié)
ISSN 2108-9876

Comment survivre si l'individu ne trouve pas auprès de lui quelques humains capables de lui accorder leur confiance pour qu'il tienne son rôle, et, en même temps, de le soumettre à l'exigence de le tenir ?
François ROUSTANG, *Influence.*

Et se trouve autant de différence de nous à nous-mêmes, que de nous à autrui … Ce n'est pas tour de rassis entendement de nous juger simplement par nos actions de dehors ; il faut sonder jusqu'au-dedans, et voir par quels ressorts se donne le branle ; mais, d'autant que c'est une hasardeuse et haute entreprise, je voudrais que moins de gens s'en mêlassent.
MONTAIGNE, *Essais*, II, 1.

INTRODUCTION

> J'ai commencé l'histoire que j'écris sans autre dessein que de m'édifier moi-même. Mes occupations m'avaient obligé de l'interrompre assez longtemps pour me faire perdre l'envie de l'achever. Outre que durant cette interruption, j'avais appris qu'un plus habile homme que moi y devait employer une plume, déjà fameuse par un ouvrage qui en ce genre a peu d'égaux. Il serait à souhaiter qu'il eût eu le temps d'exécuter le plan qu'il en avait fait : nous aurions une histoire du Père Coton pareille à celle de Saint-François de Borgia ; et au lieu de la peine qu'il y a à écrire, je goûterais à l'heure qu'il est le tranquille plaisir de lire un bon livre.
>
> *La Vie du Père Pierre Coton de la Compagnie de Jésus, confesseur des Rois Henry IV et Louis XIII*, par le Père Pierre Joseph d'Orléans, de la même Compagnie, 1688.

La scène est plaisante : on imagine ce bon père jésuite, Pierre Joseph d'Orléans, faire mine de prendre le relais d'un meilleur écrivain que lui pour ne pas s'attribuer le mérite de son ouvrage. Lieu commun de l'excuse où l'auteur s'applique à lui-même le plaisir qu'il escompte pour son lecteur en regrettant de ne pas savourer ce qu'il peine à composer. Dans la pose de l'écrivain laborieux, renonçant au plaisir de la lecture, se profile la visée de la littérature jésuite : tenir en ses mains un bon livre pour s'édifier soi-même. Mais en filigrane ne cesse d'apparaître l'air commun de l'époque moderne : utilité et délectation de la littérature. La *Vie du Père Coton* pourrait donc être un bon livre… pour l'édification du lecteur ou son plaisir, le plaisir de l'édification, ou l'édification qui règle le plaisir. Ou un bon livre, tout court, dont le plaisir à le lire en ferait perdre l'utilité.

Mais pourquoi commencer par cette évocation littéraire un livre sur la direction spirituelle ? C'est qu'il n'est sans doute guère d'autres moyens pour l'approcher. Où trouver ce qui a lieu dans un entretien, un échange de paroles ? La littérature spirituelle, avons-nous constaté, en fut… que faut-il dire ? le témoin, le substitut, le transfert, la mutation ? Difficile à dire, à moins de noter, par provision, que la littérature ne parvint pas tout à fait à recouvrir la direction. D'ailleurs pourquoi l'aurait-elle tenté ? En choisissant d'introduire la littérature pour observer les transformations de la direction spirituelle à l'époque moderne, nous entrons au cœur du problème. La direction est née de la mutation politique de la conversation au contact de la littérature spirituelle. Pour le dire autrement, passer de la conversation à la littérature spirituelle, c'est faire apparaître la figure du directeur et le modèle politique d'une pratique à la lisière de la subjectivation et de l'assujettissement.

La littérature spirituelle jésuite est née dans l'écart qui s'est creusé entre la pratique de la conversation, telle qu'Ignace de Loyola l'avait codifiée, et l'usage qui s'est répandu avec intensité de la direction spirituelle. Les jésuites furent notoirement des directeurs. Certes, ils ne détiennent ni le monopole de la direction ni la primauté en matière de littérature spirituelle. Pour l'une et l'autre cependant, ils furent des praticiens et des théoriciens reconnus. Des directeurs furent des écrivains, des écrivains des directeurs qui donnaient à lire des ouvrages de piété à leurs dirigés, et qui composaient pour eux méditations, conseils et traités. C'est à ce croisement que ce livre se situe. Cette intersection permettra d'éclairer ce que nous cherchons : comment la conversation spirituelle prend-elle part à l'émergence du sujet ? La conversation spirituelle, rencontre d'occasion et parole impromptue, aura besoin pour nous apparaître d'être distinguée de la direction et de la littérature qui est née de cette pratique et l'a accompagnée.

À se tenir à ce carrefour d'activités apparaît un autre intérêt, celui que recouvre le terme de « politiques », à comprendre d'abord comme les rapports entre des individus présents dans une société donnée qui concourent à sa constitution, son maintien et son développement, par le biais d'institutions. En effet, la conversation et la direction spirituelles, que l'on apprendra à distinguer, cherchent en s'occupant de « l'homme intérieur » à édifier le corps social dans lequel, en ce dix-septième siècle, l'Église catholique entend jouer un rôle déterminant. En ce sens déjà, la direction spirituelle est politique. Elle configure des rapports interpersonnels, entre directeur et dirigé. Mais fondamentalement, conversation et direction sont des conduites de soi, les lieux d'un gouvernement de soi-même ou d'autrui. Elles instaurent le sujet dans un rapport politique à soi pour qu'il se guide lui-même, se dirige ou soit dirigé. Dès lors, l'étude de la direction spirituelle à l'époque moderne devient un remarquable champ pour interroger la subjectivation, le devenir sujet, son assujettissement.

Une tension habite la direction qui touche au politique comme au spirituel, lequel est toujours plus politique sans doute qu'on ne le dit. Si l'adjectif renvoie à l'esprit, et en régime chrétien, à l'Esprit Saint d'abord, celui-ci ne prétend pas arracher ses adorateurs à l'ici-bas. « Je prierai le Père pour qu'il vous envoie un autre défenseur », dit le Christ à ses disciples, pour mener sur terre le combat de la foi. L'envoi de l'Esprit Saint, dans la tradition chrétienne, révèle l'horizon de la fin des temps dans le présent humain. Une fois dissipé le malentendu qui fait du spirituel un enclos céleste ou la citadelle intérieure de nos âmes réduites à l'intime, le spirituel est politique en tant que le croyant est appelé à vivre avec ses semblables, qu'il regarde comme des frères, à construire un monde commun et à se conduire lui-même dans ce monde comme le Christ lui en a ouvert le chemin. On peut à tout le moins ainsi retranscrire l'idée commune de la foi chrétienne. La direction spirituelle cherche à permettre aux croyants d'atteindre cette double visée, construire ensemble le monde et se conduire soi-même, qui peut se ramener à une seule : trouver sa place dans l'Église et la société dans un rapport juste avec soi-même, Dieu et autrui. Mais la tension qui traverse la direction touche les manières de poursuivre cette fin. Pour exposer d'un mot les deux modèles en concurrence : se diriger ou être dirigé. S'agit-il, en régime chrétien, d'accéder au statut de sujet responsable, capable de mener sa vie, de prendre des décisions, d'occuper une place dans l'Église, dans la société, ou de recevoir d'un autre la place à tenir, le comportement à adopter, les pensées à accueillir ou à rejeter ? Mais cette alternative-là est encore trop grossière. La difficulté vient plutôt de ce que l'on accède à sa liberté de sujet par un processus d'initiation, une subjectivation qui en passe par un assujettissement. On peut, en philosophe, penser le déploiement de ce devenir sujet par le dépassement de sa négation. Il nous a semblé que l'on pouvait, à partir de la pratique jésuite de la direction et de la littérature spirituelles, montrer comment différents modèles de relations conduisaient à des modes de subjectivation différents. L'écart entre ces deux modèles nous est apparu d'abord au travers de la littérature spirituelle jésuite.

Nous avons contracté toutes sortes de dettes pour cette recherche, envers l'histoire de la littérature et plus précisément des institutions littéraires, attachée à comprendre la naissance de l'écrivain à l'époque moderne et les pouvoirs de la littérature[1]. Nous sommes aussi redevables d'une tradition critique peu connue hors des cercles qui la pratiquent, auxquels nous appartenons : l'étude et la pratique des *Exercices spirituels* d'Ignace de Loyola. Double appartenance en réalité, car si longtemps le commentaire des *Exercices* fut une science jésuite, renouvelée depuis les années 1950 par les travaux d'un Maurice Giuliani, et des auteurs réunis autour de la revue *Christus*, dont Michel de Certeau, elle s'est aujourd'hui enrichie de l'apport de ceux qui ont contribué à désenclaver les études jésuites, à les déconfessionnaliser, et à étudier les discours et pratiques spirituels de la Compagnie de Jésus, « hors les murs[2] ». Enfin, on aura reconnu le tour que Michel Foucault a donné à l'étude de la direction spirituelle en la rangeant parmi les « techniques de soi[3] ». Nous reviendrons dès le premier chapitre à ses travaux qui nous offrent au minimum une méthode : nous étudierons les pratiques discursives qui configurent les rapports entre le directeur et le dirigé où apparaît un écart entre les pratiques jésuites modernes et celles qu'organisent les textes d'Ignace de Loyola.

Avant même l'établissement d'une méthode, s'était posé un premier problème : quelles sources réunir pour étudier la direction spirituelle, ces « conversations saintes » dont parlent les *Constitutions* des jésuites ? Le caractère impromptu ou familier de la conversation et sa volatilité font d'elles une pratique effacée. Des notes rédigées après coup, comme

1 Viala, 1992. Jouhaud, 2000.

2 Giuliani, 2015. La démarche du désenclavement est analysée dans « Les jésuites dans le monde moderne. Nouvelles approches », Pierre Antoine Fabre et Antonella Romano, 1999. On en trouve de remarquables exemples dans les travaux de Giard et Vaucelles, 1995, ou dans l'entreprise d'édition critique des textes d'Ignace de Loyola, réunissant jésuites et universitaires laïcs, sous la conduite de Maurice Giuliani. Loyola, 1991.

3 Foucault, 2012. Foucault, 2018.

on les a conservées dans des directoires, des correspondances, ou des mémoires ne sont déjà plus le moment de la conversation, l'imprévu de l'interlocution avec ses surprises, ses silences, ses redites et ses malentendus[4]. À l'inverse, de nombreux documents témoignent de conversations, de leur organisation au sein d'institutions religieuses, mais aussi littéraires ou mondaines[5]. Que ne vit-on pas se multiplier les arts de la conversation, les traités de direction, et les correspondances, souvent vues comme des pis-aller, des palliatifs ? La lettre de direction avait pourtant sa consistance propre, apprenant même plutôt au correspondant que l'absence de son directeur était une leçon pour mieux se tourner vers Dieu seul[6]. On se mit à rassembler des lettres et à en publier des recueils ; des jésuites écrivirent des traités de méditation, des maximes pour se conduire soi-même, des méthodes de prière et de discernement des esprits. Sans compter qu'il fallait former ces directeurs et rédiger pour eux d'autres traités ou d'épais manuels, tout autant pour réglementer la direction spirituelle à l'intérieur de la Compagnie, envers les novices et chacun des membres dans l'obéissance due à son supérieur, que pour l'organiser vers l'extérieur, comme un des moyens de la mission[7]. Le problème documentaire se redoublait alors : comment ne pas écraser l'impromptu de la conversation, aux sources impossibles, sous l'abondance littéraire de la direction, et comment situer l'une par rapport à l'autre ?

Un principe méthodologique s'imposait : situer ces sources écrites dans leurs fonctions et leurs places au sein de la direction spirituelle, différencier des genres, préciser les pratiques auxquelles ces discours donnent lieu. Un traité de règles pour un directeur n'est pas un recueil de méditation que donne un directeur à son dirigé. Il fallait dès lors non pas s'intéresser à l'énoncé des doctrines, qui se recoupent, se répètent d'un livre à l'autre, mais tenter de reconstituer la pratique de la direction spirituelle en tant qu'elle convoque toutes sortes d'écrits,

4 On pense ici au *Directoire des Exercices* publié dans la Compagnie en 1592, ou, dans un autre registre à des textes comme ceux de Lallemant et de sa doctrine spirituelle, résultats des notes prises par Surin ou Rigoleuc. Lallemant, *Doctrine spirituelle*, 2011.

5 Craveri, 2002. Une étude de la direction du point de vue des femmes serait à mener dans la ligne des travaux de S. Mostaccio ou de X. von Tippelskirch.

6 Nous nous permettons de renvoyer à nos deux ouvrages précédents, *Prendre part à l'intransmissible* et *Les conseils de l'Esprit.* Goujon, 2008 et, Goujon, 2017.

7 Sur les transformations des conceptions de l'obéissance et les conflits internes à la Compagnie à ce propos, voir Mostaccio, 2014.

en amont, pour former les directeurs, et en aval, pour conduire les dirigés[8]. Ce travail se distingue alors d'une histoire de la direction spirituelle[9], d'une histoire de ses doctrines[10], dans leur lien avec les débats théologiques de l'époque moderne, sur la grâce en particulier, telle qu'une histoire de la théologie morale aurait à en traiter[11]. Nous avons ici délibérément écarté une étude de la casuistique, à laquelle il nous faudra un jour pourtant revenir. La casuistique relève davantage de la confession que de la direction dont nous voulions la distinguer. De même, en évoquant la littérature jésuite, nous ne l'étudierons ni dans les rapports qu'elle pourrait entretenir avec des œuvres de son temps ni comme œuvres littéraires considérées en elles-mêmes, hors de l'usage dont elles servent ici à reconstruire les modalités[12] et moins encore comme théologie vulgarisée. Enfin, on aurait pu choisir d'épouser quelques écrits jésuites et en retracer leur vision de l'homme, leur anthropologie[13] : si elle affleure ici, c'est en tant qu'elle figure les relations que le directeur entretient avec le dirigé, le rôle qu'il attend de lui dans la société et l'Église de son temps. Par méthode, nous nous en sommes tenus à deux principes : envisager la direction spirituelle comme une pratique, l'inscrire dans la politique et non dans la morale jésuite qu'elle présuppose toutefois.

8 Reste irremplaçable à ce jour, malgré ses limites, pour adopter une vue d'ensemble de cette littérature l'ouvrage de Guibert, 1953.

9 Une remarquable synthèse de l'histoire de la direction spirituelle a été donnée par une équipe d'universitaires italiens. Le troisième volume porte sur l'époque moderne : Filoramo, 2008. En France, on doit à Pauline Chaduc, dans un ouvrage consacré à Fénelon, une très belle réflexion sur la direction spirituelle, son lien à la correspondance et à la littérature d'une manière générale, Chaduc, 2015.

10 Voir l'article « Direction spirituelle » du *Dictionnaire de Spiritualité*, de 1957, qui s'étend des colonnes 1061 à 1214 et mobilise une dizaine d'auteurs. On se reportera aussi à Hausshert, 1955. L'auteur analyse les relations de direction spirituelle du point de vue de l'histoire des doctrines mais aussi comme pratiques discursives, dans une orientation anthropologique qui a ouvert pour nous le rapprochement avec les travaux de van Gennep.

11 Pour un renouvellement de l'approche de l'histoire de la théologie morale, sans la restreindre à une histoire des doctrines, voir Gay, 2011.

12 C'est à Marc Fumaroli, dans *L'âge de l'éloquence*, parue en 1980, que l'on doit d'avoir renouvelé l'approche des écrits jésuites de spiritualité pour les inscrire dans la littérature, voir Fumaroli, 1994.

13 Une telle démarche est représentée en particulier par van Delft, 1993 et tous les travaux de Benedetta Papàsogli, véritables méditations sur l'homme intérieur dans la littérature classique, dont en particulier l'ouvrage *Le sourire de Mentor*, 2015, d'où émergent les conceptions de la direction fénelonienne.

Nous avons pu ainsi formuler une hypothèse, qui s'est confirmée au fil de ce travail : la direction spirituelle jésuite à l'époque moderne s'est engagée dans le mouvement de sa littérarisation. Les textes que nous avons étudiés sont bien plus que corrélés à une pratique conversationnelle, dont ils seraient les traces, les échos, les cadres. Ils témoignent d'une transformation de la direction qui n'affecte pas seulement, comme nous l'avions d'abord pensé, le modèle des relations entre le directeur et le dirigé, sa conversion d'un rapport familier à un rapport directif, mais ils révèlent une mutation qui peut s'analyser comme « littérarisation ». La direction spirituelle à la fois participe de ce mouvement plus large qui voit la naissance de la littérature à l'époque moderne, mais elle élabore par un certain usage de la littérature des conceptions nouvelles de l'interaction des sujets à l'intérieur de l'Église, dans la relation de l'Église à la société. La direction institue une région de la littérature, un usage particulier du littéraire au sein de la société. Selon les directeurs, ce qui détermine la position d'un sujet dans un groupe tient en bonne partie à l'acquisition de comportements fournis par une instruction où la lecture entend jouer un rôle capital. Les usages de cette lecture sont encadrés par la direction spirituelle qui se définit comme une des institutions du littéraire, ou du moins y prétend. On verra se lever quelques doutes parmi les jésuites. Si aujourd'hui la direction spirituelle ne nous paraît en rien une institution littéraire, c'est parce qu'on a oublié le rôle qu'elle a joué, dans la constitution de « bibliothèques », de collections, d'une littérature catholique jusqu'au dix-neuvième siècle. L'institution littéraire contemporaine s'en est effectivement débarrassée, et l'époque moderne laissait entrevoir que ce pouvoir de régler la littérature, tant pour les écrivains que les lecteurs, était contesté à l'Église. Mais c'est là encore d'une autre histoire dont il s'agit.

Nous proposons, quant à nous, de voir comment une pratique spirituelle, la direction, configure un certain usage social de la littérature. Notre travail articule des textes à des pratiques pour montrer comment ils agencent des rapports, configurent des positions en vue de faire société. La spécificité spirituelle de ces rapports tient à ce qu'ils entendent se définir à partir de la relation que chacun entretient avec Dieu. Dieu sera donc présent dans ce travail en tant qu'il opère des rapports humains, ecclésiaux, sociaux par toutes sortes de moyens (les Écritures, considérées comme sa Parole, des sacrements, des personnes instituées – prêtres, religieux – mais aussi des mouvements intérieurs, son Esprit à discerner). Nous adopterons ce point de vue pour mieux entrer dans celui de ceux qui considéraient la direction comme une œuvre spirituelle. Nos analyses de textes cherchent à préciser la fonction qu'occupaient dans la pratique de la direction les écrits que nous étudions. Elles s'efforcent en premier à répondre à une question simple, de pragmatique littéraire. Que fait ce texte ? Que dit-il qu'il fait ? Mais que pouvons-nous restituer de son action selon un certain usage ? Nous choisissons pour cela l'analyse rhétorique de la composition des textes dans la mesure où, par nature, la rhétorique est attentive aux usages des discours, à leur destination. Mais, il nous faut ensuite nous extraire de cette perspective interne pour situer ce qu'opèrent ces textes, ce à quoi ils prétendent, dans des situations de direction spirituelle. Nous en avons choisi trois, à partir des écrits des jésuites Paul Lejeune, Nicolas Caussin et Jean-Joseph Surin. Les situations où ils font circuler leurs écrits et attendent d'eux un effet nous étaient suffisamment connues pour tenter de préciser nos analyses. Ces usages de la littérature rangent leurs écrits parmi les « utopies écrites[14] ». Ils figurent des rapports sociaux entre croyants, Église et société, et donnent naissance à des organisations imaginées plutôt qu'à des descriptions de réalités historiques.

La littérature de direction viserait alors à dessiner un horizon, moins peut-être ce qui est à atteindre en faisant en sorte de le réaliser qu'en écrivant ce qui est à espérer, comme résolution des conflits intérieurs du sujet, les conflits entre les hommes, les conflits entre Dieu et les hommes. On rejoindrait alors ce que Louis Marin comprenait de l'utopie :

> Le discours utopique occupe la place – historiquement vide – de la résolution historique d'une contradiction : il est le « degré zéro » de la synthèse dialectique des contraires. Il s'institue dans l'écart entre les contraires, et, en ce sens, il est l'expression discursive du *neutre* (défini comme « ni l'un ni l'autre » des contraires). Un exemple : *L'Utopie* de More n'est ni l'Angleterre ni l'Amérique, ni l'Ancien ni le Nouveau Monde, mais l'entre-deux de la contradiction historique au début du XVIe siècle de l'Ancien et du Nouveau Monde. [...] Le discours utopique [...] est un discours qui met en scène ou donne à voir une solution imaginaire, ou plutôt fictive, des contradictions : il est le simulacre de la synthèse[15].

14 Séguy, 1999.
15 Marin, 1973, p. 9.

Pratique réelle, la direction spirituelle aurait inventé à l'époque moderne par sa littérature l'espace où porter la tension des rapports humains, entre domination et cordialité, utopie chrétienne des relations entre Dieu, soi-même et les autres. Elle fait sentir aussi la crainte de la lecture qui s'empare de certains des jésuites, pourtant promoteurs d'un apostolat du livre[16].

La matière principale de ce livre est la littérature jésuite. De ce fait, nous avons exclu de notre réflexion deux auteurs majeurs, l'un à l'orée, l'autre à l'issue de notre période, François de Sales et Fénelon. À regret, et en espérant ne pas nous être fourvoyé par ce silence : le premier imprime sa marque à la littérature spirituelle de langue française, et influence les jésuites. Le second vint dès lors que le mouvement que nous décrivons s'est accompli, mais il s'y ménage une place de maître et relance les interrogations.

Nous avons aussi restreint la littérature jésuite à celle d'expression française, par commodité. Mais le biais est patent : les jésuites français lisent, traduisent leurs confrères italiens et espagnols. Disons qu'en retour, les Français furent des inspirateurs et leurs ouvrages gagnèrent l'Europe jusqu'à la fin du XVIIIe siècle, dans la langue de Molière, alors souveraine, voire dans des traductions nombreuses. Nous disposons, il est vrai, d'études précieuses sur le site de naissance de cette littérature spirituelle dans la société française du dix-septième siècle. Mais pour observer quel rôle jouait cette littérature, dans la direction spirituelle, comment elle y apparaissait et comment elle en transformait l'exercice, il nous a paru nécessaire, dans un premier chapitre, de faire apparaître, comme en une scène primitive, la conversation telle qu'Ignace de Loyola l'envisageait, lequel précisément ne parlait pas de « direction ». Nous développerons le modèle pastoral qu'Ignace de Loyola avait mis en place, tel que nous pouvons le reconstituer à partir d'une analyse des *Exercices spirituels*, mais aussi de son récit autobiographique. Il rapporte la genèse de la conversation comme lieu de salut. Pour comprendre ce modèle, nous mettrons nos pas dans ceux de Foucault en faisant apparaître la singularité d'Ignace de Loyola. Cependant les *Exercices* ne nous conduisaient pas encore aux modèles de la direction. Il nous faudra, dans un second chapitre, nous interroger sur la manière dont étaient formés les jésuites à la direction. Jaillira, une première fois, l'écart entre

16 Martin, 2003.

le modèle conversationnel institué par les *Constitutions* de la Compagnie de Jésus et le modèle directif que les mutations institutionnelles finirent par instaurer. L'analyse de pratiques discursives au sein de l'itinéraire de formation des jésuites nous guidera alors. Nous pourrons aborder, dans un troisième chapitre, la littérature jésuite de direction. Nous le ferons en suivant trois jésuites pris dans des situations différentes : Caussin, Lejeune et Surin. Nous verrons trois modèles de relations qu'offrent leurs écrits, leur mise en circulation dans la société et les effets escomptés sur le lecteur. La littérature de direction compose un ordre utopique : imaginer ce que le monde serait si les propos des directeurs étaient efficaces pour déterminer l'action de leurs dirigés et les mettre en relation les uns avec les autres. La direction, loin de se contenir dans l'intériorité, fait circuler les correspondances, les confidences : elle rend publics les désirs pour édifier la société que Dieu prépare dans le secret des cœurs. La dimension politique de la direction et le mouvement de littérarisation s'entretiennent l'un l'autre. Nous pourrons alors élargir notre regard et comprendre, dans un quatrième chapitre, comment une littérature a émergé au sein de la direction spirituelle, croisant les transformations des manières de donner les *Exercices spirituels* avec la naissance de la littérature moderne, sa pénétration au sein de la Compagnie et la tentative des jésuites de se tourner vers elle. Nous pourrons reprendre finalement, dans un cinquième chapitre, la réflexion qui s'élabore parmi les jésuites français sur les pouvoirs de la littérature, qui fait du livre un compromis pastoral, et le lieu d'une interrogation sur ce qui du livre échappe, le rend suspect, et fait douter de la possibilité même d'en faire le moyen d'une conduite de soi en Église. La littérature spirituelle apparaît dans ce champ d'observation comme l'articulation des rapports entre les individus et la société, et comme l'interrogation sur la liberté du lecteur à devenir sujet.

Ce livre doit beaucoup à P. Charru, T. Ferraroni, T. Bartok, C. Caillaud, ainsi qu'aux étudiants de Master et Doctorat du Centre Sèvres. J.-P. Gay, S. Conte, S. Mostaccio, C. Belin, l'équipe de St Beuno's ainsi que les membres du GRIHL et du CéSor m'ont aidé par leurs travaux et nos discussions. Ma gratitude s'adresse enfin à B. Papàsogli, A. Cantillon, I. Briant, F. Trémolières, et P. A. Fabre.

L'AIDE SPIRITUELLE POUR IGNACE DE LOYOLA

Par toutes sortes de conversations, Ignace de Loyola voulait que les membres de la Compagnie de Jésus aident les âmes. Initiation à prendre la parole, à travers les *Exercices spirituels* en particulier, dans des entretiens réglés mais distants de l'aveu des confessionnaux, la conversation spirituelle place l'interlocuteur sur la voie de la subjectivation. Nous laisserons émerger progressivement cette forme de la conversation. Mais nous verrons, pour commencer, que ce processus se comprend dans le fil des études sur les « conduites de soi » menées par Michel Foucault, et nuance la thèse qui fait du christianisme un assujettissement.

LE PROJET D'IGNACE DE LOYOLA AU REGARD D'UNE HISTOIRE DES « CONDUITES DE SOI »

La direction spirituelle que les jésuites ont assurée pendant l'époque moderne gagne-t-elle à être éclairée par la réflexion sur les conduites de soi ? Est-elle pertinente pour la période moderne où furent actifs les jésuites ? À lire Pierre Hadot, avec qui le rapprochement se fait directement en raison du titre de ses recherches, on en doute pourtant. Quant à Foucault, ses thèses sur le christianisme comme assujettissement semblent trop radicales, mais ouvrent cependant la porte à notre réflexion.

Pierre Hadot, dans un livre d'entretiens, revenait sur ses hésitations à choisir l'expression d'exercices spirituels comme titre de ses recherches en raison de ses connotations religieuses[1]. Il se débarrassait bien vite de

1 Hadot, 1981.

la référence ignatienne et déclarait s'en être remis à la position de Paul Rabbow, capitale pour Foucault également, qu'il résume ainsi : « Les fameux *Exercices spirituels* de saint Ignace étaient hérités de la pensée des moines, qui avaient employé l'expression exercices spirituels à propos de leur pratique. Le sens du livre de Paul Rabbow, du moins à mes yeux, c'était de dire que finalement le mot exercices spirituels n'était pas religieux puisqu'il avait une origine philosophique[2] ». Hadot réduisait la dimension proprement spirituelle de la direction : parce que les pratiques monastiques trouvaient leur origine dans la philosophie antique, elles ne méritaient pas qu'on s'y arrête. Il pouvait donc sauter par-dessus l'antiquité chrétienne. De même, la spiritualité moderne pouvait être mise entre parenthèses, n'apparaissant à nouveau au mieux que comme la christianisation d'un modèle philosophique auquel l'auteur préférait revenir directement. Hadot pouvait ainsi poursuivre sa quête d'un sujet en plongeant dans le monde de la philosophie antique pour y trouver une « manière de vivre » aujourd'hui.

Hadot considérait l'éthique gréco-romaine comme une éthique des vertus. Il dessinait une continuité entre Antiquité, christianisme et morale kantienne[3], et résorbait la spécificité du catholicisme dans l'héritage antique de la vie examinée. La joie recherchée conduit à découvrir en soi la Raison universelle, commune et intérieure à tous les hommes et au cosmos[4]. Les « exercices spirituels » appelaient, selon Hadot, un « dépassement de soi » dans la Raison universelle, « véritable soi de l'homme ». L'éthique de l'Antiquité lui offrait « un exercice de la sagesse ».

L'entreprise de Foucault paraît plus complexe et offre davantage de possibilités de se tourner vers la direction spirituelle et réfléchir à l'avènement du sujet moderne. Elle rejoint ce qu'il désignait par le terme de gouvernementalité : « la rencontre entre les techniques de domination exercées sur les autres et les techniques de soi[5] ». La direction, comme son nom l'indique, serait une domination, ce par quoi le christianisme constituerait les sujets par leur asservissement : le christianisme serait

2 Hadot, 2001, p. 152.

3 Le modèle de continuité des philosophies du sujet apparaît nettement, comme on l'a déjà vu à propos de l'expression « exercices spirituels », dans *La Philosophie comme manière de vivre*, voir cette fois, p. 175-176.

4 Hadot, 1989, « Réflexion sur la notion de "culture de soi" », p. 261-268.

5 Foucault, 1994, « Les techniques de soi », p. 783-812. Foucault, 2018.

un assujettissement structurel. Radicale dans son affirmation, la thèse de Foucault a le mérite de nous conduire à nous interroger. Foucault fournit en effet une méthode à partir des pratiques qu'organisent les discours. Il s'agira moins pour nous d'entreprendre une histoire de la direction spirituelle que d'étudier donc les pratiques discursives qui configurent les rapports du directeur au dirigé, termes dont on verra qu'ils témoignent d'une transformation de ce qu'Ignace de Loyola avait conçu.

Foucault ne s'est pas intéressé aux *Exercices spirituels* d'Ignace de Loyola. Ils semblent pourtant correspondre à ce que Foucault dessinait d'une archéologie du sujet moderne, sujet assujetti par les procédures de « manifestation d'une vérité cachée », sujet gouverné non seulement par le directeur, mais par soi-même, selon des modalités proprement chrétiennes de l'aveu.

Déjà dans *L'archéologie du savoir*, Foucault s'était arrêté aux manuels de confesseurs médiévaux et modernes sans pour autant chercher à reconstituer un « vécu », une histoire des consciences ou des mentalités, à la façon d'un Jean Delumeau[6]. Foucault, dans *L'archéologie* puis dans son cours, *Les anormaux*, regardait le christianisme en tant qu'il constitue des individus en sujets de leur existence, par l'assujettissement du sujet à lui-même dans le devoir de dire-vrai, la véridiction, des dispositifs d'énonciation[7]. La réflexion prit un tour nouveau avec le cours de 1978-1979, *Sécurité, territoire, population* et le développement des conceptions du pastorat chrétien. Animé du projet de gouverner toutes les âmes, le christianisme a inventé ce pouvoir pastoral. On peut en donner cette définition, reprise aux travaux que Philippe Chevallier a consacrés aux rapports de Foucault et du christianisme :

> « Pastoral » est le pouvoir qui prend en charge la totalité des existences, de leur naissance à leur mort, pour les mener à une fin située au-delà de ce monde-ci, mais à laquelle toute chose, dès ici-bas, doit être ordonnée[8].

Foucault ne manqua pas de faire de la direction de conscience le cœur du pouvoir pastoral[9], pouvoir qui s'exerce hors territorialité, pourrait-on

6 Delumeau, 1990.

7 Foucault, *L'archéologie du savoir*, 1969 ; *Les anormaux*. 1999 ; *Sécurité, territoire, population*, 2004.

8 Chevallier, 2011, p. 296.

9 Foucault, 2004, p. 177-181.

dire, mais dans le dirigé lui-même. En revenant à des textes précis des Pères de l'Église, Foucault préciserait encore sa pensée. Ainsi dans les cours de 1980, *Du Gouvernement des vivants*[10], il s'intéressait au moment de l'émergence de ce pouvoir pastoral, en faisant porter son attention sur l'examen de conscience et les entretiens avec le directeur. Foucault faisait ainsi apparaître le sujet chrétien par opposition au sujet antique, que l'examen stoïcien permettait de rapprocher pour l'en distinguer :

> Dans l'aveu chrétien, le pénitent doit mémoriser la loi pour découvrir ses propres péchés, mais dans cet exercice stoïcien le sage doit mémoriser ses actes pour réactiver les règles fondamentales. On peut donc caractériser cet examen en quelques mots. 1) À travers cet examen, il ne s'agit pas du tout de découvrir la vérité cachée dans le sujet ; il s'agit plutôt de se rappeler la vérité oubliée par le sujet. 2) Ce que le sujet oublie n'est pas lui-même, ni sa nature, ni son origine, ni une affinité supranaturelle ; ce que le sujet oublie est ce qu'il aurait dû faire, c'est-à-dire une série de règles de conduites qu'il a apprises. 3) La remémoration des erreurs commises pendant la journée sert à mesurer la distance qui sépare ce qui a été fait de ce qui aurait dû être fait. Et 4) le sujet qui pratique cet examen de lui-même n'est pas le terrain d'exercice d'un processus plus ou moins obscur qui doit être déchiffré. Il est le point où les règles de conduite se rassemblent et s'enregistrent sous la forme de souvenirs. Il est en même temps le point de départ d'actions plus ou moins conformes à ces règles. Le sujet constitue le point d'intersection entre un ensemble de souvenirs qui doivent être mis au présent et des actes qui doivent être régulés[11].

En se livrant à l'interprétation ininterrompue de ses pensées, le chrétien entrait dans ce que Foucault nommait l'herméneutique de soi. « Verbalisation permanente » et recherche des « plus imperceptibles mouvements de soi », cette « technologie de soi » était devenue, selon Foucault, la forme dominante du christianisme[12]. Or pour Foucault, cette herméneutique est la marque structurelle du rapport de domination qui anime le christianisme.

L'examen de conscience consiste en un processus de subjectivation parce qu'il met au jour les pensées. Il est orienté vers un perfectionnement : le sujet est marqué d'imperfection permanente. La perfection à laquelle tend le sujet indéfiniment est une renonciation à soi. Elle

10 Foucault, 2012.
11 Foucault, 2013, « Subjectivité et vérité », p. 44-45.
12 Foucault, 2013, « Christianisme et aveu », p. 89.

marque en lui la distension, sa négation. L'aveu, verbalisation de la découverte des mouvements de soi, est pour Foucault un sacrifice de soi. En faisant le tri dans les pensées (par son pouvoir de *discretio*), la verbalisation peut « porter à la lumière le mouvement profond de la pensée », et conduit à la conversion (la *metanoia*) : « La verbalisation en tant que mouvement vers Dieu est une renonciation à Satan et une renonciation à soi-même. La verbalisation est un sacrifice de soi ». C'est le dirigé qui opère lui-même : « le dirigé veut toujours être dirigé, et la direction ne tiendra, la direction ne fonctionnera, elle ne se déroulera que dans la mesure où le dirigé veut toujours être dirigé », précise Foucault dans la leçon du 12 mars 1980[13]. Son assujettissement suppose la liberté du sujet. Le 26 mars 1980, la formulation de la thèse est encore plus nette : « Ce lien entre production de vérité et renonciation à soi me paraît être ce qu'on pourrait appeler le schéma de la subjectivation chrétienne, une procédure de subjectivation qui s'est historiquement formée et développée dans le christianisme et qui se caractérise d'une manière paradoxale par le lien obligatoire entre mortification de soi et production de la vérité de soi-même[14] ». Or ici, le manuscrit ajoute[15] : « Ce lien est établi comment ? Dans la forme d'un assujettissement structurel à la volonté de l'autre (entendu comme quiconque pouvant jouer le maître) et dans la forme de l'extériorisation verbale et exhaustive de l'intériorité, – de l'intériorité indéfinie peuplée par les pensées, illusions et ruses de l'Autre (l'autre [un mot illisible], l'Autre par excellence, à savoir l'Ennemi) ». L'assujettissement est plus que la forme des rapports entre sujets chrétiens ; elle est le schéma de la subjectivation chrétienne par la négation de soi. Ce faisant, l'impératif du perfectionnement a donné naissance à une tâche toujours à reprendre : « Le christianisme a autonomisé comme une tâche indéfinie une connaissance de soi qui est labeur jamais achevé de perfectionnement[16] ». Le sujet naît de ce labeur.

La direction spirituelle des jésuites à l'époque moderne peut se situer sans peine dans ce schéma, quand elle entend former le peuple chrétien à cette technique de soi. La direction spirituelle relèverait alors de ce

13 *Ibid.*, p. 86. Voir Foucault, 2012, p. 311-312, n. 53.
14 *Ibid.*, p. 303.
15 *Ibid.*, p. 303, note **.
16 *Ibid.*, 304-305.

que Foucault a désigné par le concept de « gouvernementalité », issu de sa réflexion sur le « pastorat ».

> La véritable histoire du pastorat, comme foyer d'un type spécifique de pouvoir sur les hommes, l'histoire du pastorat comme modèle, comme matrice de procédures de gouvernement des hommes, cette histoire du pastorat dans le monde occidental ne commence guère qu'avec le christianisme[17].

Loin d'être cantonnée à l'exercice d'un pouvoir dans ses formes juridiques ou politiques, liées à un État, la « gouvernementalité » est un « pouvoir interstitiel », une manière de penser le rapport entre des personnes, des fonctions, des territoires en vue de la réalisation de leur meilleur agencement : « cette fin est donc immanente aux choses sur lesquelles le gouvernement s'applique : la "santé" ou la "vie" d'une population pour l'État, le "salut" du peuple de Dieu pour l'Église[18] ». Pour atteindre cette fin, il faut une science de la vie des âmes et le « concours des choses gouvernées », qui n'implique donc pas nécessairement contrainte ou violence, à la différence du processus panoptique, mais suppose l'intériorisation des techniques et les forces propres des sujets gouvernés, leur liberté.

Foucault dresse une butée à partir de laquelle observer la direction spirituelle à l'époque moderne. Il ne s'agit pas de confirmer ou d'infirmer ses thèses, mais d'interroger la direction spirituelle en suivant la même démarche, la description des pratiques qu'organisent des discours et des rapports ainsi institués entre les personnes. Ignace de Loyola d'une part et la tradition de la direction spirituelle jésuite d'autre part y apparaîtront dans des positions distinctes et divergentes[19], qui nous forceront à nous demander comment on passe de l'une à l'autre. Si pour Ignace de Loyola, la notion de directeur fait place à la discrète mention de « celui qui donne les Exercices », c'est pour inviter à son effacement et au renforcement de la liberté non du « dirigé », mais de « celui qui fait les Exercices ». L'intériorisation maximale des procédures pour se diriger soi-même, ou se conduire, se « décider », écrit Ignace, accentue dès lors la subjectivation vers son autonomie. Le modèle ignatien tend la volonté du sujet dans la renonciation de soi vers son affermissement

17 Foucault, 2004, p. 151, cité par P. Chevallier, dont nous suivons la présentation du concept de gouvernementalité, p. 3-5.

18 *Ibid.*, p. 5.

19 Pour discuter de l'apport des *Exercices spirituels* à la réflexion sur les techniques de soi, voir aussi Fabre, 2017.

dans un processus proprement spirituel, que nous décrirons. Le sacrifice de soi exigé exacerbe la liberté du sujet dans sa relation à autrui et à Dieu. Inversement, pourrait-on dire, en atténuant l'appel à la liberté du dirigé, en réclamant son obéissance et en lui fournissant des modèles, la direction spirituelle moderne affaiblit sa volonté, détend le ressort de la subjectivation chrétienne, pour ne retenir que l'assujettissement à la volonté de l'autre, du prêtre, du jésuite, confinant l'intériorité du dirigé à se former sur des figures proposées à sa méditation par la lecture. Une telle esquisse est sans doute trop schématique : elle nous semble à tout le moins fournir un guide pour déchiffrer et comprendre l'écart qui se joue entre les procédures des *Exercices* et celles de la lecture spirituelle, écart où se loge la naissance de la littérature spirituelle jésuite.

Nous pouvons donc tenter maintenant de construire le rapport qu'instituent les Exercices spirituels en tant que discours entre « celui qui donne les Exercices » et « celui qui les reçoit », tels qu'ils s'énoncent dans les « annotations » des *Exercices spirituels*. Nous verrons ensuite comment Ignace, tardivement, raconte la genèse de la conversation spirituelle, dans laquelle il rangeait les *Exercices*, récit dans lequel apparaît nettement son effort de distinguer les conversations des confessions, et de mettre au jour d'autres procédures, d'autres rapports.

LES *EXERCICES SPIRITUELS* EN ÉCART AVEC LA CULTURE DE L'AVEU

Les *Exercices spirituels* proposent sous forme de retraites, de plus ou moins un mois, un itinéraire de méditations et de contemplations qui conduit à retrouver Dieu comme horizon et destination de toute son existence[20]. Cette réorientation s'opère par des détachements à l'égard de ce qui ne conduit pas à Dieu et par un attachement, résolu et réfléchi, à son Fils, préféré à tout. Celui qui fait les Exercices se trouve alors conduit à trouver la manière qui lui permettra de poursuivre, à sa façon, l'existence du Christ. Les Exercices se font en les recevant d'un autre,

20 Nous écrirons *Exercices spirituels* en italiques quand nous renverrons au livret, sinon, nous désignons, selon l'usage, les retraites, la pratique de ce livret.

qu'Ignace de Loyola ne nomme pas autrement que « celui qui donne les Exercices », proposant de la matière pour prier, recommandant des attitudes pour que le retraitant trouve ce qu'il cherche et se décide à choisir cette orientation christique de son existence[21]. L'itinéraire, la matière à proposer et les attitudes à recommander sont réunis dans un livret, paru en 1548, mais dont les premières élaborations remontent aux années 1521-1522[22]. Les *Exercices spirituels* ne sont donc pas à proprement parler un livre de prières, mais plutôt comme le balisage d'un itinéraire que déploie un pédagogue, sans avoir à les lire, un *libretto*, suggérait Michel de Certeau[23]. On pourrait dire encore le chiffrage d'une basse continue que réalise le retraitant, le canevas sur lequel va s'inventer, pour ne pas dire s'improviser, sa prière en vue de la réforme de son existence[24].

Les *Exercices* sont précédés par plusieurs ensembles de textes qui sont comme une suite de porches. Un premier ensemble est constitué par vingt « annotations » qui régulent les positions de celui qui donne et de celui qui reçoit les Exercices[25]. C'est dans ce premier ensemble de textes que peut s'apercevoir la conception singulière qu'Ignace de Loyola se fait de la direction. Nous attacherons à montrer les rapports que construisent ces discours entre « celui qui donne » et « celui qui reçoit » les Exercices, en tirant parti de l'hypothèse de lecture développée jadis par Certeau : les *Exercices* proposent l'exhumation du désir du retraitant. Mais nous déporterons cette hypothèse pour souligner la position du sujet dans un jeu de relations asymétriques. Les « Annotations » répartissent les rôles. La première annotation définit ce qu'il faut entendre par le terme d'exercices spirituels, puis les annotations alternent les points de vue entre celui qui les donne et celui qui les reçoit.

---

21 Nous reviendrons dans le chapitre suivant sur l'apparition du terme de « directeur », absent des écrits d'Ignace de Loyola.

22 Pour une présentation des *Exercices spirituels* voir Ignace de Loyola, Écrits, 1991. Par la suite, en note, nous indiquerons la référence aux *Exercices spirituels* en indiquant ES, suivi du numéro du paragraphe. Nous suivons le texte de l'édition en langue française de 1991. Lorsque nous avons dû travailler le texte espagnol, nous avons adopté la seconde édition des *Monumenta* : *Exercitia spiritualia*, 1969. Le lecteur dispose en annexe d'une brève chronologie de la vie d'Ignace de Loyola et des principaux moments de l'histoire de la Compagnie jusqu'à sa mort.

23 M. de Certeau, 2005, « L'espace du désir ou le "fondement" des Exercices spirituels », p. 239-247. (Première parution, comme article, dans la revue *Christus*, janvier 1973, n° 77).

24 Les études consacrées aux *Exercices spirituels* sont nombreuses. Nous sommes redevables en particulier de Giuliani, 2015 (2003); A. Demoustier, 2006; E. Pousset, 1972.

25 ES, 1.

POSITIONNER LES ACTEURS DES *EXERCICES SPIRITUELS*

De prime abord, on peut dire que les *Exercices* font entrer dans une relation d'apprentissage. La première annotation définit les exercices comme tout ce qui concourt à « disposer et préparer l'âme pour écarter de soi tous les attachements désordonnés et, après les avoir écartés, pour chercher et trouver la volonté divine dans la disposition de sa vie en vue du salut de son âme[26] ». Dans la deuxième annotation, celui qui donne les exercices se trouve en position de conduire celui qui les reçoit, mais il opère dans le même moment son propre retrait.

La pédagogie se situe alors comme une initiation pour rendre opérant celui qui fait les Exercices[27] : il s'agit de permettre à celui à qui on donne les Exercices de s'exercer lui-même à « chercher et trouver la volonté de Dieu ». Celui qui donne les Exercices en organise le parcours. Il donne « une manière ou un ordre (*modo y orden*) pour méditer et contempler ». Cependant son discours est d'emblée limité à une « brève ou sommaire explication » :

> *Deuxième annotation*. Celui qui donne à un autre une manière et un ordre pour méditer ou contempler, doit raconter fidèlement l'histoire de cette contemplation ou de cette méditation, en ne parcourant les points que par une brève ou sommaire explication. *2* Car, lorsque celui qui contemple part de ce qui est le fondement véritable de l'histoire, la parcourt, réfléchit par lui-même et trouve quelque chose qui lui explique et lui fasse sentir un peu mieux l'histoire, *3* soit par sa propre réflexion, soit parce que son intelligence est éclairée par la grâce de Dieu, *4* il y trouve plus de goût et de fruit spirituel que si celui qui donne les exercices avait beaucoup expliqué et développé le sens de l'histoire ; *5* car ce n'est pas d'en savoir beaucoup qui rassasie et satisfait l'âme, mais de sentir et de goûter les choses intérieurement.

La seconde annotation fait apparaître celui qui les reçoit dans une position active, exerçant son intelligence (« sa propre réflexion », « son intelligence éclairée par Dieu »). Mais plus encore est posé dès l'abord

---

26 ES, 1.

27 On fait référence ici à la notion d'initiation, comme l'ensemble des rites de passage et d'intégration à une société spéciale, qui assure le passage d'une société à une autre ou d'un statut à un autre dans cette société. Chacune des étapes modifie et modèle l'individu. Voir van Gennep, 1909. Nous montrerons dans le chapitre suivant comment la formation des jésuites constitue une initiation à la conversation et comment l'intégration dans la Compagnie se joue par la conversation.

un sujet dont l'avancée est rendue possible pour autant qu'il sente et goûte, tire profit. Est esquissé le profil d'un sujet désirant qui s'affermira au cours des Exercices.

Dans le seul article qu'il ait consacré à Ignace de Loyola, Michel de Certeau avait retracé l'itinéraire des *Exercices spirituels* comme une ouverture du désir. Le détachement y est le point de départ d'une trajectoire[28]. Pour désinvestir le désir des lieux où il était engagé et le lui rendre comme force irréductible, le retraitant est conduit à méditer un texte, le « Principe et fondement ». Sa fonction est, écrit Certeau, d'« exhumer le désir ». Ce texte n'est pas d'abord l'affirmation d'une vérité qu'il s'agirait d'assimiler : « L'homme est créé pour louer, révérer et servir Dieu notre Seigneur et par là sauver son âme ». C'est une confrontation à ce qui « ordonne », à l'ordonnancement, à l'orientation de ce qui compose une existence. Or, selon l'anthropologie et la théologie exprimées dans les *Exercices*, cet ordre est le fruit de la volonté. Le retraitant donne un certain ordre à sa vie, une orientation et une forme. Par ce texte seuil, sa volonté se trouve reconduite à la place qu'elle occupe dans l'univers dont l'ordre est voulu par Dieu. Sa volonté s'y découvre relative, un ordre de fait. Certeau poursuit :

> Par la démarche qui efface toutes particularités de la vie chrétienne et fait remonter à son ultime, c'est-à-dire au Dieu créateur, à *l'autre* de l'ordre, le « Fondement » explicite le principe effectif de ce que cherche le retraitant venu pour remettre en ordre sa vie. Exhumer le désir, c'est la condition d'un *ordre*.

Le « Principe et fondement », poursuit Certeau, met un frein à la tentation d'enfermer le monde dans une rationalité maîtrisable ou l'illusion d'une volonté toute puissante. Pour autant, les *Exercices* n'écrasent pas le sujet sous cette volonté, dans une soumission à Dieu. L'étrangeté de la volonté divine, déliée de l'ordre qu'elle crée en tant que puissance absolue, appelle le retraitant à l'exercice de sa volonté. Il est invité, d'exercice en exercice, à dire « ce que je veux », désir que les *Exercices* vont, étape par étape, apprendre à formuler.

Cette trajectoire, esquissée par Certeau, se trace dans l'interaction entre celui qui donne les Exercices et celui qui les reçoit. C'est dans cet échange qu'il nous faut étudier la manière dont le texte des *Exercices* établit les rapports entre les interlocuteurs. Telle sera notre perspective.

---

28 Certeau, 2005.

Les *Exercices* évident le pouvoir que prend celui qui donne les exercices pour permettre à celui qui les reçoit de trouver sa position dans le renoncement à sa volonté propre.

Ce n'est pas que celui qui donne les Exercices aurait prise sur le désir de son retraitant ; cette relation lui est soustraite au profit de celle que le retraitant entretient avec Dieu. Celui qui donne les exercices veille à ce que le retraitant puisse par toutes sortes d'exercices « chercher et trouver la volonté divine ». Pour cela le retraitant s'engage dans une relation de sujétion à Dieu, sujétion qui, affirment les *Exercices*, est tout au profit de celui qui s'offre[29]. Dieu, selon le terme même de la quinzième annotation, se communique à celui qui s'offre à lui. La sujétion est transformation de soi en vue d'un accroissement de la liberté. Elle est l'étape négative d'un processus de subjectivation[30]. Le retraitant est invité à un travail de négation de sa volonté comme condition de l'accès à son désir. Celui qui donne les Exercices doit donc favoriser cette relation en se retirant lui-même de cet échange. Tel est le paradoxe auquel Ignace de Loyola confronte le sujet. Il ouvre la voie de la subjectivation chrétienne et n'en finit pas d'interroger et de mettre en tension la constitution du sujet à l'époque moderne. Ce processus tient dans l'invitation faite à chaque retraitant à prendre la parole. Si, comme l'avait baptisé Roland Barthes, Ignace de Loyola est un logothète[31], il est aussi en attente de la force poétique logée dans le désir du retraitant, par laquelle chacun pourra trouver sa place dans l'ordre de la création, se situer comme sujet. Nous allons décrire ce processus d'initiation à la prise de parole tel que les *Exercices spirituels* en permettent la venue dans l'interaction entre celui qui donne les Exercices, celui qui les reçoit, et Dieu.

INITIER À PRENDRE LA PAROLE

Chaque exercice est composé de manière identique et répétitive. L'exercice prescrit à autrui ce qu'il doit faire. C'est par l'hétéronomie d'un discours articulé à une pratique qu'est attendue la consolidation de l'autonomie du retraitant[32]. Chaque exercice est tendu entre deux

29 ES, 5.
30 Sur cette dialectique, on se reportera à Fessard, 1956. Voir également Pousset, 1972.
31 Barthes, 2016, p. 43-80.
32 On retrouve un même jeu entre autonomie et hétéronomie dans ce qu'est un exercice au sein d'une approche thérapeutique, voir Roustang, 2001.

pôles où le retraitant est invité à s'adresser à Dieu. La première fois au début de la prière, dans une formule qui à la fois lui donne la parole et en prévient l'énoncé. « Demander à Dieu notre Seigneur ce que je souhaite et désire » :

> Ici, ce sera demander honte et confusion de moi-même, en voyant combien d'hommes ont été damnés pour un seul péché mortel et combien de fois j'ai mérité, moi, d'être condamné pour toujours à cause de mes si nombreux péchés[33].

L'énoncé ainsi fixé par le texte télescope la liberté d'énonciation donnée au retraitant. Mais à la fin de l'exercice, dans une étape appelée le « colloque », l'énoncé déterminé se résorbe et invite le retraitant à parler de lui-même. Est suggérée seulement la modalité de la relation, « en parlant comme un ami parle à son ami ou un serviteur à son seigneur[34] ». La matière à aborder reste libre :

> *1 Le colloque.* Imaginant le Christ notre Seigneur devant moi et mis en croix, faire un colloque : comment, de Créateur, il en est venu à se faire homme, à passer de la vie éternelle à la mort temporelle, et ainsi à mourir pour mes péchés.
>
> *2* Me regarder également moi-même : ce que j'ai fait pour le Christ, ce que je fais pour le Christ, ce que je dois faire pour le Christ. 3 Le voyant dans cet état, ainsi suspendu à la croix, parcourir ce qui s'offrira à moi[35].

À l'entrée de l'exercice, le retraitant prend la parole dans la passivité de la répétition d'un énoncé prescrit. Il découvre, à partir de ce qu'il a contemplé de la vie du Christ, ce qu'il *veut* dire en étant invité à considérer sa relation à Dieu, et ainsi à s'adresser à Lui. Certeau voyait dans ce processus l'accès du retraitant à son désir. L'exercice donné dans le colloque, « parcourir ce qui s'offrira à moi », ouvre un de ces espaces qui constituent les *Exercices*, ces « chicanes », comme les nommait Certeau, ménagées dans une organisation contraignante qui rendent possible l'issue d'une parole de désir[36]. L'existence du retraitant émerge dans

33 ES, 48.
34 ES, 54.
35 ES, 53.
36 Certeau, indique ici que c'est une structure commune à la cure psychanalytique comme à la conversation quotidienne, paroles articulées sur le seuil, en transit, sur le pas de la porte.

l'invention de cette parole. L'élection, pour décider d'un style de vie, porte à son comble cette tension entre l'ordre de la volonté de Dieu et l'énoncé « de ce que je veux et désire », en demandant à Dieu « qu'il me l'accorde[37] ». La sujétion volontaire la plus totale, l'offrande de soi, ouvre à l'énonciation de son désir le plus propre que les exercices auront libéré. Ce point de résolution de la tension, ou plutôt son équilibre, Certeau l'exprimait dans ce qu'on pourrait appeler un chiasme de la volonté où se résume la subjectivation chrétienne à l'époque moderne :

> Ce qu'il y a de plus profond et de moins connu en Dieu (l'inquiétante étrangeté de sa volonté) est ce qu'il y a de plus profond et de moins connu en l'homme (l'inquiétante familiarité de notre propre volonté)[38].

Le retraitant au cours des Exercices met à l'épreuve sa volonté et en fait ressortir sa vérité par la décision qu'il prend et qui en est comme l'expérimentation, sa *vérification.*

On voit se dessiner les rapports entre les interlocuteurs en présence, les positions que chacun occupe, selon la perspective que nous avons adoptée pour aborder les *Exercices*. Par la confrontation à la volonté de Dieu, la volonté du retraitant s'est dégagée de la détermination des objets auxquels il s'était attaché. Il découvre le désir de se lier à Dieu en raison de ce qu'il éprouve de la relation par laquelle Dieu se communique à lui : la consolation, affect de joie, de paix, et accroissement de la foi, de l'espérance et de la charité. Dès lors, comme les annotations vont précisément le montrer, celui qui donne les exercices devra tout à la fois organiser la contrainte d'un dispositif qui vise à l'exhumation du désir du retraitant et s'effacer devant ce qui seul rend possible son expression, la coïncidence de deux volontés, leur affleurement dans le passage de leur étrangeté vers leur familiarité. Ainsi de « l'exhumation du désir » du retraitant, on se déplace vers la considération des rapports de force qu'institue le discours des *Exercices* et dessine un mode de subjectivation.

37 ES, 147.
38 Certeau, 2005, p. 243.

LA RELATION ENTRE CELUI QUI DONNE ET CELUI QUI REÇOIT LES EXERCICES

Précisons les positions que les *Exercices* font occuper aux interlocuteurs. Le dialogue est animé d'un mouvement. Celui qui donne les Exercices occupe une position d'autorité à laquelle il doit lui-même renoncer en s'effaçant devant la réflexion, le goût et le profit que pourra tirer celui à qui il s'adresse. Le retraitant, quant à lui, se voit assigner au départ une position passive qui devient aussitôt le lieu de l'exercice de sa réflexion et de sa sensibilité. Passivité et activité s'articulent alors en chacun des deux interlocuteurs : l'un organise une scène dont il se retire, l'autre est positionné par un discours déterminé dont il s'affranchit pour une parole propre. Les Exercices sont l'itinéraire, au sein d'une rencontre, du retrait de l'un et de l'affranchissement de l'autre. Enfin, le dialogue fait intervenir discrètement un tiers, Dieu, qui opère dans l'intelligence du retraitant, en l'éclairant, et dans son affectivité, en le mouvant.

La passivité et l'activité des deux interlocuteurs ne se définissent pas simplement dans le rapport de l'un à l'autre, mais dans la relation qu'ils entretiennent avec ce tiers. Elle qualifie la démarche proprement spirituelle de cette pédagogie. La troisième annotation souligne la part de ce tiers, et la « révérence » avec laquelle chacun s'adresse à lui. Elle dégage le retraitant du seul pouvoir de celui qui donne les exercices. Le processus des *Exercices* s'éclaire : si la matière est, en partie, fournie par les Écritures que l'on contemple et médite, elles ne sont pas l'objet d'un apprentissage ou de l'acquisition d'un savoir, mais le lieu où le retraitant y trouve par goût un profit pour une recherche et une transformation de soi. Les *Exercices* ouvrent un espace au désir. Ils ne s'en tiennent pas à décrire un cheminement à travers les Écritures interprétées dans la stricte orthodoxie de la foi catholique. Les *Exercices* préparent un sujet à se décider, comme l'énonce au paragraphe 21 une sorte de glose du titre des *Exercices* :

> Exercices spirituels, pour se vaincre soi-même et ordonner sa vie sans se décider en raison de quelque affection qui serait désordonnée.

La quatrième et la cinquième annotation déclinent la position de celui qui reçoit les exercices à l'intersection de ce qu'il cherche et des moyens qu'il reçoit pour sa recherche. La quatrième annotation, en égrenant le parcours des quatre semaines des *Exercices*, indique la règle à suivre pour les donner. Le passage d'une semaine à une autre ne se cale pas sur un temps objectif, mais sur le temps du retraitant :

> Cependant il ne faut pas entendre par là que chaque Semaine ait nécessairement sept ou huit jours. 5 En effet, il arrive, dans la première Semaine, que certains sont plus lents à trouver ce qu'ils cherchent, c'est-à-dire la contrition, la douleur et les larmes pour leurs péchés, 6 alors que d'autres sont plus rapides, et davantage agités ou éprouvés par différents esprits ; 7 cela exige que la Semaine soit parfois écourtée et d'autres fois allongée.

Seul est donné le cadre objectif d'une durée approximative : « Mais les exercices se termineront, plus ou moins, en trente jours ». Celui qui donne les exercices doit donc trouver le tempo juste par lequel il conduira le retraitant, celui-ci lui fournissant, par son temps subjectif, les indications sur lesquelles se régler, même si le retraitant n'est pas à lui seul la mesure de la durée des exercices qui n'excèdera guère un mois. Ce tempo général est fixé par celui qui donne les Exercices à partir d'une durée-cadre, trente jours environ, et du rythme propre du retraitant, établi à partir des fruits qu'il a obtenus et des agitations éprouvées. Celui qui donne les exercices évalue le temps de celui qui les reçoit, comment il se déploie, comment il obtient ce qu'il désire, à quels obstacles le retraitant s'affronte. Celui qui donne les Exercices entre dans la connaissance du temps de maturation du désir du retraitant. Il se soumet au temps de l'autre.

De ce sujet qui fait les exercices, mesure de la pédagogie de celui qui les donne, la cinquième annotation expose l'attitude attendue de lui :

> *Cinquième annotation.* Pour celui qui reçoit les exercices, il est très profitable d'y entrer avec un cœur large et avec une grande générosité envers son Créateur et Seigneur, lui offrant tout son vouloir et toute sa liberté pour que sa divine Majesté se serve de sa personne aussi bien que de tout ce qu'il possède, conformément à sa très sainte volonté.

S'il y a sujétion, elle est définie non pas envers celui qui donne les Exercices, mais envers Dieu, « Créateur et Seigneur », à qui on offre « tout son vouloir et toute sa liberté ».

La particularité de la relation spirituelle des *Exercices* apparaît donc dans une construction asymétrique à trois pôles. Entre celui qui fait les exercices et celui qui les reçoit, la relation n'est pas symétrique. Ce que fait l'un ne définit pas ce que l'autre ne fait pas. Ce que l'un ne fait pas ne fixe pas pour autant ce que fait l'autre. Chacun d'eux est invité à considérer ce que fait Dieu et à agir en conséquence. La position de chacun est déterminée face à l'autre et face à Dieu. La relation entre le retraitant et celui qui donne les Exercices ne peut se résumer à savoir qui dirige l'autre et devant qui la volonté s'incline. Elle fait échec à la direction.

En inscrivant l'appel à une sujétion volontaire et totale à Dieu, un espace se creuse entre celui qui donne et celui qui reçoit les Exercices : cet espace est le lieu de l'autodétermination du retraitant, une autonomie définie au sein d'un jeu de relations, pour laquelle le directeur s'engage à ne pas intervenir. Il préfère laisser agir Dieu. Le retraitant pourra reconnaître l'action de Dieu dans sa propre prise de décision. On l'appellera, pour cette double raison, une « autonomie relative ». Elle manifeste l'advenue du sujet par la reconnaissance d'une passivité voulue de sa volonté. Le processus de subjectivation des *Exercices* exhibe le mouvement de négation du désir comme constitutif de son accomplissement effectif dans une existence relationnelle. Nous allons la détailler, telle qu'elle apparaît dans les règles qui organisent les échanges dans les *Exercices*[39].

Cet espace d'autodétermination est signifié du côté de celui qui donne les exercices, dans la quinzième annotation, par l'exigence de son retrait :

> *1 Quinzième annotation.* Celui qui donne les exercices ne doit pas inciter celui qui les reçoit à la pauvreté ou à en faire la promesse plutôt qu'à ce qui lui est contraire, à un état ou à un genre de vie plutôt qu'à un autre. *2* En dehors des exercices, en effet, nous pouvons sans doute licitement et méritoirement inciter toutes les personnes qui semblent en avoir les aptitudes à choisir la continence, la virginité, la vie religieuse et toute forme de perfection évangélique ; *3* 'toutefois', dans ces exercices spirituels il convient davantage et il vaut beaucoup mieux, alors qu'on cherche la volonté divine, que le Créateur se communique lui-même à l'âme qui lui est fidèle, *4* l'embrassant dans son amour et sa louange, et la disposant à entrer dans la voie où elle pourra mieux le servir à l'avenir. *5* Ainsi, que celui qui les donne ne penche ni n'incline d'un côté ni d'un autre, mais restant au milieu, comme l'aiguille d'une balance, *6* qu'il laisse le Créateur agir immédiatement avec sa créature et la créature avec son Créateur et Seigneur.

39 Pierre Antoine Fabre, dans l'étude qui accompagne son édition du *Journal des motions intérieures* a proposé une autre voie d'accès à cette question. Là où il la voit émerger de l'écriture du *Journal*, nous lisons son inscription dans l'interlocution des *Exercices*. Voir Loyola, *Journal des motions intérieures*, 2007.

La quinzième annotation recommande à celui qui donne les Exercices de ne pas user de son influence sur l'orientation du retraitant : « il ne doit pas inciter » (*no debe mover*). De nouveau se dessine l'asymétrie des rapports triangulaires entre Dieu, celui qui donne et celui qui reçoit les Exercices. Asymétrie où Dieu, tout Seigneur qu'il est, et devant qui la volonté s'incline, ne sature pas l'espace que crée la relation entre celui qui donne et celui qui reçoit. Dieu laisse un jeu entre le retraitant et Lui. En effet, si celui qui donne doit s'interdire d'inciter (*mover*), ce n'est pas parce que Dieu occuperait cette place. Dieu n'incite pas : il se communique, et entre ainsi dans un jeu de relations avec le retraitant[40]. Par cette déclaration fondamentale, Ignace ouvre entre celui qui fait les Exercices et Dieu la scène d'interlocution spirituelle en particulier au travers des « colloques », mais aussi de toute conversation à venir.

La communication entre Dieu et le retraitant est ce qu'Ignace nomme « consolation », un mouvement qui s'empare de l'âme et par lequel est senti l'amour de Dieu[41]. Ainsi celui à qui Dieu se communique se dispose à entrer dans la voie où il pourra le mieux orienter sa vie. Cette scène fondatrice de la communication spirituelle place le sujet sur un seuil qu'il lui reviendra de se décider à franchir. Si le directeur n'incite pas, ce n'est pas parce que Dieu inciterait, mais parce que Dieu prépare celui qui fait les *Exercices* à se tenir au lieu où il se décide, exerçant par grâce sa liberté.

C'est dans cette dynamique de consolidation du désir, de sa probation, qu'Ignace de Loyola comprend l'ascèse (littéralement, l'exercice). C'est la seizième annotation qui le décrit et permet d'en comprendre la fonction.

> *1 Seizième annotation.* Pour cela, c'est-à-dire pour que le Créateur et Seigneur agisse plus sûrement en sa créature, *2* s'il se trouve que cette âme-là soit portée et inclinée à une chose de façon désordonnée, il lui convient tout particulièrement de réagir de toutes ses forces, afin d'aller à l'opposé de ce à quoi elle est portée de façon mauvaise. *3* Ainsi, par exemple, si elle est portée à rechercher et à posséder une charge ou un bénéfice non pour l'honneur et

40 Cette logique où la « communication de et avec Dieu » ouvre la « conversation » avec le directeur qui renvoie à cette interlocution première, nous a paru particulièrement à l'œuvre dans la correspondance de Jean-Joseph Surin. Nous renvoyons à Goujon, 2008.

41 Il est notable que la lettre des *Exercices* soit ici difficilement décidable entre un « *abraçandola* » (l'embrassant, la prenant en ses bras) et un « *abrasandola* » (l'embrasant), comme l'atteste la divergence entre la première édition critique des *Monumenta*, Madrid 1919, due à Codina, et la seconde, Rome, 1969, de Calveras et Dalmases.

> la gloire de Dieu notre Seigneur ni pour le salut spirituel des âmes, mais pour son propre avantage et pour ses intérêts temporels, *4* elle doit se porter à l'opposé, insistant davantage dans ses prières et autres exercices spirituels, et demandant le contraire à Dieu notre Seigneur ; *5* c'est-à-dire qu'elle ne veut cette charge, ce bénéfice ni aucune autre chose, à moins que sa divine Majesté, en ordonnant ses désirs, ne change en elle son affection première ; *6* de sorte que le motif pour désirer ou posséder telle ou telle chose soit uniquement le service, l'honneur et la gloire de sa divine Majesté.

Dans l'ascèse proposée ici, il ne s'agit ni de se mettre à l'épreuve ni de détruire le moi, mais de réinscrire son existence dans l'ordre de la création orientée vers son salut. Le renoncement porte ici, radicalement, non sur ce qui peut être désiré, un objet, mais sur la forme repliée de la volonté, un usage pour soi seul du désir au lieu d'une orientation du désir dans la relation à Dieu.

Il faut ici rappeler la finalité des *Exercices* « ordonner sa vie sans se décider en raison de quelque affection qui serait désordonnée » (§ 21). Les affections désordonnées apparaissent au cours des exercices comme ce qui nous attache à nous-mêmes, dans un retour sur soi, par des raisons et des sentiments qui ne sont pas toujours connus de soi. Elles sont définies positivement par ce qu'est une affection ordonnée, un attachement volontaire qui me permet d'orienter mon existence vers son bien, lequel est ultimement Dieu. Par cet attachement, le retraitant découvre davantage à quel type de vie il incline et par quelle mise en œuvre décidée il peut ainsi correspondre à l'orientation fondamentale de l'existence telle qu'elle est donnée à entendre comme ordre dans « Le Principe et fondement » sans préjuger d'aucun genre de vie particulier.

Le retrait de celui qui donne les Exercices ne signifie pas pour autant qu'il n'agisse pas. Il exerce plutôt une sorte de veille pour que la décision que prendra le retraitant soit réfléchie et non pas emportée par l'enthousiasme. Le retraitant croirait alors avoir été saisi par Dieu, renonçant lui-même à l'examen de sa volonté et à l'expression de son désir. Le directeur s'assure que le retraitant continue d'exercer son jugement et sa volonté dans sa relation à Dieu :

> *1 Quatorzième annotation.* Si celui qui donne les exercices voit que celui qui les reçoit se trouve consolé et plein de ferveur, il doit veiller à ce qu'il ne fasse pas de promesse ou de vœu inconsidéré et précipité ; *2* et plus il le connaîtra de caractère léger, plus il devra le mettre en garde et l'avertir ; (...) *5* il faut

pourtant bien considérer le caractère et la constitution de la personne et quelle aide ou quelle difficulté elle trouvera pour réaliser ce qu'elle voudrait promettre.

Apparaissent au détour de cette annotation les compétences psychologiques requises de celui qui donne les exercices (connaître le caractère et la constitution). Le directeur décidera s'il faut ou non engager le retraitant dans un tel processus de décision, comme le précisera l'annotation 18.

C'est en fonction des capacités de ceux qui veulent recevoir des exercices spirituels, c'est-à-dire en fonction de leur âge, de leur culture ou de leurs dons, qu'il faut adapter ces exercices : *2* ainsi on ne donnera pas à celui qui est fruste ou faible de santé des choses qu'il ne peut porter sans fatigue et dont il ne peut tirer profit ; *3* de même, c'est dans la mesure où chacun aura voulu se disposer, qu'il faudra lui donner des exercices, pour qu'il puisse trouver davantage d'aide et de profit.

Cette annotation a joué un rôle déterminant dans l'évolution des retraites spirituelles, comme nous le verrons. Celui qui donne les Exercices doit donc être en possession de compétences psychologiques qui lui permettent de situer le caractère du retraitant pour décider de l'ordre et de l'intensité de ce qu'il lui propose. On retrouve la fonction organisatrice de celui qui donne les Exercices, décrite dans l'annotation 2. Elle lui donne une pleine autorité sur ce versant, à la fois par position et au nom de compétences. À cette maîtrise d'une caractériologie commune, doit s'ajouter la connaissance particulière qu'il aura acquise de celui qui fait les exercices par la manifestation de son état intérieur. On retrouve ici une fois encore la régulation que doit exercer celui qui donne les exercices envers les procédures de l'aveu.

1 Dix-septième annotation. Pour celui qui donne les exercices, il est très profitable, sans vouloir demander ni connaître les pensées propres ou les péchés de celui qui les reçoit, *2* d'être fidèlement informé des diverses agitations et pensées que lui amènent les divers esprits ; *3* car, selon le profit plus ou moins grand, il peut lui donner certains exercices spirituels qui conviennent et qui sont adaptés aux besoins de cette âme ainsi agitée.

On voit de nouveau se dessiner les positions des interlocuteurs : un même mouvement pose la fonction et sa limite, qui veut qu'on soit informé sans vouloir demander ni connaître. Le directeur soumet sa volonté à un travail de négation, parallèle à celui qui reçoit les Exercices.

Celui qui les donne se soustrait ainsi à la posture inquisitoriale et laisse apparaître en creux la liberté par laquelle le retraitant se confie à lui. Cette décision revient au retraitant à la mesure du profit qu'il attend. Il reconfigure ainsi la place occupée par celui qui donne les Exercices. L'ouverture de soi à celui qui les donne n'intervient donc pas comme une obligation, pour faire son salut, mais comme une adéquation à son avantage, un moyen adapté.

Ainsi, dans l'annotation 18, est-il encore précisé, alors que vient d'être posée la fonction organisatrice de celui qui donne les exercices :

> *4* C'est pourquoi, à qui veut trouver de l'aide pour s'instruire et pour arriver, jusqu'à un certain point, à contenter son âme, on peut donner l'examen particulier et ensuite l'examen général, *5* en même temps que la manière de prier le matin, pendant une demi-heure, sur les commandements, les péchés mortels, etc. ; *6* on lui recommandera aussi de confesser ses péchés tous les huit jours et, s'il le peut, de recevoir le sacrement de l'eucharistie tous les quinze jours, et, s'il y est porté davantage, tous les huit jours.

L'aide n'est pas ce qui est apporté par celui qui donne les Exercices, mais ce qui est demandé par celui qui vient chercher un conseil, dans une inversion de la perspective pastorale : « à qui veut trouver de l'aide » et non « celui que l'on veut aider ». La position de celui qui donne les Exercices se trouve aussi définie par celui qui les fait.

Les annotations dessinent la réciprocité de cette relation. La description que nous en avons tentée montre qu'on s'écarte de ce que Foucault dénommait « le schéma de la subjectivation chrétienne », caractérisé par le « lien obligatoire entre mortification de soi et production de la vérité de soi-même » dans « la forme d'un assujettissement structurel à la volonté de l'autre[42] ». Assurément, Ignace de Loyola règle le dispositif des *Exercices* à l'intérieur d'un tel processus. Toutefois, il en subvertit le modèle : d'une part, le jésuite est celui qu'on vient trouver pour demander de l'aide, à l'inverse du mouvement missionnaire, inscrit pourtant dans la Compagnie comme nous allons le voir ; d'autre part, celui qui donne les exercices renonce à la posture inquisitoriale, tout en installant le cadre de la conversation. Il donne à celui qui reçoit les Exercices, selon une formule encore passive, la position de sujet, à la fois dans une sujétion volontaire à Dieu seul, dans une autodétermination rendue

42 Foucault, 2012, p. 303.

possible au sein de ce jeu de relations, et dans le retrait de celui qui donne les Exercices, appelé à une forme de passivité. Apparaît une forme d'autonomie relative de la subjectivation chrétienne, relative par opposition à une position absolue du sujet, le terme « relatif » étant entendu au sens étymologique, de ce qui constitue une relation. Le dispositif des *Exercices* articule la relation de celui qui donne les Exercices à celui qui les reçoit, non pas dans l'opposition d'une activité (une pédagogie) à une passivité (un « se laisser être conduit »), ni dans un face-à-face qui conduirait le dirigé à l'assujettissement, mais dans une relation avec un tiers, Dieu. Devant Dieu, les deux s'inclinent (par « révérence ») alors même que l'un dispose de l'autorité qui organise un cadre et dispose un ordre des exercices et que l'autre jouit d'une liberté de décision quant à la conduite de son existence qu'il découvre en acceptant l'autorité de celui qui les lui donne, autorité à laquelle ultimement celui-ci renonce. Dieu apparaît alors non comme celui qui, dans l'exercice de sa volonté, détermine un itinéraire, mais comme celui qui, renonçant à l'incitation, se tient simultanément à l'intérieur de celui à qui il se communique et sur le seuil, que ne doit pas violer celui qui donne les Exercices. Il laisse le retraitant se décider à donner forme à son existence. Dieu se tient présent et fait place, à l'intérieur et sur le seuil, dans un acte de communication où comptent sa parole et son silence.

LA CONVERSATION COMME SALUT

Il peut sembler surprenant qu'Ignace de Loyola compte les *Exercices spirituels* parmi les formes de la conversation. Leur organisation procédurière et leur usage à des fins pastorales font douter de la liberté qu'on attend d'entretiens familiers. La reprise de l'idéal humaniste de la conversation par la société civile voulait s'assurer que, toute pétrie de références lettrées qu'elle était, et parente de l'éloquence publique, la rhétorique demeurât discrète pour laisser croire à l'improvisation familière[43]. On aurait mal vu que des règles, comme celles des Annotations,

43 Fumaroli, 1992, p. 686.

les encadrent. C'est peut-être, précisément, que selon Ignace, elles devaient plutôt être incorporées et se faire oublier.

Si l'on éclaire le statut de la conversation chez Ignace, on comprendra mieux pourquoi il lui a donné une place centrale, générative, dans l'ensemble de la trame de la communication spirituelle jésuite, tant dans l'usage de la conversation interne à la Compagnie que comme force apostolique pour l'aide du prochain. Par les *Exercices*, Ignace lègue aux jésuites les moyens de leur action pastorale, la conversation comme lieu possible d'un salut.

Le *Récit* entend faire comprendre la genèse de la conversation[44]. Nous pourrons, à partir de ce qu'Ignace de Loyola en souligne à la fin de sa vie, souligner les spécificités qu'il veut en donner pour les activités de la Compagnie. Dicté par Ignace de Loyola, entre 1553 et 1555, à la demande instante de plusieurs jésuites, ce récit fut considéré, selon les termes de Jérôme Nadal, proche d'Ignace, comme un « testament » pour l'ordre nouvellement créé. Rappelons qu'il fut très tôt enterré sous les *Vies*, hagiographies commandées par l'institution. Il fournit, par la narration, un contrepoint aux *Constitutions* et à la place qu'elles donnent à la conversation.

LÉGITIMER LA CONVERSATION SPIRITUELLE

Le *Récit* égrène les rencontres qu'Iñigo, comme il se nomme alors, ne manque pas de faire. Il cherche à qui parler après sa conversion, l'esprit « fatigué à examiner ce qu'il serait bon de faire[45] ». Se dirigeant en pèlerin vers le monastère de Montserrat, il se livre à une confession de trois jours, préparée par la lecture et la méditation, selon une coutume alors répandue[46]. Ayant repris la route, il séjourne à Manrèse. Le *Récit* rapproche deux formes d'entretien : d'une part, la conversation de conseil avec des personnages à la réputation de guide, hommes ou femmes dont ne manquaient pas l'Espagne et l'Italie de ce premier seizième siècle ; d'autre part, la confession sacramentelle, qui exige de l'interlocuteur qu'il soit un prêtre[47]. Le *Récit* croise constamment ces deux fils sans les

44 Pour une présentation du *Récit*, voir Ignace de Loyola, Écrits, 1991. Par la suite dans les notes, nous indiquerons le numéro du paragraphe précédé de la mention *Récit*.

45 Récit, § 16.

46 Récit, § 17.

47 Avant le siège de Pampelune, le Récit, § 1, fait mention d'une confession entre compagnons d'armes. Non sacramentelle, cette confession était d'usage dans la chevalerie. Elle disparaît

confondre et fait ressortir dans cette trame ce qu'Ignace veut maintenir comme usage de la conversation.

Le premier fil relie Ignace à des personnes reconnues pour leur inspiration. De nombreuses béates habitaient la région de Manrèse. Certaines s'étaient rendues célèbres :

> Il y avait en ce temps-là, à Manrèse, une femme avancée en âge et très vieille aussi dans l'état de servante de Dieu, connue comme telle en bien des régions d'Espagne ; tellement que le Roi Catholique l'avait appelée une fois pour lui communiquer certaines choses[48].

Il poursuit :

> Cette femme s'entretenant un jour avec le nouveau soldat du Christ, lui dit : « Oh ! plaise à mon Seigneur Jésus-Christ qu'il veuille vous apparaître un jour ! » Mais il s'effraya de cela, prenant la chose matériellement : « Comment Jésus-Christ doit-il m'apparaître à moi ? ». Il persévérait toujours dans son habitude de se confesser et de communier chaque dimanche.

Ignace entend montrer que le souhait de la vieille femme pourrait être entendu dans ses accents *alumbrados*. La peur, racontée longtemps après les événements, comme la réaffirmation de la pratique de la confession régulière et de la communion dominicale permettent d'indiquer, dans le récit, que la fréquentation de personnages inspirés ne fait pas prendre à Ignace le chemin de la dissidence[49]. Il en fréquente, mais les signes de l'adhésion aux pratiques catholiques explicites sont d'autant plus affirmés. Le souvenir de la béate prélude pourtant aux récits des visions de Manrèse, quelques paragraphes plus loin. La mention de la rencontre avec la visionnaire pose un jalon vers la légitimation des phénomènes mystiques, ou plutôt de leur tissage dans la chaîne des pratiques ecclésiales.

---

avec les canons du Concile de Trente sur la confession.

48 Récit, § 21. E. Garcia Hernan identifie cette béate à la visionnaire Maria Santa Domingo, figure importante des courants *alumbrados*, soutenue par de nombreux clercs, mais inquiétée par l'Inquisition. E. Garcia Hernan accorde une influence capitale de la béate sur Ignace, en particulier en matière d'oraison affective des scènes bibliques recomposées par la force de l'imagination. Garcia Hernan, 2016, p. 152-159. Il faut rappeler les travaux pionniers de Marcel Bataillon, en particulier, ceux récemment publiés, *Les jésuites dans l'Espagne du XVIe siècle*. Bataillon, 2009.

49 Dans son étude sur les origines de la Compagnie de Jésus, Guido Mongini insiste sur les stratégies mises en place par Ignace et les premiers compagnons pour atténuer ce qui serait suspect aux yeux de l'Église et de l'Inquisition. Voir Mongini, 2016.

Ignace consigne en effet qu'il s'en effraie simplement parce qu'il ne savait pas comment l'interpréter. Ignace intègre à l'ordre ecclésial ce qui pourrait apparaître alors en concurrence et troubler ses lecteurs soucieux d'orthodoxie[50].

Ignace prend soin dans le *Récit* de raconter les différents épisodes où il a dû se justifier de ses fréquentations et des conseils que lui-même se mit à prodiguer à celles et ceux qui venaient le trouver alors même qu'il n'était pas prêtre et n'avait pas étudié la théologie. La relation des interrogatoires subis à Alcala[51] et à Salamanque met en avant ce qu'Ignace entend voir préserver dans la Compagnie, la liberté des « saintes conversations ». En dictant, dans les années 1553-1555, cette histoire passée, Ignace savait combien étaient fragiles les soutiens dont il disposait et qui pouvaient à tout moment lui manquer. En désignant le *Récit* comme testament, Nadal entrevoyait sans doute la difficile transmission de cet héritage.

Voici donc Ignace à Salamanque aux mains des frères dominicains[52] :

> « Eh bien, donc, qu'est-ce que vous prêchez ? » – « Nous, dit le pèlerin, nous ne prêchons pas, mais avec certains nous parlons familièrement des choses de Dieu, par exemple, après avoir mangé avec des personnes qui nous invitent. » « Mais, dit le religieux, de quelles choses de Dieu parlez-vous ? Voilà ce que nous voudrions savoir. » – « Nous parlons, dit le pèlerin, tantôt d'une vertu, tantôt d'une autre, et en la louant, tantôt d'un vice, tantôt d'un autre, en le réprouvant. » « Vous n'avez pas fait d'études, dit le religieux, et vous parlez des vertus et des vices ; or personne ne peut en parler que de l'une de ces deux manières : ou par connaissances acquises ou par l'Esprit Saint. Ce n'est pas par connaissances acquises, c'est donc par l'Esprit Saint. » Ici, le pèlerin se tint un peu sur ses gardes, cette manière d'argumenter ne lui paraissant pas bonne[53].

Iñigo fut ensuite incarcéré dans la prison de la ville, et non de l'Inquisition ; ses papiers, présentés par le *Récit* comme le noyau des *Exercices*, furent examinés. Alors que la sentence ne reconnaissait en lui aucune erreur ni dans sa doctrine ni dans la vie qu'il menait, à l'exception de l'habit qu'il portait, confondu avec des vêtements religieux, il fut

50 En particulier sur son séjour à Manrèse, voir Garcia Hernan, 2016, p. 150-168.

51 Garcia Hernan donne les détails des recherches menées par l'Inquisition à Alcala, p. 206, et à Salamanque, sous la conduite probable de Melchior Cano, p. 224 et sv.

52 Pour Alcala, voir *Récit*, § 57-59. Pour Salamanque, § 64-72.

53 *Récit*, § 65.

tenu au silence tant qu'il n'aurait pas étudié[54]. Ignace déclare à ses juges qu'il « fera tout ce que le jugement ordonnait, mais qu'il ne l'acceptait pas ». Il se mit en route pour Paris et ses études pour acquérir ce qui lui permettrait, ainsi qu'à ses compagnons, une fois ordonnés, le droit de prêcher et de confesser.

Le *Récit* légitime l'usage de la conversation auquel Ignace ne va cesser sa vie durant de donner de l'ampleur jusqu'à l'institutionnaliser. Le récit, écrit rétrospectivement, montre en filigrane les activités de la Compagnie : prêcher, donner les *Exercices*, et s'entretenir de toutes sortes de sujets spirituels avec ceux qui viendraient les trouver. Le *Récit* éclaire par la narration le statut donné dans les *Constitutions* aux conversations, tant en interne, comme processus d'incorporation, que, vers l'extérieur, comme force missionnaire.

LA CONSTITUTION D'UN SUJET SPIRITUEL

La confession sacramentelle apparaît à plusieurs reprises surtout dans le début du *Récit*, après la convalescence à Loyola, dans le séjour à l'abbaye de Montserrat et plus encore à Manrèse. Là, le Pèlerin, comme il s'appelle dans le *Récit*, s'effraie de l'amplitude des mouvements intérieurs qui le traversent, passant de la plus haute ferveur envers Dieu au dégoût de soi. Ignace cherche des interlocuteurs, ayant tantôt recours aux conversations spirituelles tantôt à la confession sacramentelle. Ignace ne trouve pas d'issue à la crise qu'il traverse. Ses scrupules augmentent, il multiplie les confessions et les conversations. Rien n'y fait. Le désespoir le saisit et des idées suicidaires l'assaillent. Seule le retient la pensée du péché qu'il commettrait alors. Ignace continue de s'enferrer, ne cessant de se rendre auprès de son confesseur sans être pour autant délivré de ses scrupules. Confession, communion et conversations s'accumulent en vain.

> Le troisième jour, le mardi, étant en oraison, il commença à se souvenir de ses péchés : et, comme une chose qui allait s'enfilant après une autre, il allait en pensée d'un péché à un autre péché du temps passé, et il lui semblait qu'il était obligé de les confesser à nouveau. Mais à la fin de ces pensées, il lui vint certains dégoûts de la vie qu'il menait avec de grandes envies de l'abandonner. Et là-dessus le Seigneur voulut qu'il s'éveillât comme d'un rêve. Et comme il avait déjà une certaine expérience de la diversité des esprits grâce aux leçons que Dieu lui avait données, il se mit à considérer par quels moyens cet esprit

54 *Récit*, § 66. Sur cet épisode, voir Garcia Hernan, p. 226.

> était venu. Et alors il décida avec une grande clarté de ne plus confesser aucune des choses passées. Et alors, à partir de ce jour, il demeura libéré de ces scrupules, tenant pour certain que notre Seigneur avait voulu le délivrer par sa miséricorde[55].

L'issue est donnée par un événement intérieur, une prise de conscience qui conduit Ignace à « s'éveiller comme d'un rêve », autrement dit à accéder à la réalité de sa situation spirituelle. La confession est d'emblée relativisée au profit d'une expérience personnelle de Dieu. Cet éveil, ou, pour reprendre un terme du temps matière à toutes les suspicions, cette « illumination », que les *Exercices* nommeront « consolation sans cause précédente[56] », est suivi d'un temps de réflexion par lequel Ignace, en usant du discernement des esprits, est confirmé dans la décision qu'il prend : ne plus confesser aucune des choses passées.

Pour autant, Ignace ne suspend pas le recours à la confession ni la conversation spirituelle. Elles s'en trouvent autrement situées. D'une part, dans le paragraphe qui suit immédiatement, Ignace mentionne les personnes qui venaient le trouver pour s'entretenir de choses spirituelles. Si ce n'est pas dans le *Récit* la première mention de cette fonction de guide qu'occupe Ignace, toutefois est utilisée pour la première fois l'expression à laquelle il ne cessa plus de recourir et qui s'imposa dans la Compagnie : « il s'occupait à aider quelques âmes[57] ». Ignace donne dans cet épisode un fondement à l'aide des âmes où il a reconnu dans l'attention à ce qui s'était passé, dans l'examen, le passage de Dieu.

Il faut noter ici la grande précision du texte du *Récit* et sa discrétion quant à Dieu. Dieu n'est pas le sujet d'une action qui serait racontée : Ignace décrit l'interruption soudaine de sa détresse et l'entrée, tout aussi soudaine, dans une grande tranquillité d'âme. L'examen par comparaison de l'état antérieur et de l'état subséquent donne à Ignace la certitude qu'une telle transformation (un « éveil ») ne peut être que l'œuvre de Dieu, ne pouvant identifier aucune cause, aucun intermédiaire. L'irruption soudaine d'un tel bienfait ne peut être pour Ignace que le fruit de l'intervention de Dieu. Dans le récit rétrospectif qu'il en compose, Ignace insère entre ces deux états la phrase par laquelle il a reconnu, après coup, ce qui s'était passé en lui : « Et là-dessus le

55 *Récit*, § 25.
56 ES, 330. Voir Gouvernaire, 1980.
57 *Récit*, § 26.

Seigneur voulut qu'il s'éveillât comme d'un rêve ». Mais un tel énoncé constitue une déduction après examen, et non la description d'une vision, ce que le *Récit* sait très bien faire par ailleurs. Le récit se focalise sur les opérations menées par Ignace pour découvrir l'action de Dieu exprimée ici avec la plus grande discrétion.

De même, un paragraphe plus loin, l'accent porte sur la manière dont Ignace se décide lorsqu'il ira de nouveau trouver un confesseur, non pour ses péchés passés, mais pour lui exposer sa résolution de se délier d'un vœu de s'abstenir de viande qu'il avait fait. S'élabore, au plan narratif, la dynamique de la liberté et de la grâce, la coopération entre Dieu et l'homme qu'Ignace place au cœur des *Exercices* et des *Constitutions* de la Compagnie :

> Il persévérait dans son abstinence, sans manger de viande, en s'y tenant fermement, et il ne pensait en aucune manière à la changer. Un jour, au matin, après qu'il se fut levé, se présenta devant lui de la viande pour qu'il la mange, comme s'il la voyait avec les yeux du corps, sans avoir eu précédemment aucun désir de viande. Et en même temps, lui vint aussi un grand assentiment de la volonté pour que, dorénavant, il en mangeât. Et bien qu'il se souvînt de son propos antérieur, il ne pouvait avoir de doute à ce sujet, mais déciderait qu'il devait manger de la viande. Quand il raconta ensuite cela à son confesseur, le confesseur lui dit de voir si, par hasard, cela n'était pas une tentation ; mais lui, en examinant bien cela, ne put jamais avoir de doute à ce sujet. En ce temps-là, Dieu se comportait avec lui de la même manière qu'un maître d'école se comporte avec un enfant : il l'enseignait. Que cela fût à cause de sa rudesse et de son esprit grossier, ou parce qu'il n'avait personne pour l'enseigner, ou à cause de la ferme volonté que Dieu même lui avait donnée de le servir : il jugeait clairement et a toujours jugé que Dieu le traitait de cette manière. Bien plus, s'il en doutait, il penserait offenser sa Divine Majesté[58].

Ignace fonde ici la pédagogie de l'aide spirituelle par le déchiffrement des mouvements intérieurs auxquels il confère la force de la certitude que Dieu agit à travers eux. L'assentiment de la volonté, ce que les exercices nommeront « consolation », « motions de la volonté », acquiert ici une autorité telle que celui qui les éprouve et les déchiffre ne peut en douter. On comprend qu'à l'époque de la chasse aux mouvements illuministes et à l'heure où la réforme luthérienne avait commencé, Ignace ait jugé opportun d'adjoindre aux *Exercices* des « Règles pour sentir avec l'Église »,

58 *Récit*, § 27.

assurant que c'est le même Esprit Saint qui habite le Christ et l'Église et « qui nous dirige pour le salut de nos âmes[59] ».

Ignace ne remit pas en cause la confession, même s'il dut se libérer de son usage scrupuleux. Il la pratique, la recommande tant dans les *Exercices* que dans les *Constitutions* comme un des moyens que les jésuites auront à proposer. Ce que le *Récit* raconte et qui se trouve au cœur de la pédagogie des *Exercices* spirituels, c'est la constitution d'un sujet spirituel qui tient sa consistance de sa relation à Dieu en premier lieu. Non pas Dieu seul – *soli Deo* – mais en premier, comme fondement. Les relations d'aide, conversations ou confessions, s'articuleront à ce fondement auquel on pourra accéder, quand cela sera possible, par l'apprentissage du discernement des esprits, l'examen de ce qui s'est passé en soi. Une formulation en est donnée par Ignace dans l'annotation 15 que l'on a déjà lue et dont on soulignera maintenant la tonalité. Mais ce fondement de la relation en Dieu ne dispense pas de la pratique ordinaire des moyens mis en œuvre par l'Église[60].

Le fondement de la pédagogie est exprimé sous la modalité d'une préférence : « il convient davantage et il vaut beaucoup mieux, alors qu'on cherche la volonté divine que le Créateur se communique lui-même à l'âme fidèle[61] ». L'annotation 18, concernant les capacités de ceux qui font les exercices spirituels, donne à entendre que dans certains cas il est préférable d'inviter seulement à la confession et à l'examen de conscience. Mais l'ensemble du processus des *Exercices*, et ce à quoi Ignace vise pour celles et ceux dont il espère un « plus grand fruit », repose sur cette constitution d'un sujet spirituel dans une relation à Dieu qui l'autorise à exercer l'autonomie de son jugement au sein de relations ecclésiales.

---

59 ES, Règle 13, 365. Il faut noter la différence des formulations entre le texte autographe en castillan et la version latine dite « Vulgate » : si l'une écrit : « croyant qu'entre le Christ notre Seigneur, l'Époux, et l'Église, son Épouse, il y a le même Esprit qui nous gouverne et nous dirige pour le salut de nos âmes », l'autre propose : « on doit croire sans hésitation que l'Esprit de notre Seigneur Jésus Christ est le même que celui de l'Église orthodoxe son Épouse, par lequel nous sommes gouvernés et dirigés vers le salut ». Écrits, p. 253. Sur ces variations de langage et leur portée institutionnelle, voir Mongini, 2016, p. 137-188. Sur le rôle de ces « règles pour sentir avec l'Église » dans les *Exercices* comme ce qui aide le retraitant à trouver sa place dans l'Église en amorçant, dès le cours de la retraite, un « retour » aux conditions concrètes de son existence, voir Demoustier, 2006, p. 313-317.

60 On verra dans le chapitre 3 que cette « négociation » est typique, selon les catégories de la sociologie religieuse, empruntée à Troeltsch, de la « subordination » des Ordres religieux à l'Église, à la différence de l'autonomie revendiquée des « sectes ».

61 ES, 15.

Aider les âmes : ce serait, pour le dire à la suite de Certeau, permettre d'énoncer une parole de désir, mouvement par lequel une existence se constitue. Cette parole surgit dans le travail de renoncement à sa volonté propre, condition pour manifester son désir vrai. Nous avons montré que cette genèse avait lieu dans le jeu d'une interlocution spirituelle, là où Dieu a sa part. Il importe dès lors de prendre en compte le rôle structurant que tient « Dieu » dans l'élaboration de ce processus de subjectivation, sans qu'il soit ici question de croire ou non en Dieu.

Le sens de la conversation spirituelle se dégage peu à peu comme entretien familier auprès d'un conseiller que l'on vient trouver et qui aide à déchiffrer la relation à Dieu de son interlocuteur. En cela, elle se distingue de la confession, centrée, à l'époque moderne, sur l'aveu des péchés que les questions du confesseur doivent faire venir aux lèvres du pénitent. Avec la conversation civile, selon le terme venu de l'italien Guazzo dans le dernier tiers du XVIe siècle, elle partage l'impromptu et la familiarité[62]. La scène d'Ignace et de son hôte espagnol en fournit en quelque sorte le type. Mais à la pointe attendue dans la conversation civile, legs du *concetto* italien qui sera bientôt exigé dans les salons de la noblesse galante, une certaine réserve est de mise, le retrait d'une écoute qui choisit ce qui conviendra de présenter en réponse. À la vivacité du trait d'esprit répond le recueillement du spirituel. Le conseil spirituel n'est pas né à l'époque moderne, et déjà le Moyen Âge l'avait quelque peu sorti des cloîtres. Des femmes en particulier, liées ou non au mouvement des béguinages, dispensait leurs pieux avis. Et des pères du désert, dont les dits avaient été recueillis, jusqu'aux leçons des abbés réunissant autour d'eux les moines en chapitres, les recommandations de vie spirituelle faisaient florès. La nouveauté venait de ce qu'Ignace choisissait la conversation comme un moyen à répandre parmi tous les fidèles et non le bien de quelques cercles, de particuliers allant trouver un sage ou une béate, des frères réunis autour d'un abbé, maître de vie. L'hypothèse qu'Ignace ait connu, dans sa vie curiale en Espagne avant sa conversion, puis qu'il l'ait observé, le développement de la conversation civile n'est pas à écarter pour donner à comprendre l'accent qu'il fit porter à cette modalité de la relation. L'oscillation du mot même de conversation, entre son sens en latin classique, chez un Cicéron, comme

62 Les réflexions de Marc Fumaroli éclairent la conversation spirituelle si on prend soin de la différencier de la conversation civile. Fumaroli, 1992 et Fumaroli, 1994.

« mode d'être ensemble », « genre de vie commun », et le sens moderne, donné par l'italien *conversazione*, pourrait bien tenir au fait que pour Ignace la conversation est à mettre au cœur d'un genre de vie. Telle sera la dynamique propre de la Compagnie de Jésus en tout cas, comme nous allons le montrer dans le chapitre suivant.

Nous avons donc proposé dans ce premier chapitre de comprendre le mouvement des *Exercices spirituels*, son articulation à la pratique plus large de la conversation dans le projet d'Ignace de Loyola pour les jésuites, tel que le *Récit* le raconte, avant de montrer, dans le chapitre suivant, comment les *Constitutions* l'instituent.

Au regard de l'histoire de la subjectivation et de l'assujettissement, le bilan est pour l'heure nuancé. Il est vrai que les *Exercices* d'Ignace de Loyola pourraient être compris comme intériorisation de l'exigence du faire vrai qui intensifierait ainsi les procédures de l'aveu. Il nous est apparu pourtant un processus spirituel de subjectivation dans l'asymétrie des positions entre le retraitant, le directeur et Dieu. Le cadre de l'interlocution des *Exercices*, strictement défini par les Annotations, fait émerger un espace d'autonomie relative dans lequel se constitue un sujet en relation. Elle apparaît dialectiquement dans le travail de renoncement à ma volonté et d'affirmation de mon désir[63], voie paradoxale de la subjectivation par l'assujettissement. Ce paradoxe échappe à la contradiction quand est désignée précisément la part de Dieu, sa position, non pas en tant que souverain absolu, qui édicte sa volonté à tout sujet sommé de la suivre, mais comme celui qui rend possible le processus d'autodétermination. Dieu est celui par qui l'homme devient sujet, dans la pensée d'Ignace de Loyola.

---

63 M. de Certeau, sans s'arrêter aux *Exercices spirituels*, avait exposé cette dialectique de la volonté et du désir, dans le chapitre consacré au « Volo » de la *Fable mystique*. Voir Certeau, 1995.

INSTITUER LA CONVERSATION DANS LA COMPAGNIE DE JÉSUS

La conversation occupe dans la Compagnie de Jésus une place particulière. Considérée comme un des moyens pour « se consacrer au bien des âmes », elle est au cœur de ce qui constitue la Compagnie, à double titre : d'une part, tous ceux qui deviennent jésuites font les *Exercices spirituels* pendant le noviciat et acquièrent, en principe, ce statut de sujet spirituel conféré par la conversation, tel que nous l'avons décrit dans le premier chapitre ; d'autre part, tout au long de leur incorporation et au cours de la vie missionnaire, du fait du principe d'obéissance qui organise les relations au sein de l'Ordre, les jésuites sont invités à ces conversations entre eux par lesquelles se développe le corps de la Compagnie. La conversation est ce par quoi s'engendre le corps missionnaire de la Compagnie.

C'est du moins ce que nous voudrions montrer des *Constitutions* en appliquant le même genre de lecture que nous venons de suivre pour les *Exercices* et la conversation telle qu'Ignace la décrit dans le *Récit*. Quels rapports les *Constitutions* instaurent-elles ? L'approche nous apparaît d'autant plus pertinente que les *Constitutions* visent, comme elles le déclarent, la conservation et le développement d'un corps, en instituant les relations en son sein. Notre démarche n'est pas d'écrire une histoire de l'institution, mais d'étudier comment des discours spirituels configurent des rapports sociaux. Une histoire de l'institution s'intéresserait à ce qui a été effectivement mis en œuvre, l'incorporation de ses membres, leur exclusion, les conflits internes. Nous verrons par la suite que d'autres textes, apparus au cours de l'histoire de la Compagnie, régulent la conversation et la direction spirituelles. Ils témoignent d'infléchissements, d'élaborations nouvelles des relations à l'intérieur de la Compagnie, en particulier de l'obéissance. Ont ainsi été affectées les conceptions du sujet spirituel telles que *Constitutions* et *Exercices spirituels* les pensent.

La fonction de directeur spirituel se met alors en place dans un écart avec les conceptions d'Ignace de Loyola. Nous le ferons apparaître en montrant comment les jésuites étaient formés à l'activité qui finit par être désignée comme direction spirituelle. Dans le courant du dix-septième siècle furent écrits des traités qui en stabilisèrent, en quelque sorte, les conceptions. Nous aurions pu nous en tenir à des traités de direction, mais nous serions passés à côté de transformations plus larges. Le modèle directif donne à la vie spirituelle d'autres objectifs que ceux que les textes d'Ignace nous ont paru organiser. En effet, une nouvelle culture du sujet spirituel s'est mise en place entre la mort d'Ignace de Loyola et les premières décennies du dix-septième siècle. Elle touche à la possibilité d'envisager ou non le fidèle comme un sujet responsable, capable de mener sa vie selon les ressources qu'offre la vie spirituelle telle que nous venons d'en dessiner le cadre à partir des *Exercices spirituels*.

Là où Ignace cherchait à initier des sujets responsables, capables par leur vie spirituelle de trouver leur place dans l'Église et la société, les jésuites de l'époque moderne nourrissent la vie spirituelle d'hommes et de femmes à qui les places sont assignées par l'organisation de la vie sociale et ecclésiale. Le processus d'initiation spirituelle était pour Ignace le cœur de la démarche des *Exercices*, proposée à un tout petit nombre. D'autres, plus nombreux, pouvaient être instruits de l'examen de conscience, de l'apprentissage de formes de prière. La perspective, comme nous le verrons, s'est en quelque sorte inversée à l'époque moderne : il s'agit d'abord d'instruire un peuple chrétien et de lui enseigner les bonnes attitudes à imiter, réservant à quelques « mystiques d'exception » la conduite de soi par les l'exercice de la contemplation, en réalité soustraite à la pratique chrétienne.

Les chapitres suivants prendront le temps de mesurer ces changements qui tiennent à de multiples facteurs. La formation des jésuites détermina non seulement la manière de leur donner les *Exercices*, mais l'usage de la parole entre eux. De longues enquêtes seront encore nécessaires[1], mais aussi il nous a semblé possible, par provision, de confronter la manière dont les *Constitutions* envisagent la conversation avec quelques évolutions ultérieures.

---

1 S'inscrivent dans cette perspective les travaux de P. A. Fabre consacrés aux lettres pour demander à partir en mission que rédigent les jésuites, connues sous le nom d'*Indipetae*. Voir Fabre, 2007, et Fabre 2010.

UN PARCOURS D'INITIATION

Les *Constitutions* de la Compagnie de Jésus organisent un corps religieux et dessinent à l'horizon ce qui est à viser. Les *Constitutions* ont-elles été écrites par Ignace ? Question à laquelle il est délicat de répondre : certes, les récits hagiographiques ont vu Ignace les écrire sous l'inspiration divine, mais il reste difficile de ne pas les considérer comme la synthèse de la longue tradition des règles de la vie religieuse, qu'à la demande d'Ignace, son secrétaire, Polanco, et lui-même ont entrepris de rédiger. Synthèse qui conduit à une singularité, une nouveauté au sein des ordres religieux, que reconnaît le pape en 1540[2]. Paul III, le 27 septembre 1540, dans la bulle *Regimini Militantis* autorise la toute neuve Compagnie à établir des *Constitutions*. Les premiers jésuites entrent alors dans une phase législatrice qui se poursuit jusqu'en 1558, au-delà de la mort d'Ignace de Loyola en 1556, avant qu'un texte définitif ne soit approuvé[3]. Notre lecture des *Constitutions* fera du texte une sorte d'« utopie écrite » qui sans doute ne fut et n'est, à chaque époque, réalisée que partiellement. Les *Constitutions* décrivent une société dont le projet est de fonder une nouvelle manière de vivre la vie chrétienne pour des religieux missionnaires et dans laquelle chaque membre est incorporé par un processus d'initiation[4].

LA LIBERTÉ DU JUGEMENT MISSIONNAIRE

Les *Constitutions* sont composées de dix parties et comprennent 826 paragraphes. Leur longueur tranche par rapport aux règles monastiques, considérablement plus brèves. Leur architecture complexe peut toutefois être cernée, sans s'y réduire, à partir de trois épisodes : probation–admission–mission. Chacun d'eux décrit et règle la progression du jésuite dans le corps, les phases de son incorporation. Un « Prologue » fixe les

2 Pour une présentation des *Constitutions* de la Compagnie de Jésus, Aldama, 1981. Voir en annexe pour une brève chronologie de la vie d'Ignace et de la rédaction et approbation des *Constitutions*.

3 Ganss, 1970 ; Costa, 1973 ; Aldama, 1973 ; Bertrand, 1974 ; Kolvenbach, 1991 ; Jaer, 1998 ; Coupeau, 2010 ; F. Pudhicherry, 2012.

4 Nous empruntons la formule « utopie écrite » utilisée à propos de la Compagnie de Jésus à Jean Séguy. Séguy, 1999.

rôles : Dieu *institue* la Compagnie qui se *constitue*, pour la conservation et l'accroissement de ce qui a été institué, en laissant ouvertes à la décision les situations indéterminées qui se présentent au cours des missions, le tout selon un certain mode de gouvernement. Lisons ce Prologue :

> Bien que ce soit la souveraine Sagesse et Bonté de Dieu notre Créateur et Seigneur qui doive conserver, conduire et faire avancer dans son saint service cette très petite Compagnie de jésus, comme elle a daigné la faire commencer ; et bien que, pour ce qui est de nous, ce soit la loi intérieure de la charité et de l'amour de Dieu que l'Esprit Saint a coutume d'écrire et imprimer dans les cœurs qui doive, plus que des Constitutions extérieures, y aider ; cependant, parce que la suave disposition de la Providence divine demande la coopération de ses créatures, et parce que le Vicaire du Christ notre Seigneur l'a ainsi décidé, et qu'ainsi nous l'enseignent dans le Seigneur les exemples des saints et la raison elle-même, nous estimons nécessaire d'écrire des Constitutions qui aident à mieux avancer, conformément à notre Institut, dans la voie du service divin que nous avons commencé à suivre. Et bien que ce qui est premier et a le plus d'importance soit, dans notre intention, ce qui concerne le corps de toute la Compagnie (dont on recherche principalement l'union, le bon gouvernement et la conservation en son bon état pour une plus grande gloire de Dieu), cependant, parce que ce corps est constitué de ses membres et que, dans l'exécution elle-même, vient d'abord ce qui concerne chacun des membres, aussi bien dans leur admission que dans leur progression et leur répartition dans la vigne du Christ notre Seigneur, c'est par là que l'on commencera, avec l'aide que la Lumière éternelle daignera nous communiquer pour son honneur et sa louange[5].

À la progression linéaire de l'incorporation se superpose un autre parcours. Par cercles concentriques, les *Constitutions* décrivent, toujours selon les étapes de l'intégration, la manière de vivre des jésuites, la pauvreté, l'obéissance, etc. ainsi que les diverses fonctions des membres du corps[6]. Les différents parcours possibles n'empêchent pas cependant de s'interroger sur ce qui pourrait constituer leur dynamisme. Nous proposons d'appeler « cellule d'engendrement » des *Constitutions* le processus qui rend possible l'incorporation et la progression du jésuite, son initiation. Cette cellule se retrouve aux différentes étapes de l'incorporation, jamais cependant sous la même forme. Elle est composée d'opérations

5 *Constitutions*, § 134-135. Ce sont les deux premiers paragraphes des *Constitutions*, précédées par un « Examen général », texte proposé aux candidats de la Compagnie pour leur réception. Nous suivons ici la traduction française de la version de 1594, dit texte D.

6 Pour cette lecture, voir l'introduction aux *Constitutions*, Loyola, 1991.

qui permettent à chaque jésuite d'intégrer le corps de la Compagnie et d'ainsi le développer. Aborder les *Constitutions* à partir de cette cellule permet à la fois de penser ce qui constitue l'unité de l'incorporation du jésuite et la transformation du corps tout entier. Or cette cellule engage précisément une manière d'être en conversation. Nous la repérons d'abord à partir de ce qui constitue la fin de la Compagnie, l'aide du prochain, la mission.

La mission dans la Compagnie est réglée par l'obéissance : le jésuite reçoit sa mission d'un supérieur, et la Compagnie reçoit sa mission du Souverain Pontife auquel elle s'est volontairement liée, comme corps dans son ensemble et par chacun de ses membres. Chaque profès prononce un vœu d'obéissance au pape pour la mission, se mettant ainsi à sa disposition pour toute tâche qu'il voudrait lui confier. Il peut sembler paradoxal d'entrer par la mission et l'obéissance pour voir comment la conversation est à l'œuvre dans la Compagnie tant il semble qu'une mission soit un ordre d'envoi. Or ce qui est au cœur de l'obéissance du jésuite, dans le renoncement à sa volonté personnelle, se révèle tenir à un exercice de la conversation et de la délibération à laquelle chacun est invité. Si nous prenons le temps de nous arrêter sur ce processus, c'est qu'il sera partiellement, mais significativement, réélaboré dans l'histoire de la Compagnie, et cela avec de nombreux retentissements sur la direction spirituelle.

Analysons, selon la démarche que nous proposons de déterminer des positions et des rôles, le premier paragraphe de la septième partie, intitulée « Ce qui concerne la répartition dans la vigne du Seigneur, et pour le bien du prochain, de ceux qui ont été admis dans le corps de la Compagnie » :

> De même que l'on a parlé dans la sixième Partie de ce que doivent observer les membres de la Compagnie, chacun dans sa vie personnelle, il faut de même parler dans la septième de ce qu'ils doivent observer à l'égard du prochain (ce qui est la fin tout à fait propre de notre Institut), quand ils sont répartis dans la vigne du Christ pour travailler dans la partie de celle-ci et dans l'œuvre qui leur auront été confiées. Et cela, qu'ils soient envoyés en divers lieux, soit par le Souverain Vicaire du Christ notre Seigneur, soit par les Supérieurs de la Compagnie qui tiennent aussi pour eux la place de la divine Majesté ; ou bien qu'ils choisissent pour eux-mêmes où et à quoi se dépenser, s'il a été laissé à leur jugement de parcourir tout lieu où ils penseraient pouvoir réaliser un plus grand service de notre Dieu et Seigneur et un plus grand profit pour

> les âmes ; ou bien que le travail ne se fasse pas en parcourant divers lieux, mais en résidant de façon stable et continue en certains lieux où l'on espère beaucoup de fruit pour la gloire et le service divins[7].

La mission se définit comme un envoi, comme la racine latine le laisse deviner (*mittere*, envoyer). Dans les *Constitutions*, trois niveaux d'autorité apparaissent pour la mission : le pape, les supérieurs, le jésuite lui-même. Ces trois niveaux d'autorité organisent la septième partie et lui donnent son plan définitif. Le chapitre I porte sur les missions données par le pape ; le chapitre II, sur les missions données par le supérieur de la Compagnie. Il faut noter le chapitre III « quand on se rend de sa propre initiative dans une région ou dans une autre ». Le quatrième chapitre ouvre une autre modalité : quand la mission confiée consiste à demeurer dans une des résidences de la Compagnie pour permettre aux jésuites de prêcher, converser et donner les exercices spirituels. Dans cette septième partie, fortement structurée par l'obéissance, il faut noter la place faite au jésuite libre de déterminer sa mission. Il accède ainsi à un rang d'autorité égale, de ce point de vue, à celle du pape et des supérieurs. Il faudra comprendre comment un jésuite, un membre parmi d'autres soumis à l'autorité, peut par lui-même s'envoyer en mission sans manquer à l'obéissance, c'est-à-dire sans nier le principe qui constitue le corps. C'est là que se joue le lien entre ce qui *constitue* le corps (les *Constitutions*) et ce qui l'*institue* (Dieu). Le membre de la Compagnie est toujours un sujet spirituel, au sens où ce terme est apparu à travers les *Exercices*. Dans ce que nous nommons cellule d'engendrement de la Compagnie se joue la subjectivation dans l'assujettissement.

L'envoyé se trouve mis en position de renoncer à son jugement et à sa volonté de manière absolue. Sa soumission est requise comme celle de la Compagnie dans son ensemble :

> Dans ce domaine, la Compagnie ayant soumis tout son jugement propre et tout son vouloir au Christ notre Seigneur et à son Vicaire, ni le Supérieur, pour lui-même, ni aucun autre des inférieurs, pour lui-même ou pour un autre, ne devra entreprendre ni tenter auprès du Souverain Pontife ou de ses ministres aucune démarche, directement ou indirectement, pour qu'il doive résider ou être envoyé dans tel endroit plutôt que dans tel autre ; mais les inférieurs laisseront totalement ce soin au Souverain Vicaire du Christ et

7 *Constitutions*, § 603. Par la suite, nous indiquerons le numéro du paragraphe, précédé de la mention CS, en suivant le texte B, sauf indication contraire.

> à leur Supérieur, et le Supérieur, en ce qui le concerne personnellement, le laissera au Souverain Pontife et à la Compagnie elle-même, dans le Seigneur[8].

Quant à l'autorité, elle consiste dans le pouvoir d'envoyer. Il en appelle à l'exercice du jugement et de la volonté. Ainsi en est-il dans le deuxième chapitre à propos des missions dont le supérieur général de la Compagnie peut décider, par délégation accordée par le pape (§ 618). Est alors décrite la procédure de délibération que le supérieur général doit adopter :

> Ayant donc lui-même cette intention très droite et très pure en présence de notre Dieu et Seigneur et, si cela lui semble bon en raison de la difficulté ou de l'importance de la décision, après avoir recommandé la chose à la divine Majesté par ses prières et ses messes ainsi que par celles des gens de la maison, et en avoir parlé avec un ou plusieurs membres de la même Compagnie qu'il lui semblera bon parmi ceux qui seront là, il décidera par lui-même s'il doit envoyer ou non ; et il en sera ainsi des autres circonstances, comme il jugera convenir pour une plus grande gloire de Dieu.

Ce pouvoir d'envoyer repose sur un processus développé en différentes phases : avoir l'intention droite (viser la fin de la Compagnie que Dieu a instituée), recommander la chose à Dieu, consulter d'autres jésuites, décider par soi-même. Nous voyons s'esquisser la cellule d'engendrement de la Compagnie. On retrouve ce même processus à l'œuvre dans le troisième chapitre lorsqu'un jésuite décide de s'envoyer librement en mission. Le jugement s'exerce de la même manière, tout en étant encadré par la nécessité de l'obéissance. Lisons attentivement ce paragraphe :

> Ceux qui vivent sous l'obéissance de la Compagnie n'ont pas à intervenir, ni directement ni indirectement, pour leur envoi en mission, qu'ils soient envoyés par le Souverain Pontife ou par leur Supérieur au nom de Jésus Christ notre Seigneur. Toutefois, celui qui serait envoyé dans un grand pays (tel que les Indes ou d'autres provinces), sans qu'aucune région de celui-ci ne lui soit spécialement désignée et délimitée, peut rester plus ou moins dans tel lieu ou tel autre ; ou bien, après avoir considéré toutes choses (se sentant indifférent dans sa volonté) et avoir fait oraison, il peut aller partout où il le jugera plus opportun pour la gloire de Dieu.

Un jésuite, déjà envoyé, n'a pas reçu de précisions de ses supérieurs. Libre à lui de parcourir tel ou tel lieu, en décidant également du temps

8 CS, 606.

qu'il lui accorde. Est laissée à son jugement la constitution de son espace missionnaire. Or, nous retrouvons la cellule d'engendrement quand, seul, le jésuite n'a pas d'autres compagnons à consulter ni de supérieur pour déterminer sa mission. Elle s'exprime quelque peu différemment : le jésuite est invité à considérer les circonstances, après s'être rendu indifférent (ce qui consiste à se remettre devant la fin pour laquelle la Compagnie a été instituée et ne vouloir rien d'autre que cette fin), faire oraison (« recommander la chose à Dieu »), et se décider. C'est en lui-même que le jésuite peut exercer sa liberté et choisir librement ceci plutôt que cela. Il se rend indifférent : il prend distance par rapport à sa propre volonté par le jeu de ne pas plus vouloir ceci que de ne pas le vouloir. La liberté décide d'un attachement, la volonté s'étant détachée de ce qui n'aurait pas été libre en elle[9].

Cette liberté à décider de ce qui convient atteint son intensité la plus grande dans une remarque incidente, au chapitre premier, à propos des missions confiées par le pape, si leur durée n'a pas été définie au préalable. Dans l'éventualité d'un séjour plus long, les *Constitutions* envisagent la possibilité de faire « quelques sorties », d'« aider les âmes dans des lieux avoisinants », c'est-à-dire de s'autoriser à une mission non prévue. Or dans pareil cas, les *Constitutions* amorcent, au paragraphe 616, le processus que l'on a trouvé exposé au numéro 633 :

> Lorsqu'il faudra prolonger le séjour dans les lieux désignés, si cela peut se faire sans que ce soit au détriment de la mission principale et de l'intention du Souverain Pontife, il n'y aura pas d'inconvénients à faire quelques sorties, si cela est possible et qu'il juge qu'elles seraient fructueuses au service de Dieu, en sorte qu'aidant les âmes dans les lieux avoisinants, il revienne ensuite au lieu de sa résidence. Là, en plus de ce qui lui a été spécialement ordonné (à quoi il doit s'employer avec un soin spécial et qu'il ne doit pas abandonner pour d'autres occasions, même bonnes, de servir Dieu), il peut et il doit examiner, sans que ce soit au détriment de sa mission (comme il a été dit), à quelles autres choses il pourrait s'employer, qui soient pour la gloire de Dieu et pour le bien des âmes. Il ne laissera pas échapper de ses mains l'occasion que Dieu lui donnerait pour cela, pour autant que, en Dieu, il jugera cela opportun[10].

9 On retrouve dans les *Constitutions* ce que Certeau comprenait, dans les *Exercices*, comme « exhumation du désir » : le désir est désinvesti, en se rendant « indifférent », des lieux où il s'était auparavant engagé. Certeau, 2005.

10 CS, 616.

Les nombreuses parenthèses rappellent combien la libre décision ne saurait conduire dans une autre direction que celle établie par la Compagnie. L'intention du jésuite reprend l'intention commune de la Compagnie. Il s'esquisse cependant ici une manière d'agir dans la contingence, quand survient ce qui n'est pas prévu et représenterait une occasion de servir Dieu.

Dans la rigoureuse distribution de l'autorité et la précision de l'envoi des membres de la Compagnie pour la mission est ménagé un espace pour la liberté du missionnaire. Il faut noter d'abord le processus : il s'agit à nouveau d'entrer dans un examen, de considérer les occasions qui se présentent. Mais il est encore plus remarquable qu'il revienne alors au jésuite de décider s'il convient de répondre à une occasion que Dieu lui présenterait. Dans le cadre qui circonscrit la mission du jésuite, à laquelle il doit apporter un soin particulier, de nouveaux besoins pastoraux peuvent surgir, au gré des circonstances. Si ces « occasions » se reconnaissent comme venant de Dieu, le jésuite n'est pas pour autant contraint d'y répondre : il doit juger si cela est opportun, en cherchant certes à ne pas laisser échapper l'occasion. Le jésuite se trouve ici face à Dieu dans une liberté absolue. Nous pourrions appeler cette disposition le « moment mystique » des *Constitutions*. Dieu donne des occasions d'aider les âmes, mais, en se maintenant dans l'indifférence et l'obéissance, c'est au jésuite de juger s'il convient d'y répondre. Dieu ne contraint pas la liberté de celui auquel il se présente à l'improviste.

Une telle liberté spirituelle est inscrite dans le mouvement par lequel le jésuite renonce volontairement à son jugement. Mais cette négation n'est qu'un temps du processus de subjectivation spirituelle qu'appellent les *Constitutions*. Le jésuite était initié dans les *Exercices* qu'il vit, dans leur intégralité, une première fois au noviciat et, à nouveau, au terme de sa formation. La liberté spirituelle que les *Constitutions* mettent en œuvre ici se comprend à partir de l'Annotation 15 des *Exercices*. Son présupposé, rappelons-le, est que Dieu « se communique lui-même à l'âme fidèle », en raison de quoi le retraitant pourra se décider devant Dieu, en étant le plus possible dégagé des incitations et de l'influence de quiconque. Mais cette liberté prend sa forme concrète la plus achevée quand le jésuite peut ne pas accepter une occasion venant de Dieu, sans offense. Cela suppose un sujet qui soit allé suffisamment avant dans la relation décrite par les *Exercices*, en matière de réciprocité et de pur amour entre

Dieu et le fidèle[11]. Cette relation se nourrit de l'interlocution entre Dieu et le retraitant à travers le colloque, cette conversation engagée par le retraitant librement avec Dieu à la fin de chaque exercice. La liberté spirituelle du jésuite dans la mission s'engendre dans cette conversation personnelle avec Dieu au cours des *Exercices*, conversation appelée à donner forme à toute sa vie de prière[12]. On désignera l'allure de cette relation, le style de cette subjectivation, par le terme de cordialité, empreinte d'affection et de franchise.

L'ENGENDREMENT D'UNE PAROLE DANS LE RENONCEMENT À LA VOLONTÉ

Cette liberté spirituelle fonde le parcours de formation du jésuite dans l'apprentissage de l'obéissance dès le noviciat. Le jésuite est initié à l'obéissance dans le doublet apparemment contradictoire du renoncement à sa volonté propre et l'expression à son supérieur de ce qu'il porte comme désir. Il n'y a pas d'obéissance jésuite dans les *Constitutions* sans cette invitation à prendre la parole.

Suivons le jésuite jusqu'à son noviciat, dans la troisième partie des *Constitutions*. L'entrée dans la Compagnie repose sur une libre décision et son acceptation par le corps. Son fonctionnement peut se laisser appréhender dans les termes de la sociologie religieuse comme celui de « groupes volontaires », « c'est-à-dire élitaires, définissant eux-mêmes leurs objectifs et les moyens aptes à les réaliser : sont admis sur leur demande motivée des individus répondant à certains critères d'expérience religieuse. La notion d'engagement volontaire (*votum* ou *convenant*, c'est ici tout un) se montre centrale en l'occurrence, tout autant que celle d'élection (ou de "vocation")[13] ». L'intensité religieuse recherchée porte

11 Voir la « Contemplation pour obtenir l'amour », dans laquelle la relation entre Dieu et le fidèle consiste en une communication réciproque (ES, 230), ou le pur amour, évoqué à la dix-huitième et dernière « règle pour sentir avec l'Église », sur quoi se concluent les *Exercices* (ES, 370).

12 Si ce n'est que sous le généralat d'Aquaviva qu'est instaurée la semaine annuelle de retraite des jésuites, en adaptant les *Exercices*, les *Constitutions* prévoient que chaque jésuite fasse quotidiennement oraison, en suivant en cela la marche des méditations et contemplations des Exercices. Sur l'instauration de la retraite annuelle et ses conséquences sur la direction spirituelle, voir ci-après et le chapitre 4.

13 Séguy, 1999, p. 12. On voit ici ce qui rapproche un ordre d'une secte, dont pour Séguy, la différence se situe dans la subordination de l'ordre à une Église, là où une secte revendique son autonomie.

en grande partie sur le renoncement à la volonté comme participation à une mission définie par le corps : l'assujettissement volontaire ne fait ici aucun doute.

Voici l'énoncé qui définit l'obéissance religieuse au noviciat :

> Il importe avant tout pour leur progrès et il est très nécessaire que tous s'adonnent à une obéissance parfaite, reconnaissant le Supérieur, quel qu'il soit, comme tenant la place du Christ notre Seigneur, et ayant intérieurement pour lui révérence et amour ; et ce n'est pas seulement dans une exécution extérieure de ce qu'il commande qu'ils obéiront entièrement et promptement, courageusement et avec l'humilité requise, sans excuses ni murmures, même s'il ordonne des choses difficiles et qui répugnent à la sensibilité ; mais ils s'efforceront aussi d'avoir intérieurement le renoncement et l'abnégation vraie de leur volonté propre et de leur jugement, conformant totalement leur volonté et leur jugement avec ce que le Supérieur veut et pense, en toutes les choses où l'on ne verrait pas de péché, prenant la volonté et le jugement de leur Supérieur pour règle de leur volonté et de leur jugement, afin de se conformer de plus près à la première et souveraine règle de toute bonne volonté et de tout jugement, qui est la Bonté et Sagesse éternelle[14].

Le renoncement est total, mais apparaît en creux ce qui par la suite sera requis du jésuite, l'exercice de son jugement. Est demandée en effet non seulement une obéissance extérieure, mais une obéissance de jugement. Il ne s'agit pas d'exécuter une tâche, un ordre, mais d'adopter pour jugement celui de son supérieur. L'exercice du jugement est maintenu ; l'obéissance consiste à s'entraîner à y recourir de manière à juger non pas selon soi-même, mais selon le corps entier, représenté ici par un supérieur. Elle est conformation du jugement, apprentissage d'un jugement commun, nécessaire à l'édification du corps dans lequel le candidat a librement choisi d'entrer. Il faut en effet noter l'expression, à la fin du paragraphe, « prendre pour règle de son jugement » : la règle pour se décider renvoie au processus de décision et non pas seulement à l'application d'une décision extérieure. La règle désigne le critère par lequel on se décide, et non la décision que l'on doit appliquer. L'expression renvoie à la morale scolastique ainsi qu'à l'analyse des opérations et des qualités requises pour l'action morale. L'intelligence saisit le principe de l'action, la mémoire tire parti de l'expérience acquise, la raison applique le principe de l'action aux conditions particulières que rend possibles

14 CS, 284.

l'attention aux circonstances (circonspection). L'homme sage se définit par sa capacité à trouver la règle de son action (la vertu de prudence), le principe adopté pour agir. L'obéissance n'est pas comprise comme l'application d'une règle, mais renvoie aux opérations de l'esprit pour se décider, au critère par lequel je me détermine à agir, ici, la volonté d'un autre[15].

L'obéissance attendue du novice relève du degré le plus élevé de renoncement sans que soit aboli le processus de la décision, le travail intérieur de la conscience. En exigeant l'obéissance de jugement par-delà une obéissance d'exécution, « extérieure », la conscience est délibérément appelée à se scinder. Elle s'ouvre dans son renoncement, puisque ce n'est pas son propre jugement qu'elle suit. Elle se conforme à la volonté d'un autre tout en se maintenant comme conscience. Elle agit volontairement comme conscience en se décidant. On pourrait dire que la conscience est ici exhibée à nu, ou à vide, indépendamment des objets qu'elle vise dans la prise de décision. Elle se manifeste comme conscience volontairement assujettie[16]. Mais quelques numéros plus loin, on attend du novice qu'il dépasse cette négation en exerçant son jugement.

Le noviciat met en effet en place une procédure à laquelle le jésuite tout au long de sa vie est appelé à recourir et qui porte le nom de « représentation ». Ignace la formulait brièvement dans une longue lettre rédigée, avec Polanco, à l'occasion d'une crise dans le gouvernement de la province jésuite du Portugal, en 1553[17]. Commentant l'assujettissement exigé par l'obéissance jésuite, les auteurs de la lettre poursuivent :

> Ceci ne fait pas oublier que, si vous êtes en quelque chose d'un avis différent du supérieur et qu'après avoir prié vous jugiez bon, sous le regard de Dieu, de le lui représenter, vous ne le puissiez faire. Mais si dans ce domaine vous désirez que votre démarche ne puisse être soupçonnée d'amour-propre ou de jugement personnel, vous devez demeurer également indifférents, avant comme après, non seulement à entreprendre ou à abandonner l'exécution de

---

15 Pour une présentation du jugement et de la vertu de prudence, voir Aubenque, 2014 et Goyet, 2009.

16 Le vocabulaire de l'assujettissement est celui d'Ignace, voir la lettre « aux compagnons du Portugal » de mars 1553, Loyola, 1991, p. 835-842.

17 Nous citons un extrait de cette lettre qui très tôt fut mise en circulation dans la Compagnie et rejoint, avec le document suivant, la série des textes législatifs de la Compagnie qui ont contribué à façonner une culture du sujet spirituel jésuite. Sur la « représentation », voir P. A. Fabre, 2013.

> la chose en question, mais encore à approuver et à considérer comme meilleur tout ce que le supérieur ordonne[18].

Dans la troisième partie réglant le noviciat, le novice est initié à un art de parler dans un corps social[19]. Il est notable que cet apprentissage, de la parole et du jugement, dans le corps de la Compagnie ait comme lieu premier le rapport au corps, corps physique du novice.

> De même qu'une préoccupation excessive en ce qui concerne le corps est répréhensible, de même un souci modéré d'examiner comment se conservent la santé et les forces corporelles pour le service divin est louable ; et tous doivent l'avoir. C'est pourquoi, quand ils remarqueront qu'une chose leur est nuisible ou qu'une autre leur est nécessaire concernant la nourriture, le vêtement, le logement, l'emploi ou le travail, et les autres choses, tous en avertiront le Supérieur ou celui que le Supérieur aura désigné pour cela. Ce faisant, ils observeront deux choses. La première : avant de lui en faire part, ils se recueilleront pour prier et, après la prière, s'ils sentent qu'il faut présenter l'affaire au Supérieur, ils le feront. La seconde : après avoir exposé l'affaire au Supérieur de vive voix ou brièvement par écrit de peur qu'il ne l'oublie, ils lui en abandonneront tout le soin et estimeront que ce qu'il décidera sera le mieux, sans continuer à lutter ou à insister par eux-mêmes ou par un autre (qu'il accorde ce qui est demandé ou non). Ils doivent en effet se persuader que ce que le Supérieur, après avoir compris la chose, aura jugé bon dans le Seigneur est ce qui convient davantage pour le service divin et pour leur plus grand bien[20].

Précisons les circonstances où cette recommandation s'applique. Dans le cas où la décision d'un supérieur ou simplement la vie commune viendraient à nuire en quelque manière à un novice ou qu'une chose nécessaire lui manque, il lui est fait obligation d'en parler au supérieur. Est décrite ensuite avec précision la procédure à suivre pour apprendre à parler dans un corps religieux et exercer son jugement. La procédure se déroule en trois temps : se recueillir pour prier, sentir ce qu'il faut « présenter », le faire. La seconde observation montre combien il importe

---

18 « Aux compagnons du Portugal », Rome, 26 mars 1553, MHSJ, *Epistolae*, IV, 669-681, traduction française in Ignace de Loyola, Écrits, p. 835-842.

19 Mongini, 2016, p. 137-189.

20 CS, 292. Rappelons qu'il est prévu par les *Constitutions* qu'elles soient données à lire à chaque jésuite, novice compris, au moins les parties qui concernent l'étape où il se trouve. Ce texte est donc donné à lire au novice. Les « règles pour le noviciat », comme on le verra, introduiront par la suite d'autres usages.

que le novice se soit fait entendre du supérieur. Lui écrire offre une garantie de plus contre l'oubli.

Plus tard, dans la vie du jésuite, la répétition de la « représentation » sera encouragée. Les cinquième et sixième points, dans ce qui suit, nous intéressent, mais il est utile de les situer dans l'ensemble de sorte que se précise le jeu entre obéissance et liberté de jugement dans un certain art de converser[21].

> Premièrement. Que celui qui doit traiter avec un supérieur lui présente les choses mûrement réfléchies, examinées personnellement ou discutées avec d'autres, selon leur plus ou moins degré d'importance. Toutefois, pour les choses minimes ou à régler vite, quand le temps manque pour examiner ou conférer, on laisse à son bon discernement de voir s'il doit, sans les communiquer ou les considérer longtemps, les représenter ou non au supérieur.
>
> 2. Qu'il propose ce qui a été mûrement réfléchi et examiné en disant : « j'ai examiné ce point par moi-même, ou avec d'autres », selon les cas ; et : « j'avais l'impression » ou : « nous nous demandions s'il serait bon d'agir de telle ou telle manière ». Qu'il ne dise jamais au supérieur quand il traite avec lui : « ceci ou cela est ou sera bien ainsi », mais il dira en forme conditionnelle : « s'il est » ou « s'il était ».
>
> 3. Les choses ayant été ainsi proposées, il appartiendra au supérieur de décider ou de prendre du temps pour les considérer, ou bien de les remettre à celui ou à ceux qui y ont réfléchi, ou bien d'en nommer d'autres en les chargeant d'examiner ou de décider, selon le plus ou moins d'importance ou de difficulté de la question.
>
> 4. Si, à la décision du supérieur ou à un point qu'il touche, on a fait une remarque qu'on estimait à propos, quand le supérieur vient à décider il ne doit plus y avoir alors de réponse ou d'observations quelconques.
>
> 5. Si, après la décision du supérieur, celui qui traite avec lui avait le sentiment qu'autre chose conviendrait mieux, ou s'il croyait avoir de bonnes raisons, tout en suspendant son jugement, après trois ou quatre heures ou un autre jour, il peut représenter au supérieur que telle ou telle chose serait bonne, en gardant toujours dans son langage ou dans ses mots une manière de parler qui ne laisse apparaître aucun dissentiment, aucun désaccord, en ne revenant pas sur la décision précédente.
>
> 6. Pourtant, bien que la chose ait été décidée une et deux fois, après un mois ou un temps plus long on peut représenter à nouveau son sentiment

21 Cette lettre signale la manière propre d'Ignace d'organiser la législation de la Compagnie en débordant les Constitutions avec d'autres textes. Les *Constitutions* sont elles-mêmes organisées en doublant les Constitutions proprement dites de « déclarations », qui « informent en détail ceux qui ont la charge des autres », (CS, 136), et prévoient des « ordonnances et règles » qui seront données par ailleurs. Sur ces différents niveaux, voir les notes dans Loyola, 1991, p. 385-391 et p. 429.

> ou ce qui viendrait à l'esprit, de la manière déjà mentionnée. L'expérience en effet découvre avec le temps beaucoup de choses et il arrive aussi qu'elles varient au cours du temps[22].

Dans un ordre structuré par l'obéissance, le renoncement au jugement n'est pas son anéantissement pur et simple. On peut ici revenir aux analyses de Michel Foucault. Il était clair, avons-nous rappelé, que le « dirigé veut toujours être dirigé » et que « le jeu de l'entière liberté, dans l'acceptation du lien de direction est, pour Foucault, fondamental[23] ». Les *Constitutions* portent à un haut degré de tension cette scission du sujet dans son renoncement volontaire. Toutefois, elles font apparaître une fin à l'obéissance que Foucault, à notre connaissance, ne relève pas. Pour lui, l'obéissance chrétienne est « obéissance pure », « rapport de dépendance intégrale entre le pasteur et la brebis ». Rapport de « servitude intégrale », l'obéissance chrétienne « n'a pas de fin, car ce à quoi conduit l'obéissance chrétienne, qu'est-ce que c'est ? C'est tout simplement l'obéissance[24] ». L'obéissance jésuite apparaît ici orientée, ordonnée à une fin autre qu'elle-même. Elle dépasse l'exercice ascétique et déporte l'assujettissement volontaire vers les formes actives de la subjectivation et de l'autonomie relative. L'obéissance forme le jugement libre, jugement qui s'exerce face à celui devant qui le jésuite a décliné son jugement, sa volonté, jusqu'à pouvoir prendre une autre décision que ce que propose Dieu, dont l'action est déchiffrée dans les occasions qu'il offre. L'obéissance rend possible l'affirmation d'un jugement à mesure que le sujet prend place dans un corps.

Les *Constitutions* proposent un itinéraire de conformation de la volonté et du jugement personnel en vue de son exercice dans un corps dans une visée commune qui, loin de l'abolir, rende possible le jugement d'un seul sans qu'il soit perçu comme un jugement individualiste, une « volonté propre », ou comme une menace contre l'unité du corps. Cet itinéraire repose sur l'acquisition d'une manière de parler, un art de la conversation au sein d'un corps religieux. Cette manière de parler pour faire corps procède en trois étapes : se recueillir – examiner/sentir – juger. Elle se

---

22 « Instruction sur la façon de traiter ou de régler une affaire avec un supérieur », Rome, 29 mai 1555, MHSJ, *Epistolae*, IX, 90-92, 1991, p. 940-941. La lettre fut rédigée en décembre 1554, envoyée aux maisons d'Italie puis diffusée plus largement.

23 Foucault, 2012, p. 292 et suivantes.

24 Foucault, 2004, p. 229.

retrouve aux différentes étapes du parcours du jésuite. Elle constitue ce par quoi peut être mise en œuvre la mission de la Compagnie. Le jésuite juge de ce qu'il convient davantage de faire en toutes situations pour le service de Dieu et du prochain. Il assure de cette manière le maintien et le développement du corps de la Compagnie selon sa fin.

DIRIGER POUR LA MISSION

Pour Ignace, seul celui qui a renoncé à son jugement propre peut se tenir dans cette liberté de la mission. Nous avons appelé cette situation le « moment mystique » des *Constitutions*. Le jésuite peut alors estimer opportun de ne pas répondre à une occasion que Dieu lui présenterait sans aucune offense. La négation de la volonté propre permet de clarifier le jugement.

On se souvient ici des analyses du « *volo* » que proposait Michel de Certeau dans la *Fable mystique*. Le *volo* « ne tient à rien » parce qu'il n'a pas d'objet particulier, il peut se renverser en son contraire – ne rien vouloir. « Le verbe n'est "lié à rien" (je souligne : absolu) et appropriable par personne[25] » . L'assujettissement volontaire dégage la modalité mystique du vouloir comme pure volonté que rien n'asservit. Je peux alors choisir librement, guidé par le seul désir de servir Dieu. Dans les rares pages qu'il avait consacrées aux *Exercices*, Certeau remarquait que « la tactique ignatienne ramène le retraitant à l'indéterminé de ce vouloir en vue d'une nouvelle détermination de ses objets ». C'est là que le retraitant accède « à la plus grande vérité de la parole », « là où la parole est le plus dépossédée de la chose, là où elle est dissociée de la résidence et de l'appartenance[26] ». Le moi ne fait plus obstacle au sujet qui a libéré son désir. On peut rappeler ici en quoi consiste cette indifférence ignatienne, représentée dans les *Exercices* par un homme qui « veut considérer qu'il renonce à tout dans son cœur, s'efforçant de ne vouloir cette chose ni aucune autre s'il n'y est pas poussé uniquement par le service de Dieu notre Seigneur. De sorte que le désir de pouvoir mieux servir Dieu notre Seigneur le pousse à prendre la chose ou la laisser[27] ».

La volonté du sujet s'articule au corps de la Compagnie par la conversation comme il apparaît nettement dans la « manifestation » ou « compte de conscience », la conversation du jésuite avec son supérieur. Le

25 Certeau, 1987, p. 232.

26 Certeau, 2005.

27 ES, 155, « Méditation sur les Trois hommes », 149-157.

jésuite est appelé une fois par an, à « ouvrir sa conscience, en confession ou en secret ou d'une autre manière » à ses supérieurs « afin qu'ils puissent mieux le diriger[28] ». On retrouve ici une ancienne tradition monastique. Cette manifestation de soi est dans la Compagnie liée au gouvernement, « afin de mieux les diriger et gouverner, et prenant soin d'eux, mieux les conduire dans la voie du Seigneur », déclare à ce propos l'Examen général[29]. C'est ici qu'apparaît chez Ignace, et à notre connaissance, en s'y restreignant, le lexique de la direction, marqué une fois encore de la cordialité par laquelle prendre soin de chacun des membres.

Dans deux paragraphes très concentrés, l'Examen général, conçu pour présenter au futur novice la manière de vivre de la Compagnie, met en relation cette manifestation de soi dans la conversation avec le supérieur et la mission. C'est pour mieux envoyer en mission le jésuite qu'il lui est demandé d'ouvrir sa conscience, sans l'exposer au-delà de ses forces, et pour ainsi maintenir la visée du corps de la Compagnie :

> De plus, comme nous devons toujours être prêts, conformément à notre profession et à notre manière de procéder, à parcourir telles ou telles parties du monde chaque fois que nous en aurons reçu l'ordre du Souverain Pontife ou de notre Supérieur immédiat, pour mieux remplir de telles missions, en y envoyant les uns et non pas les autres, en confiant à ceux-ci une charge et à ceux-là d'autres charges, il est non seulement très important, mais capital que le Supérieur ait une pleine connaissance des inclinations et des motions de ceux dont il a la charge, ainsi que des défauts ou des péchés auxquels ils ont été ou sont davantage entraînés et enclins ; il pourra, en tenant compte de cela, mieux les diriger sans les exposer, au-delà de leurs forces, à des dangers et à de plus grandes épreuves que celles qu'ils pourraient endurer facilement dans le Seigneur ; et (tout en gardant sous le sceau du secret ce qu'il entend), le Supérieur pourra ainsi mieux régler les choses et pourvoir à ce qui convient au corps universel de la Compagnie[30].

Un témoignage d'un contemporain d'Ignace, Luis Gonçalves da Câmara, explicite comment le gouvernement s'appuie sur l'expression du désir des sujets, étant présupposé le renoncement à leur volonté :

> Notre Père a dit un jour : Je désire beaucoup en tous une indifférence générale ; et ainsi, supposé qu'existent l'obéissance et l'abnégation de la part de

28 CS, 551-552, 6e partie.

29 CS, 91.

30 CS, 92.

> l'inférieur, je me trouve très bien de suivre ses inclinations. Et c'est ainsi que fait le Père : il examine à quoi celui qu'il veut envoyer en quelque endroit ou à qui il veut donner quelque charge est le plus incliné, l'indifférence étant présupposée[31].

Le désir de mission d'un membre du corps n'a pas de droit sur l'institution : son désir est sans pouvoir. Mais son expression est inscrite au cœur de l'institution comme ce qui doit être entendu pour exercer le gouvernement. L'écoute du désir relève de l'autorité de ceux qui gouvernent le corps. Celui qui envoie n'est pas contraint par le désir du jésuite et n'est pas tenu à un envoi adéquat à son désir mais seulement chercher comment il pourra accomplir la mission. Il ne doit pas pour autant exposer celui qu'il envoie au-delà de ses forces. Or, il est tout à fait remarquable que, dans les *Constitutions*, l'intérêt de l'ordre réside tout autant dans le service du prochain que dans le salut de ses membres, leur conservation et leur bonne santé. L'ensemble des *Constitutions* est commandé par un impératif de charité, au nom même de ce qui a été institué par Dieu dans sa « Sagesse et sa Bonté[32] ». Loin d'être une formule pieuse, cette institution par la charité interdit au corps d'aller contre chacun de ses membres et l'invite à en prendre un soin particulier. L'obligation faite au novice de considérer ce qui est nécessaire à son corps va dans ce sens, et le prémunit d'un zèle destructeur dans l'abnégation de soi. La place faite à la conversation, à l'expression de ce que chacun désire, assure le corps d'être orienté en vue du salut de ses membres. L'utopie de la Compagnie de Jésus consiste en cette institution par l'obéissance de la charité, l'institution d'un corps socioreligieux pour le bien de ses membres et le soin de ceux vers qui ils décident d'aller en mission[33]. Utopie d'une société cordiale.

Loin d'être d'abord un moyen pastoral dont le jésuite se sert dans la mission, la conversation est ce par quoi le jésuite est formé. Elle est le moyen de son initiation, si par là on entend les rites d'intégration à une société. La conversation modèle le jésuite. Elle est ce par quoi le jésuite

31 Luis Gonçalves da Câmara, *Mémorial*, cité in Loyola, 1991, p. 414, au § 92 des CS.

32 CS 134.

33 Séguy, 1999, p. 124-125. Séguy distingue ici cinq types d'institution religieuse et monastique, en fonction du mode d'exercice du gouvernement. La Compagnie de Jésus relève du mode monarchique-pontifical. Par utopie, Séguy, entend « tout système idéologique total visant explicitement (...) à transformer radicalement les systèmes sociaux globaux existants ».

transite de sa volonté à laquelle il renonce au jugement qu'il est appelé à exercer librement, comme le montre particulièrement le processus de la « représentation ». Le jésuite est formé à la conversation, par l'exigence qui lui est faite de parler, et dès lors par l'initiation qu'il en reçoit à une certaine manière de parler. La conversation est le lieu d'engendrement du jésuite comme sujet spirituel, à la fois dans l'itinéraire des *Exercices*, mais aussi tout au long de sa formation et de son existence. Les *Constitutions* donnent une forme à la manière d'être jésuite, un style de vie, « *nuestro modo de proceder* ». La conversation est ce par quoi s'engendre le corps de la Compagnie.

LES MUTATIONS INSTITUTIONNELLES DE LA FORMATION

L'initiation d'un sujet spirituel dans le parcours de formation de la Compagnie, comme nous avons essayé de le décrire, relève du projet porté par Ignace de Loyola et ses premiers compagnons. Ce parcours forme, à l'intérieur d'une institution religieuse fortement hiérarchisée, la liberté spirituelle de ses membres face à Dieu et dans la relation à ceux qui détiennent l'autorité.

Ceux qui désirent entrer dans la Compagnie choisissent cet assujettissement volontaire comme moyen de leur salut et accomplissement de leur désir de mission. Ils rejoignent ainsi la lignée des mouvements religieux qui, de l'érémitisme au monachisme, ont tenté de manifester avec intensité une forme particulière de la vie chrétienne. L'institution, quand elle s'installe dans la durée, met à l'épreuve le projet fondateur et sa recherche de forme intensive du christianisme, et cela d'autant plus que les fondateurs ont décidé d'inscrire leur démarche au sein de l'Église. En définissant fortement une manière propre à leur ordre, les jésuites ne se mettaient pas moins délibérément sous l'autorité de l'Église et particulièrement du pape, contribuant d'ailleurs ainsi à ériger sa figure en Souverain Pontife régnant sur l'ensemble d'une catholicité que les jésuites s'offraient pour lui à parcourir. Du fait de cette volonté de marquer fortement son appartenance à l'Église catholique par sa subordination, la Compagnie se trouvait toujours devoir négocier entre sa culture propre, *nuestro modo de proceder*, et les modèles de l'Église romaine.

Interpréter l'histoire de la Compagnie en opposant le charisme fondateur, réformateur et mystique, à une institutionnalisation asservissant les sujets par la transformation politique et quasi militaire de l'Ordre n'est toutefois pas satisfaisant. Si, comme on le pense, la « négociation » est au cœur du projet fondateur, son développement historique procède effectivement par transactions, conflits d'interprétation, crises et reformulations dans des contextes nouveaux[34]. Il est intéressant de noter comment ne cesse de se reprendre la tension entre le charisme de fondation et son institutionnalisation[35].

Une approche sociologique apporte de précieuses clarifications à ce sujet :

> Il faut noter que les ordres font souvent autrement ce que les « chrétiens ordinaires » font aussi, éventuellement. Néanmoins chaque ordre possède sa culture propre, faite – entre autres composantes – d'une mémoire normative propre, de savoir et de savoir-faire de tous ordres, parfois exclusifs, de codes relatifs à la vie quotidienne, matériel de symbolique, etc. Cette culture, hautement diversifiée, mais non moins cohérente, des ordres religieux résulte d'une négociation permanente : entre, d'une part, ces groupes – soucieux de faire respecter leur finalité propre, les options de leur genre de vie, la relative autonomie en somme – et, d'autre part, la société ambiante et l'Église dans sa hiérarchie[36].

Nous voudrions souligner quelques points sur lesquels ces transformations ont porté. Nous verrons émerger la fonction de directeur spirituel

34 G. Mongini en propose une interprétation plus radicale en parlant de stratégie d'« ambiguazione ». Mongini, 2016, p. 183-189.

35 Ceux qui connaissent la Compagnie de Jésus actuelle pourraient se laisser prendre à l'illusion de croire que le projet ignatien a été aujourd'hui reconquis. La seconde moitié du XXe siècle a bien certes constitué une sorte de réveil du projet fondateur et de réforme de l'institution, rattaché au mouvement d'*aggiornamento* dont le Concile Vatican II s'est fait l'expression. Il ne saurait être considéré néanmoins comme un retour à l'origine ou une réalisation adéquate du projet initial. Ont été effectivement récupérées des pratiques et des conceptions du projet initial qui avaient été perdues. Mais d'autres ont été abolies, occultées, voire institutionnellement abrogées afin de permettre leur intégration à un certain état actuel du catholicisme. En particulier, on notera l'effort d'actualisation de la relation d'obéissance et de la hiérarchisation du corps par la substitution des notions d'amitié et de communauté, certes présentes dans les documents initiaux, mais soudain promues à une place structurante. Voir par exemple Osuna, 1998.

36 Séguy, 1999, p. 15-16.

telle que l'époque moderne l'a comprise, et ce quasiment jusqu'au milieu du vingtième siècle. Se dessinent ainsi les contours d'une culture de la Compagnie concernant la vie spirituelle et sa conduite qui à la fois forme son identité interne et esquisse son mode d'action vers l'extérieur.

L'INVENTION DES DIRECTEURS

La figure du maître des novices, traditionnelle dans la vie monastique, n'a fait son apparition que progressivement dans la Compagnie. Les *Constitutions* en mentionnent le rôle très brièvement :

> Il sera très utile qu'il y ait à la maison un homme fidèle et suffisamment versé dans les choses spirituelles [K] qui les instruise et leur enseigne comment ils doivent se comporter intérieurement et extérieurement, qui les y exhorte, qui le rappelle et les reprenne avec amour ; quelqu'un qui soit aimé de tous ceux qui sont en probation, et à qui ils recourent dans leurs tentations, à qui ils découvrent avec confiance tout ce qui les concerne et dont ils espèrent dans le Seigneur consolation et aide en toutes choses. On les avertira qu'ils ne doivent cacher aucune tentation, sans la découvrir à celui-ci, ou à leur confesseur, ou au Supérieur, bien plus qu'ils soient très heureux que leur âme leur soit entièrement connue. Et ils ne découvriront pas seulement leurs défauts, mais encore les pénitences ou les mortifications et les dévotions et toutes leurs vertus, souhaitant avec une pure volonté être dirigés par eux partout où ils auraient dévié de la voie droite, ne voulant pas être conduits par leur propre sentiment si celui-ci n'est pas en accord avec le jugement de ceux qui tiennent pour eux la place du Christ notre Seigneur.
>
> K. Ce sera le Maître des novices, ou celui que le Supérieur nommera à cette charge comme étant plus apte[37].

La perspective, traditionnelle à la culture monastique depuis l'antiquité chrétienne, est celle de la manifestation de soi pour se laisser être gouverné[38]. Mais il s'agit d'une manifestation volontaire et non d'une démarche d'interrogation par le maître des novices. Le modèle monastique ici convoqué crée cependant une tension avec la démarche des *Exercices spirituels* et l'Annotation 17 qui encadrait et limitait la démarche inquisitoriale. Le retraitant est invité à informer celui qui donne les exercices « des agitations et des pensées », sans que celui-ci ne cherche à « demander

---

37 CS, 263-264. La lettre [K] désigne dans les *Constitutions* un renvoi aux *Déclarations* qui précisent les tâches de ceux qui sont chargés plus particulièrement de l'autorité dans tel ou tel domaine.

38 Sur l'histoire du noviciat dans la Compagnie de Jésus, voir Ruiz Jurado, 1980.

ni connaître les pensées propres ou les péchés[39] ». La différence tient à ce que celui qui entre dans la Compagnie choisit ce mode propre de relations où s'intensifie la volonté d'être guidé par son supérieur. Tel n'est pas le point de vue de celui qui fait une retraite et cherche de l'aide dans sa vie chrétienne. Certes, la différence peut paraître minime, mais elle est bien soulignée dans les *Constitutions* : « ils ne découvriront pas seulement leurs défauts, mais encore leurs… ». La liste de ce qui est manifesté s'étend donc au-delà des mouvements intérieurs.

Dans cette différence entre *Exercices* et *Constitutions*, il ne s'agit pas seulement d'une extension des domaines à manifester, mais d'un saut qualitatif. L'objectif de la manifestation de soi a changé : alors que dans les *Exercices*, il s'agissait d'inviter à faire connaître ce qui permettrait de donner des exercices adaptés, dans les *Constitutions*, il s'agit de pouvoir gouverner et diriger le novice. La relation du novice au maître, ou d'inférieur à supérieur, colore la manière dont les jésuites vont donner les *Exercices* et concevoir la direction spirituelle. La limitation qu'apportait l'annotation 17 à la culture de l'aveu sera occultée par *l'habitus* religieux de la manifestation de soi. À la fonction de conseiller et pédagogue se superpose la fonction de gouvernement.

La mise en place et le développement d'une fonction propre de maître des novices renforcent cette culture jésuite. Nous n'indiquerons que quelques repères dans cette histoire. Dans son traité *De directione et instructione superiorum*[40], le quatrième Préposé général, Claudio Aquaviva, définissait plus précisément la tâche du Maître des novices en instaurant avec lui pour chaque novice l'obligation des « entretiens personnels » (« *privatis ac particularibus colloquis* »). Ils sont institués par la septième Congrégation générale, en 1615, après la mort d'Aquaviva, qui élit comme successeur Muzio Vitelleschi[41]. Celui-ci insista encore sur la nécessité pour les jésuites de vivre sous l'obéissance et dans la soumission religieuse. Si le noviciat s'organise depuis la tête du gouvernement de la Compagnie, des revendications similaires s'expriment à l'intérieur des provinces pour que soient nommés comme maîtres des novices des hommes de qualité[42]. On voit toutefois dans les rapports pour évaluer

39 *Cf.* chapitre 1, « Les *Exercices spirituels* en écart avec la culture de l'aveu ».

40 Le texte est édité dans *Epistolae Praepositorum Generalium Societatis Iesu*, 1891, p. 72. Pour la mise en place des fonctions de préfet spirituel, maître des novices, voir Bartok, 2016.

41 *Instructio pro Novitiis Societatis, Congregatio Generalis* VII, 1616.

42 Une étude, semblable à celle engagée par J.-P. Gay sur les théologiens de la Compagnie de Jésus, permettrait de mieux apprécier la sélection des personnalités désignées pour

l'état des provinces que la mise en place de ces éléments nouveaux de la formation n'est pas immédiate. En 1620, en France, le Mémorial du visiteur, Ignace Armand, déplore que les entretiens hebdomadaires du noviciat ne soient pas encore nettement suivis[43].

La vie jésuite s'organise alors de plus en plus à partir des *Regulae* qui, conformément au souhait des *Constitutions*, fixaient les fonctions des titulaires de charge dans la Compagnie. Elles s'énoncent sous forme de sentences brèves qui déterminent une attitude. Les *Règles* sont continuellement réimprimées et traduites. En 1689, sous le généralat de Tirso Gonzalez de Santala[44] fut compilé un recueil de l'ensemble des règles et des lois, *l'Epitome Instituti Societatis Iesu*[45]. Un esprit juridique prenait ainsi progressivement le pas, comme dans le reste de la société et de l'Église modernes. Certes, les *Constitutions* prévoyaient l'usage de telles règles pour préciser les différentes charges, mais elles étaient à « adapter aux temps, lieux et aux personnes[46] ». La croissance des effectifs de la Compagnie conduisit à trouver d'autres formes d'organisation de la vie religieuse jésuite[47]. Rappelons quelques chiffres : un millier de membres après la mort d'Ignace, dont une soixantaine de profès, plus de 5000 à l'élection d'Aquaviva, en 1581, 13 000 à l'élection de son successeur en 1616, près de 20 000 en 1706, à la mort de Tirso Gonzalez. La croissance n'explique pas tous ces changements dans la conception du gouvernement de la Compagnie, mais elle l'éclaire.

Au cours de la formation, et selon les modalités qui se mettent également peu à peu en place, les jésuites ont recours à un père spirituel, « préfet des choses spirituelles » selon la désignation alors en cours. Cette figure s'intercale, en quelque sorte, entre celle du Supérieur et du confesseur, tel qu'en parlent les *Constitutions*[48]. C'est encore sous les généralats de Mercurian et d'Aquaviva que se déploie cette fonction. Elle

---

occuper les charges de Maître des novices, préfet spirituel et instructeur du Troisième An.

43 Bartok, p. 129. Sur le noviciat de Paris, voir Ranum, 2011.

44 Gay, 2012.

45 *L'Epitome* fut constamment réimprimé jusqu'en 1962 puis abandonné en raison du retour souhaité aux *Constitutions* par l'aggiornamento conciliaire de la Compagnie. Une nouvelle traduction en français en a été donnée en 2015 par L. Basanèse et A. Lauras, consultable en ligne http://www.ignaziana.org/fr/indice.html.

46 CS, 136.

47 Voir Certeau, 1965, p. 339-386.

48 Peu explicite dans les *Constitutions*, la différence avait été codifiée par Polanco dans les *Constitutiones de los collegios*, antérieures aux *Constitutions*. Voir Bartok, 2016, p. 177.

vise à procurer, en plus du sacrement de la réconciliation, un soutien dans la vie spirituelle. On exige des étudiants jésuites qu'ils lui soient soumis, sans que cette charge relève de l'autorité des supérieurs. C'est à ce moment qu'apparaissent les principaux traités de vie spirituelle tels celui d'Achille Gagliardi en Italie (1537-1607) *Un breve compedio di perfezione cristiana*, ou d'Alvarez de Paz au Pérou (1549-1620) et son *De vita spirituali ejusque perfectione libri V* (1608), ou son fameux *De inquisitione pacis sive studio orationis* (1617), et encore le *De la perfección del cristiano*, 1612, de Luis de La Puente en Espagne (1554-1624), et Louis Lallemant en France (1588-1635) et sa *Doctrine spirituelle*, publiée à la fin du siècle. Ils contribuent à faire passer la figure du Préfet des choses spirituelles, interne à la Compagnie, à celle de directeur spirituel à laquelle, en complément du confesseur, s'adressent ceux qui ont recours à la Compagnie[49]. L'exportation du modèle interne du préfet spirituel vers celui, extérieur, du directeur spirituel a contribué à façonner une figure que ni la conversation spirituelle ni les *Exercices* n'avaient proposée.

LA CULTURE DE LA CONFESSION

Les jésuites n'ont pas le monopole de la confession sacramentaire, mais ils ont largement contribué à son implantation dans le catholicisme post-tridentin. Proposer la confession appartient à la mission de la Compagnie. La Bulle de 1540 de Paul III la mentionne ainsi que la VIIe partie des *Constitutions* comme moyen de l'aide au prochain. Elle fait également partie de la démarche des *Exercices spirituels*, au terme de la Première semaine à laquelle il est suggéré de se limiter lorsque l'on s'adresse à des personnes plus frustes ou si l'on ne dispose d'un temps suffisant pour faire la totalité des *Exercices*[50]. À l'intérieur de la Compagnie, au noviciat, comme à tout jésuite ensuite, il est demandé d'avoir un confesseur, désigné par le Supérieur qui peut accorder qu'un autre soit le confesseur si cela convenait davantage[51]. Une certaine latitude semble de mise dans la Compagnie alors que les fidèles doivent se soumettre à leur curé, et les religieux à leur abbé. Faut-il dès lors voir un repli sur la discipline commune de dépendre d'un confesseur obligé quand les *Constitutions* précisent qu'en cas de recours à un autre confesseur que le

49 Sur ces traités, voir chapitre 4.

50 ES, Annotations 18 et 19.

51 CS, 261-262.

confesseur ordinaire, le jésuite ira trouver ensuite l'ordinaire pour lui ouvrir sa conscience ? Les *Constitutions* précisent : « autant qu'il pourra s'en souvenir ». Les *Constitutions* ménagent envers l'obligation juridique des espaces de liberté dans un monde contraint par le droit.

La formation des confesseurs est envisagée dans la 4e partie des *Constitutions*[52] :

> Pour les confessions, en plus de l'étude scolaire et des cas de conscience, spécialement en matière de restitution, il conviendra d'avoir un résumé des cas et censures réservés pour que chacun voie jusqu'où s'étend sa juridiction, et des formules moins usitées pour certaines absolutions que l'on rencontre. Que l'on ait aussi un bref questionnaire sur les péchés et leurs remèdes, et une instruction pour bien remplir ce ministère et pour l'exercer avec prudence dans le Seigneur, sans dommage pour eux-mêmes et avec utilité pour le prochain. Et le confesseur, après avoir entendu une confession, spécialement dans les débuts, se demandera en lui-même s'il n'a pas fait de faute en quelque point, pour s'en garder à l'avenir.

En plus des directives pour les confesseurs de Polanco, constamment rééditées[53], l'apprentissage du ministère de la confession s'enrichit des cours de cas de conscience[54]. La Compagnie, en plus de former des confesseurs, crée un corps de casuistes. Se forge ainsi une culture de la théologie morale à l'intérieur de la Compagnie. Comme l'a bien montré J.-P. Gay, la Compagnie s'établit également une réputation d'expertise, contestée, on le sait, par les nombreux épisodes de la « querelle des casuistes », à travers laquelle se dégage une autre culture : la controverse. La Compagnie distinguait parmi ses membres des « casuistes domestiques », chargés des conférences de cas de conscience pour la formation des jésuites, et des « casuistes extérieurs », que l'on venait probablement consulter de l'extérieur dans les maisons professes ou les collèges[55]. Dans les catalogues, confesseurs, préfets spirituels et casuistes pouvaient qualifier les mêmes personnes[56]. Toutefois, la matière sur laquelle portaient les entretiens semble avoir été nettement distinguée.

---

52 CS, 406-407. Nous citons le § 407.

53 Polanco, *Directorium breve ad confessarii, ac confessarii, ac confitentis munus recte*, Roma, 1573.

54 Pour l'histoire de la théologie morale, voir Mahoney, 1987 ; Delumeau, 1990 ; Prosperi, 1996 ; Gay, 2011.

55 Gay, 2011, p. 521-548.

56 Je remercie J.-P. Gay pour avoir attiré mon attention sur cette observation dans la suite de ses recherches sur l'histoire de la théologie et des théologiens.

Les traités de vie spirituelle précisent ce qui doit être abordé avec le directeur spirituel. Il s'agit de parler de ce qui se passe dans l'oraison, des mouvements de l'affection éprouvés, des sécheresses, des élévations[57]. S'il y a contact avec la confession, c'est lorsqu'on en vient à parler des tentations éprouvées dans la prière ou des scrupules. Toutefois, aucun des ouvrages de vie spirituelle que nous avons pu consulter ne traite de conflits de devoirs. Surtout, la différence plus encore que de matière est de traitement : là où la théologie spirituelle pratique, pour parler comme ces auteurs, use d'une certaine psychologie, d'une description des comportements et de leur étiologie par les « motions », les « esprits », les « caractères » et les « tempéraments », la casuistique résout des conflits par autorité et syllogisme. Ce n'est que plus tard, dans la seconde moitié du dix-septième siècle que, comme l'a montré J. Le Brun, la casuistique inventera un régime psychologique[58]. Il semble que les questions morales aient été distinguées des questions spirituelles. Il faut même ajouter que l'accent porté sur les « sentiments », les « mouvements de l'âme » accentuèrent la dissociation des modes de connaissance de soi qu'offrait la direction spirituelle. Les mouvements intérieurs retenaient en quelque sorte l'attention pour soi et faisaient l'objet de discours propres, avec leurs débats, leurs controverses, sous l'influence d'une littérature spirituelle affective, héritée du XVe siècle et venue à travers l'Espagne carmélitaine ou la Rhénanie cartusienne. Ils se trouvèrent détachés du rôle qu'Ignace leur faisait jouer dans la manière de conduire sa vie, le cheminement vers le salut étant d'abord l'affaire d'une rationalisation des conduites, sous la coupe de la théologie morale et des casuistes. D'un côté, la dévotion, cantonnée à la sphère des relations du fidèle avec Dieu ; de l'autre, la conduite, régie par les lois morales. Seuls ceux qui dans la Compagnie furent appelés « mystiques » cherchèrent à maintenir la possibilité de conduire sa vie dans l'attention à ces mouvements, comme en témoigne la *Doctrine spirituelle* de Lallemant, des années 1640, mais publiée à la fin du siècle.

La fonction de directeur se façonne par recouvrements successifs et partiels entre les figures de celui qui donne les *Exercices*, le maître des

57 Le modèle s'est répandu sous l'influence d'Alvarez de Paz *De vita spirituali et perfectione* (1608) et plus encore de son *De Inquisitione pacis* (1611).

58 Le Brun, 2004. Il y a, dans la casuistique, un champ qu'il nous faudra encore explorer pour le travail sur direction et conduite de soi. L'étendue des écrits dans ce domaine et la différence de l'approche nous l'ont fait temporairement écarter.

novices ou le supérieur, le confesseur, le casuiste, et bientôt, on le verra, le prédicateur et l'écrivain. Ces fonctions ne se confondent pas, mais elles déplacent les attributs, transfèrent les pratiques et empruntent à certains leur pouvoir. Le directeur émerge comme une forme hybride. Souvent, les mêmes hommes occupaient les mêmes fonctions, ainsi du préfet spirituel et du confesseur, ou du préfet spirituel et du casuiste[59]. Confession et direction spirituelle s'entrecroisent. On comprend mieux dès lors avec quelle force certains jésuites tiendront à les distinguer et conduiront ainsi à faire apparaître la vie spirituelle comme un domaine propre.

Ceux qui se sont penchés sur cette histoire depuis Lucien Febvre et Jean Delumeau n'ont jamais manqué de montrer comment l'Occident était alors entré dans un âge de la confession[60]. S'il ne fait pas de doute que s'y manifestait une prise de pouvoir cléricale, la confession cherchait également à répondre à une transformation de la conscience, tout autant qu'elle contribuait à lui donner forme[61]. À la culpabilisation de la culture occidentale par l'Église s'ajoutait l'œuvre consolatrice des confesseurs. S'inaugurait une phase d'intériorisation de la conversion, incluant pénitence et attachement au Christ sauveur. La relance de la confession par le Concile de Trente soutenait les contraintes de l'observance des obligations morales et rituelles. Elle ouvrait dans le même temps à une culture de l'intériorité : alors même qu'elle invitait à la manifestation des pensées, elle fournissait à la conscience les moyens d'une connaissance intérieure par l'observation de ce qui restait caché à soi-même et aux autres. Les jésuites comptèrent parmi les agents les plus actifs de ce mouvement concomitant de la manifestation de soi et de la connaissance intérieure.

En ayant inscrit dès ses origines la conversation et la confession dans sa mission, la Compagnie s'était donné les moyens d'envisager une pastorale à destination des individus et non pas seulement du « peuple chrétien ». La prédication ne suffisait pas; il fallait que l'entretien particulier ne se limite pas à la confession générale, comme les confesseurs des ordres mendiants ou ceux des monastères y préparaient. La Compagnie allait permettre l'instauration d'un lien durable avec le confesseur. Dans

59 *Ibid.*, p. 548.
60 Febvre, 1957.
61 Prosperi, 1990, p. 218. Prosperi souligne combien la rencontre entre confession et inquisition appartient à l'évolution générale des formes du pouvoir.

une époque où la vie chrétienne était davantage perçue comme une œuvre de conversion continue et de perpétuelle pénitence, le rapport au confesseur pouvait s'établir plus aisément dans la durée. L'entretien avec le confesseur s'ouvrait dès lors à cette recherche d'une conversion toujours à reprendre, l'entrée dans un parcours de perfectionnement de la vie chrétienne[62]. À la manière des *Exercices*, où la confession générale se tient sur le seuil et invite à l'examen quotidien, la rencontre avec un confesseur se transformait. D'autres questions que la confession des péchés trouvaient leur place, d'autres procédures que l'aveu. L'histoire de chaque pénitent pouvait être lue dans la trajectoire du perfectionnement de la relation à Dieu, de son approfondissement, de sa perpétuelle conversion. Se dégageait alors peu à peu un nouveau champ, celui de la « perfection », appelée encore « vie spirituelle », articulée, mais distincte de ce qui conduisait à la confession (examen de conscience, aveu, actes de réparation et prières de pénitence).

Réservé autrefois aux religieux, en particulier aux moines, ce perfectionnement de la vie chrétienne offert aux fidèles se nourrissait des pratiques et des discours monastiques, et profitait de la sortie des monastères que la *Devotio moderna* avait déjà entreprise. Mais en le proposant à la vie des laïcs, il l'élargissait et le transformait en mettant en place une culture de soi dans la relation à un directeur.

UN MODÈLE HIÉRARCHIQUE

Le directeur spirituel jésuite résulte d'un croisement entre le supérieur, auquel on obéit volontairement et à qui l'on se fait connaître pour qu'il emploie le mieux à la mission, le confesseur, auquel on manifeste ses pensées, et cette figure, restée sans nom dans les *Exercices* : celui auprès de qui on vient trouver de l'aide. Dans les nombreux traités de direction et livres de piété, beaucoup de pages seront consacrées à décrire le bon directeur, à mettre en garde contre les erreurs à ne pas commettre dans le choix d'un directeur. On trouverait d'ailleurs bien des nuances d'un auteur à un autre. Mais frappe l'angle de vue sous lequel toute la vie spirituelle est abordée. S'il y a direction par un homme, c'est qu'il y a d'abord direction par Dieu. La vie chrétienne est pensée dans les termes d'un pouvoir qui s'exerce sur l'homme et

62 Prosperi, 1996, p. 488-489.

s'infiltre en lui, par l'Esprit Saint : la vie spirituelle est une vie gouvernée jusqu'à l'intériorisation des principes du gouvernement. Au-delà de l'encadrement juridique, qui s'exerce sur le plan paroissial, comme au sein d'un ordre religieux par l'obéissance, c'est par une véritable intériorisation de la contrainte et à une multiplication des micro-dispositifs de pouvoirs, que se définit la vie humaine sous le regard et la domination de Dieu : examen de conscience, discernement des esprits, des pensées, aveu, écritures de soi… Le concept de gouvernementalité de Foucault paraît adéquat pour envisager la forme prise par la vie chrétienne[63]. On se souvient, par contraste, qu'Ignace de Loyola introduisait le paradigme de la cordialité, invitant le retraitant à parler « comme un ami parle à son ami ».

Louis Lallemant (1588-1635), considéré comme un chef de file du courant mystique jésuite, montre à quel point la vie spirituelle ne pouvait être conçue en dehors d'une relation hiérarchique avec Dieu. Lallemant semble adopter la position ignatienne, dans la mesure où l'homme peut mener sa vie en se fiant aux mouvements intérieurs de son âme :

> Remarquer exactement les divers mouvements de notre âme. Par cette diligence, nous viendrons peu à peu à reconnaître ce qui est de Dieu et ce qui n'en est pas[64].

Mais Lallemant poursuit :

> Ce qui vient de Dieu, dans une âme soumise à la grâce, est ordinairement paisible et tranquille. Ce qui vient du démon est violent et porte avec soi le trouble et l'anxiété.

On reconnaît sans peine les règles du discernement des *Exercices*, mais le remploi du matériau ignatien, constant dans la littérature jésuite, ne signifie pas l'identité des positions. Le vocabulaire de la soumission et ce que nous y avons désigné comme assujettissement y joue de manière dialectique comme la condition par laquelle un sujet advient dans sa relation à Dieu et à autrui. Pour Ignace, les mouvements sont le signe d'un attrait vers Dieu, selon la définition qu'il donne de la consolation[65] :

63 Chevallier, 2013.
64 Lallemant, 2011, p. 154.
65 ES, 316. Voir chapitre 1.

> De la consolation spirituelle. J'appelle consolation quand se produit dans l'âme quelque motion intérieure par laquelle celle-ci en vient à s'enflammer dans l'amour de son Créateur et Seigneur, *2* et quand « ensuite » elle ne peut plus aimer aucune des choses créées sur la face de la terre pour elle-même, mais seulement dans le Créateur de toutes ces choses.
>
> *3* De même, quand elle verse des larmes qui la portent à l'amour de son Seigneur, soit à cause de la douleur ressentie pour ses péchés ou pour la Passion du Christ notre Seigneur, soit pour d'autres choses droitement ordonnées à son service et à sa louange.
>
> *4* En définitive, j'appelle consolation tout accroissement d'espérance, de foi et de charité, et toute allégresse intérieure qui appelle et attire aux choses célestes et au salut propre de l'âme, l'apaisant et la pacifiant en son Créateur et Seigneur.

Chez Lallemant, les mouvements de Dieu sont le signe de son empire :

> Quand une âme s'est abandonnée à la conduite du Saint-Esprit, il l'élève peu à peu et la gouverne. Au commencement, elle ne sait où elle va, mais peu à peu la lumière intérieure l'éclaire et lui fait voir toutes ses actions et le gouvernement de Dieu en ses actions, de sorte qu'elle n'a autre chose à faire que de laisser faire à Dieu, en elle et par elle, ce qu'il lui plaît ; ainsi, elle s'avance merveilleusement[66].

Lallemant répond à l'objection qui pourrait lui être faite : « il semble que cette conduite intérieure du Saint-Esprit détruit l'obéissance qui est due aux supérieurs ». En posant effectivement la relation spirituelle en termes hiérarchiques, Lallemant, pas plus que ses autres confrères, ne pouvait échapper à une approche concurrentielle entre Dieu, le directeur et le dirigé. Parce que l'obéissance au Saint-Esprit relève de l'attention aux mouvements éprouvés personnellement, le principe hiérarchique fournit la réponse à l'objection :

> Premièrement, [...] la conduite du Saint-Esprit, bien loin de détourner de l'obéissance en aide et facilite l'exécution. Secondement, que toute cette conduite intérieure, et même les révélations divines, doivent toujours être subordonnées à l'obéissance et se doivent entendre avec cette condition tacite que l'obéissance n'ordonne point autre chose[67].

On ne saurait certes réduire la pensée de Lallemant à ce cadre, mais il est tout à fait notable que chez un jésuite qui continue de porter

---

66 Lallemant, p. 153.

67 *Ibid.*, p. 156.

attention aux motions intérieures, l'ait emporté le modèle hiérarchique de la relation de Dieu à l'homme. Conduite, direction, guide : tels seront les verbes auxquels l'homme devra se plier[68].

Considéré traditionnellement comme un de ses disciples, Surin compléta le tableau en ajoutant à la soumission, l'entière transparence due au directeur[69].

> Une âme doit faire savoir à son Père spirituel les ordinaires emplois de sa vie et généralement toutes les actions qui concernent sa conscience où il y aura difficulté ou quelque besoin de lumière. Par exemple, une personne fait des visites : il est à propos que son directeur connaisse quelle sorte de personnes elle hante parce que de là dépendent son salut et sa perfection. Une femme passera son après-dîner à recevoir des visites d'hommes fainéants qui n'ont rien à faire qu'à railler et médire. Il est bien clair que de telles sortes de conversation est contraire à son salut, et le directeur en doit connaître pour lui conseiller la retraite et séparation de telles gens[70].

La vigueur de certaines lettres de Surin montre qu'il savait exiger cette transparence. Le directeur doit avoir accès à son dirigé. Une forme extrême de cet assujettissement s'exprime sous la plume de François Guilloré (1615-1684).

> Je vous exhorte encore particulièrement à faire choix d'un directeur qui détruise par tout votre entendement et qui rompe en toutes choses votre volonté. Il y en a qui ont pour cela une adresse singulière de faire mourir tous les raisonnements d'un pénitent, et de tourner leur volonté à tout ce qui lui répugne, ce serait là votre vrai fait : car le bon et le parfait directeur entre tous, est celui qui fait sans cesse en son pénitent un sacrifice de ces deux puissances, faisant qu'en quelque manière il ne soit plus raisonnable et qu'il ne suive jamais les mouvements propres de sa volonté. Un directeur qui sera tout sans cela, n'ira, comme on dit, qu'à fleur de peau, et amusant de toute autre façon de conduite, ne fera plus qu'entretenir le mal d'une conscience qu'il a obligation de guérir[71].

---

68 Tels sont les trois termes qui reviennent le plus souvent dans les titres des ouvrages pour la direction spirituelle. L'ouvrage de P. Chaduc, consacré à Fénelon, offre en outre une remarquable synthèse de l'histoire de la direction spirituelle, plus largement que dans la Compagnie de Jésus, et développe une approche de la direction comme pratique sociale et littéraire, avec laquelle nous consonnons largement. Chaduc, 2015.

69 Pour situer la question de la relation de Surin à Lallemant, largement héritée de Bremond, voir D. Salin, P. Goujon, « Bremond et la spiritualité ignatienne », dans la réédition de 2006. Voir Bremond, 2006, vol. 2, p. 411-433.

70 Surin, 1963, p. 207.

71 François Guilloré, *Les secrets de la vie spirituelle qui en découvrent les illusions* Paris, chez Étienne Michalet, 1673. Nous retrouverons Guilloré dans le dernier chapitre à propos

La direction spirituelle relaie le modèle de la relation entre Dieu et les hommes. Justification d'un pouvoir que s'allouent des clercs sur des laïcs, des hommes sur des femmes ? Prégnance d'un modèle théologico-politique qui domine le christianisme depuis le IIIe siècle ? Reprise du schéma dionysien des *Hiérarchies célestes* qui inondent la pensée théologique ? Impensé d'une culture ? On peut multiplier les hypothèses et les interprétations. L'époque moderne n'échappe pas à ce constat : la vie chrétienne est gouvernée au plus intime, jusqu'aux jointures. L'Esprit Saint, qui sonde les reins et les cœurs, est la figure archétypique d'une gouvernementalité infiltrée en chaque individu et dans la société.

des illusions quant à la direction spirituelle.

DIRECTION ET SOCIÉTÉ, UTOPIE JÉSUITE

La direction spirituelle est un moyen de l'action de la Compagnie de Jésus qui cherche à procurer l'aide du prochain et le bien commun. La mission qu'elle se donne ainsi, et que la Compagnie se fait confirmer en la recevant des mains des souverains pontifes, inclut différents moyens : prédications, enseignement, prières. Ils s'égrènent dans le parcours de lieux vers lesquels le jésuite est envoyé. On pourrait légitimement se demander d'ailleurs quels sont les lieux de la direction. Une enquête matérielle serait à mener pour repérer où se tiennent les conversations, dans les résidences jésuites, leur parloir, le confessionnal, ou chez les particuliers, dans leur appartement. Est-il indifférent d'aller trouver les jésuites chez eux ou de les laisser entrer chez soi ? Qu'on pense à ces conseillers demeurant dans les familles, précepteurs ou confesseurs des parents, des épouses. Il n'est pas interdit, dans l'attente de résultats, de poursuivre notre approche textuelle.

La mission jésuite organise un espace, à partir de lieux déterminés. Or, dans les *Constitutions*, la conversation n'a pas de lieu propre. Elle relève du temps, de l'occasion favorable, et creuse, d'un lieu à un autre, d'une rencontre à l'autre, l'espace d'une mission ouverte. La direction révèle la dimension utopique de la mission jésuite, celle de la conversion des sujets à un attachement plus grand au Christ, la réformation de leur vie. Nous ferons alors apparaître des modalités de la mission jésuite. La manière dont la direction configure le rapport de l'Église à la société dans le rôle que le sujet y tient dessine tantôt une utopie sociale (réformer la société par la vie spirituelle de ses élites), tantôt une utopie ecclésiale (organiser l'Église à partir de la société inspirée), tantôt une utopie mystique (rassembler celles et ceux qui dans la société vivent d'une vie intérieure). Le concept d'utopie nous paraît propre à comprendre le type d'écrits rédigés par les jésuites. Société écrite imaginée, l'utopie désigne un horizon à espérer davantage qu'un programme à accomplir. Elle fait apercevoir une solution aux contradictions des rapports humains, aux relations qu'entretiennent hommes et femmes, clercs et laïcs, Église et société, hommes et Dieu[1].

DE L'ESPACE MISSIONNAIRE AU TEMPS FAVORABLE

« Aller chez les Turcs, aux Indes, chez les hérétiques et chez n'importe quels fidèles et infidèles » inspirait les pères fondateurs[2]. Les missions se déploient dans un espace précisément construit par les *Constitutions* où se logent les « saintes conversations » parmi d'autres moyens.

La septième partie des *Constitutions* prévoit deux modalités de la mission, tantôt itinérante (« ils seront envoyés dans un lieu ou dans un autre »), tantôt sédentaire (« dans les résidences et les collèges »). La Compagnie, étant « disséminée à travers le monde », ne s'attache à aucun « lieu particulier[3] ». Pour les jésuites nommés dans des résidences, sont décrits les moyens à mettre en œuvre : exemplarité de vie, prières pour des personnes, messes, administration des sacrements, en particulier les confessions, prédication et catéchèse des adultes[4]. Le rayonnement missionnaire est alors défini :

> Tout ce qui a été dit peut aussi se faire en dehors de l'église de la Compagnie, dans d'autres églises, sur les places ou en d'autres endroits du pays quand cela paraîtra opportun à celui qui en a la charge pour une plus grande gloire de Dieu.
>
> Ils s'efforceront aussi à se rendre utiles à des particuliers par de saintes conversations, aussi bien en donnant des conseils et en encourageant à bien agir, et par des Exercices Spirituels[5].

1 Marin, 1973. Voir également Séguy, 1999.

2 Loyola, 1991, p. 277-279, « Pendant trois mois la manière dont s'est instituée la Compagnie », document connu aussi sous le nom de « Délibération des premiers Pères », 1539.

3 *Constitutions*, 7e partie, 603 et 636, p. 542-555.

4 § 636-645.

5 § 647-648. En espagnol, « *pías conversaciones* », en latin « *pia colloquia* ». Le terme « saint » est choisi par les traducteurs des Écrits. La version française qui avait cours auparavant

De l'église de la Compagnie à n'importe quelle église et vers tout autre endroit, l'espace perd sa détermination et s'élargit jusqu'à rendre possible toute rencontre. Ignace institue une sorte de dérégulation de l'espace religieux. En passant en effet de l'espace religieux à l'espace civil, il franchit un obstacle institutionnel et relie ces deux espaces. Depuis Innocent III, au début du XIIIe siècle, prédications et exhortations étaient cantonnées aux églises[6]. Pour réguler les mouvements réformateurs, comme les *humilati* dans la mouvance desquels apparaissent les ordres mendiants, la prédication de la Parole de Dieu et l'enseignement de la foi avaient lieu dans les églises et non sur les places. En outre, pour les religieux, seuls des prêtres mandatés par un supérieur y étaient autorisés[7]. En ouvrant l'espace de la prédication à plus large que les églises jusqu'à se rendre sur les places, les jésuites ont acquis la possibilité d'atteindre les fidèles dans leur vie quotidienne. La mission s'étend à tout lieu public[8]. En revanche, pour atteindre le particulier, la conversation n'a pas de lieu propre. Ni église, ni résidence, ni place publique, mais chaque jésuite avec des particuliers. L'accent porte sur la relation. Les conversations auront lieu en fonction des « occasions », selon la pratique de la liberté du discernement missionnaire que nous avons exposée au chapitre précédent.

Deux logiques s'articulent : d'une part, l'organisation de l'espace missionnaire est conforme à l'esprit du Concile de Trente. Il prend place à l'intérieur du cadre paroissial. La Compagnie rejoint par ce biais l'institution ecclésiale comme institution de salut. Les sacrements administrés signent l'appartenance à la confession catholique et assurent du salut, par l'enseignement de la vraie doctrine et la prédication autorisée de la Parole de Dieu. L'espace est ecclésial. Règnent l'enseignement et la confession comme moyens d'aider le prochain. D'autre part se trouvent « les saintes conversations » que ne définit aucun lieu, mais une relation, « se rendre utile à des particuliers ». Cette modalité, temporelle, contingente, où l'on s'adresse selon les occasions à des particuliers, ne constitue pas une alternative qui se substituerait à l'espace ecclésial,

---

traduisait « conversations spirituelles », ce qui est encore le cas en 1966 dans la version donnée par F. Courel.

6 Conwell, 1997.

7 Bériou, 2000.

8 C'est ce modèle, au-delà des jésuites, qui a cours à l'époque moderne pour la prédication. Voir Briant, 2014.

institutionnel. Elle en est plutôt la relance spirituelle, le lieu où des « particuliers », « laïcs », peuvent exercer un choix[9]. La possibilité d'une parole de personne à personne traverse l'encadrement ecclésial et laisse les laïcs libres de s'adresser à un clerc à leur convenance. Dans l'espace missionnaire qu'organise l'Église, la direction souligne qu'elle s'adresse davantage à des sujets qu'à des fidèles soumis simplement aux lois de l'Église.

Montaigne raconte dans son *Journal* comment il allait trouver les jésuites pour s'entretenir avec eux, passant de l'église à son domicile :

> M. de Montaigne accosta en ladite église (Épernay), après la messe, M. Maldonat, jésuite duquel le nom est fort fameux à cause de son érudition en théologie et philosophie, et eurent plusieurs propos de savoir ensemble, lors et l'après-dîner, au logis dudit sieur de Montaigne où ledit Maldonat le vint trouver[10].

La conversation ne portait pas seulement sur l'érudition, puisque Montaigne raconte que Maldonat lui recommandait les eaux soufrées de Spa[11]. À d'autres occasions, on y voit Montaigne se rendre en leur collège pour converser à loisir[12], ou communier dans leur église[13].

Pour les jésuites, la conversation appartient à la démarche missionnaire et vise à porter le prochain vers l'amour de Dieu et la recherche du bien commun[14]. Elle compte cependant sur la reconnaissance que l'interlocuteur voudra lui accorder. La conversation manifeste la mutualité de l'action pastorale : le missionnaire ne peut agir qu'en fonction de l'accueil que lui réserve le fidèle, qu'en raison de la demande que le fidèle lui adresse. Les jésuites sont invités à favoriser des liens d'amitié, utopie de la cordialité dont nous avons déjà parlé, partageant ainsi les valeurs prisées lors de la conversation, l'érudition à la Renaissance, la

---

9 Le rôle des religieux en ce sens a été éclairé par Hours, 2016, p. 236. En outre, B. Hours montre dans un chapitre intitulé « Espaces » la construction par les religieux d'un espace à triple échelle, conventuel, paroissial et provincial adossé au cadre paroissial qui s'impose à tous. Les religieux offrent ainsi un espace symbolique de « rayonnement et d'influence », p. 52. Là où les religieux semblent organiser leur espace, la conversation échappe à la construction volontaire d'un espace d'encadrement.

10 Montaigne, 1992, p. 5. Cette section du *Journal* est rédigée par le secrétaire de Montaigne.

11 Legros, 2001.

12 *Journal*, à Landsberg, p. 38.

13 *Ibid.*, à Lorette, p. 140. Dans cette partie, c'est Montaigne qui rédige son *Journal*.

14 Ignace de Loyola, « Aux compagnons qui partent pour l'Allemagne », lettre du 24 septembre 1549, p. 757.

science et les lettres à l'époque moderne[15]. Ils se portent sur le terrain de leur interlocuteur à leur invitation. On se souvient de l'expression précise employée par Ignace pour désigner ceux à qui les jésuites donnent les *Exercices* : « celui qui demande de l'aide ». Dans la conversation, l'interlocuteur autorise. L'apparition de la figure moderne du directeur conduira à réintégrer la conversation dans l'espace ecclésial : obéir au directeur n'est pas chercher à converser avec le particulier.

Par la conversation, le jésuite entre chez autrui. La distinction que Michel de Certeau avait posée entre stratégie et tactique, dans *L'invention du quotidien*, peut éclairer le type de relation qui se noue ainsi[16]. S'interrogeant sur les pratiques des consommateurs des sociétés contemporaines, Certeau perçoit des mouvements autres que ceux que les systèmes techniques et commerciaux organisent. Aux uns, la stratégie : « le calcul (ou la manipulation) des rapports de force qui devient possible à partir du moment où un sujet de vouloir et de pouvoir (...) est isolable. Elle postule un *lieu* susceptible d'être circonscrit comme *un propre* et d'être la base d'où gérer les relations avec *une extériorité* de cibles ou de menaces ». Aux autres, la tactique : « l'action calculée que détermine l'absence d'un propre. Alors aucune délimitation de l'extériorité ne lui fournit la condition d'une autonomie. La tactique n'a pour lieu que celui de l'autre. Aussi doit-elle jouer avec le terrain qui lui est imposé tel que l'organise la loi d'une force étrangère ». « Elle n'a pas la possibilité de se donner un projet global ni de totaliser l'adversaire dans un espace distinct, visible et objectivable. Elle fait du coup par coup. Elle profite des "occasions" et en dépend, sans base où stocker des bénéfices, augmenter un propre et prévoir des sorties. Ce qu'elle gagne ne se garde pas. Ce non-lieu lui permet sans doute la mobilité, mais dans une docilité aux aléas du temps, pour saisir au vol les possibilités qu'offre un instant[17] ».

La tactique de la conversation ne chasse pas la stratégie missionnaire. Les *Constitutions* les articulent l'une à l'autre : l'entraînement du jésuite à saisir l'occasion est au cœur de l'initiation qu'organisent les

15 *Ibidem.* « L'amitié », la « douceur », une serviabilité aimable ont sans doute été retenues en France davantage comme la marque de la spiritualité de François de Sales que comme celle des jésuites. Leur investissement dans la polémique tout comme la construction de leur image par les adversaires français de la Compagnie rendent compte de cette réputation française de la Compagnie.

16 Certeau, 1990, p. 57-63.

17 *Ibid.*, p. 61.

Constitutions[18]. L'espace jésuite s'insère dans le maillage paroissial et la géographie missionnaire de l'Église et des États. La structuration paroissiale de la relation n'a pas le dernier mot.

Ouverte à « la loi d'une force étrangère », « art du faible », la conversation inscrit dans la société, du catholicisme et de la naissance de l'État moderne, le moment où se font entendre les voix des particuliers, hommes, femmes, laïques, mystiques. Elles ne sont pas réduites à n'être que des cas d'une règle générale, comme l'opère la démarche casuistique. La conversation fracture l'ordre de la parole cléricale. Elle institue une relation où le rapport de force n'est pas la loi. La planification stratégique des missions qui veut maîtriser l'espace rencontre la contingence tactique de la conversation, régie par la temporalité imprévisible de l'occasion. Elle évalue l'occasion propice à l'entretien spirituel en fonction des circonstances et des dispositions de l'interlocuteur.

Le corps social est mû par la recherche d'un bien commun visé par la concorde, le renoncement à l'intérêt propre, et la mise en commun des capacités où chacun est encouragé à exceller. C'est du moins ce que recherchent les *Constitutions* non seulement pour les jésuites eux-mêmes, mais pour l'ensemble de la société. Que se dessine ici une figure utopique des rapports entre la société et l'Église, il n'y a pas de doute. On peut lire en filigrane les projets de concorde et d'amitié civique qui parcouraient la Renaissance, repris dans une vision théologico-politique[19].

Dans les « saintes conversations », et dans une plus ample mesure dans les *Exercices*, le jésuite n'instaure pas avec son interlocuteur un rapport de force. La conversation concourt à permettre à chacun de trouver sa place en vue de la recherche du bien commun, qui selon la théologie qu'emprunte Ignace, ne s'obtient qu'en cherchant d'abord la gloire de Dieu. Le décentrage de l'intérêt propre, qu'il soit personnel ou collectif, s'opère ainsi. Ce bien commun est en premier lieu Dieu : le Dieu des *Constitutions* est provident, littéralement, « il pourvoit » au bien non seulement de la Compagnie, mais de tous. L'opération spirituelle des *Exercices* vise alors à ce que chacun trouve sa place dans l'Église et la société par le processus désigné dans les *Exercices* comme « élection », c'est-à-dire en pouvant se tenir devant Dieu, trouvant sa place avec

---

18 Voir chapitre précédent.

19 On songe à Jean Bodin qui, dans *Les Six livres de la République*, reprend à Aristote son projet d'amitié civique et le transforme. Skinner, 2001.

Lui. Ranger les *Exercices* parmi les moyens de l'aide spirituelle, comme une des variations des conversations, met au jour la visée politique de la Compagnie. Sans doute s'agit-il moins d'établir une chrétienté qu'une société qui, dans le respect des États et de leur mode propre de gouvernement, repose sur le libre jeu des sujets. La mise en commun des forces, sollicitées par l'émulation pédagogique, spirituelle dans les *Exercices*, et humaniste dans les collèges, concourt à la recherche d'un bien commun[20]. Cette politique repose sur la nécessité de constituer des sujets spirituels, capables de prendre des décisions au sein d'une société et de ses règles d'organisation (politiques, ecclésiales, etc.). Les *Exercices* visent à poser des sujets dans l'exercice effectif de leur liberté, laquelle, selon une longue tradition théologique, se reçoit de Dieu en premier.

Du jeu s'introduit dans l'Église et la société, conçues toutes deux à travers la notion d'états. À la répartition civile selon la noblesse, le clergé et tous les autres sujets, baptisés par le neutre « Tiers État », s'en superpose une autre, théologico-politique. Elle sépare les croyants entre « état de perfection » ou « état de conseil », les religieux et prêtres, et « état de précepte », les laïcs. Les termes de « perfection » ou « conseil » renvoient aux « conseils » évangéliques, les exigences données à ceux qui veulent suivre le Christ selon les Évangiles, et qui sont à la naissance des vœux de pauvreté, obéissance et chasteté. Quant à la notion de « précepte », elle se réfère au caractère nécessaire et suffisant des obligations énoncées par les Dix commandements et les préceptes de l'Église catholique (communion annuelle à Pâques, confession, etc.) selon des décisions qui ont marqué l'histoire de la normalisation des pratiques chrétiennes. Ces « états de vie » introduisaient une hiérarchie entre ceux qui vivent selon les conseils et ceux qui vivent selon les préceptes, les premiers accomplissant plus parfaitement la loi évangélique que les seconds. En outre, c'est parmi les prêtres et les religieux que sont choisis ceux qui exercent le pouvoir ecclésial, évêques, abbés… Il n'était certes pas rare que la perfection des uns servît aussi à déconsidérer les autres, incultes, pécheurs, voire sauvages[21] . Il était admis de manière générale qu'il valait mieux encourager à l'état de perfection qu'à l'état

20 Sur la relation d'Ignace de Loyola aux États, et son choix de soutenir le système monarchique de son temps plutôt que le maintien des principautés de la féodalité, voir Garcia Hernan, 2016. Voir également Bertrand, 1985.

21 Pour une histoire des conceptions théologiques des états de vie, voir Congar, 1953.

de conseil, à la vie religieuse ou sacerdotale plutôt qu'au mariage. Les *Exercices* en portent la trace[22].

Toutefois, Ignace note, dans les *Exercices*, que la perfection peut s'atteindre dans l'un ou l'autre état de vie. La perfection n'est pas attachée par principe à un état plutôt qu'à un autre. La vie spirituelle ne légitime pas d'ordre hiérarchique. La perfection, entendue comme le processus par lequel un sujet atteint sa fin, accomplit son existence, se décrit comme le processus de perfectionnement dans lequel entre le retraitant en réponse à l'appel de Dieu. La perfection ne relève plus d'une organisation hiérarchique de l'Église. Il revient, précise Ignace, à chacun, à partir de sa conversation avec Dieu, de trouver comment sa place s'inscrit dans la société et l'Église. On pourrait rapprocher ce processus du fonctionnement que décrit Norbert Elias de la société moderne dans *La société des individus*[23]. Pour récuser une conception de l'histoire des individus considérés abstraitement, Elias forge le concept de « configuration ». Ainsi au lieu d'opposer l'individu et le monde social, Elias montre que les individus sont liés à la société par les dispositions les plus élémentaires dans une interdépendance des individus entre eux. Au sein de « configuration », qui décrit l'ensemble des relations d'interdépendance dans une société historiquement donnée, chaque individu trouve l'espace d'exercice de sa liberté ou du pouvoir. La position qu'un homme occupe dans ces rapports d'interdépendance lui accorde une marge plus ou moins grande d'initiative et de possibilités d'actions[24]. La biographie d'Ignace de Loyola rédigée par E. Garcia Hernan montre l'aisance avec laquelle Ignace savait se mouvoir dans ces interdépendances et trouver sa marge de liberté[25]. La fameuse lettre d'Ignace de Loyola à François de Borgia, à propos de sa possible promotion au cardinalat, montre comment le processus de l'élection spirituelle consiste à déterminer sa place dans une configuration sociale donnée, la détermination ne pouvant se jouer simplement au regard de la société, ni en se considérant soi seul. Dieu est le troisième terme, l'absolu, hors de

22 Les *Exercices* prévoient que si, pendant une retraite, il ne faut pas inciter à choisir un état de vie plutôt qu'un autre, en revanche, il est « licite et méritoire » d'inciter à choisir la vie religieuse pour parvenir à la perfection évangélique. *Cf.* ES 15.

23 Elias, 1991.

24 *Ibidem*, p. 115-154.

25 Garcia Hernan, 2016.

toute configuration, devant qui je peux me déterminer pour trouver ma place dans la société[26].

Le combat que livre le retraitant contre « ses attachements désordonnés » contre sa « volonté propre » ne tient pas à une vision pessimiste de l'homme, assiégé par le mal, mais à la nécessaire libération de ses intérêts propres pour concourir au bien commun. Ignace peut donc conclure ainsi l'étape des *Exercices* qui conduit à une décision de conversion :

> On ne voudra ni ne cherchera rien d'autre, en tout et pour tout, qu'une plus grande louange et gloire de Dieu notre Seigneur ; car chacun doit penser qu'il progressera d'autant plus en toutes choses spirituelles qu'il sortira de son amour, de son vouloir et de ses intérêts propres[27].

Il faudrait engager une étude de ce qu'est devenue la politique jésuite, mais nous voudrions simplement retenir comment la conversation, entée sur la pratique des *Exercices*, vise à cette recherche du bien commun à travers la détermination libre de la place de chacun face à Dieu qui le conduit à se situer dans l'Église et la société.

La conversation zèbre l'espace missionnaire et corrige la tentation de réduire le fidèle à n'être que le destinataire d'un enseignement, d'une action qui vise à le convertir. Le sujet n'est pas le lieu d'une mission. Dans la logique du déploiement stratégique se glisse la tactique de la parole impromptue, saisie à l'occasion par celui qui la donne à son interlocuteur, impossible à réduire à une position qu'il devrait occuper dans un projet global. Si la conversation jésuite cherche bien l'édification, c'est-à-dire l'encouragement à croître et progresser dans la vie spirituelle, c'est pour que l'interlocuteur cherche au mieux ce qui le fait aller vers Dieu et le bien commun. La conversation réinscrit la pastorale dans une logique de l'échange, de la mutualité, et de la concorde. Elle marque, dans le registre de la parole, le style de la cordialité.

C'est du moins la société qu'imaginent les *Constitutions* de la Compagnie et à la réalisation de laquelle on voit Ignace s'atteler dans sa correspondance. La place de la direction s'y dessine et le type d'action, tactique plutôt que stratégique, qu'elle entreprend. Nous allons suivre trois modalités de cette action en France au dix-septième siècle. Nous proposons de

---

26 Pour une analyse de cette lettre, nous nous permettons de renvoyer à Goujon, 2017, p. 62-71. La lettre du 5 juin 1552 se trouve dans Loyola, 1991, p. 814-815.

27 ES, 189.

regarder comment, sur deux générations de jésuites français, actifs dans la première moitié du dix-septième siècle, prenait place la conversation au sein des sociétés qu'ils imaginaient, de l'espace missionnaire que traverse la conversation, devenue alors la « direction ».

LA POLITIQUE SPIRITUELLE DE NICOLAS CAUSSIN

Nicolas Caussin (1583-1651) fut célèbre en son temps : très tôt remarqué comme prédicateur, appelé à la Cour, il devient le confesseur de Louis XIII. En conflit avec Richelieu pour avoir soutenu le parti de la Reine Mère, selon le Cardinal, Caussin est contraint de s'exiler à Quimper-Corentin. Il laisse une œuvre abondante, entre traités de rhétorique, sermons, tragédies, et livres de spiritualité, comme la *Cour Sainte*[28].

RENDRE SAINTE LA COUR

La *Cour Sainte* paraît à Paris en 1624 chez Sébastien Chappelet, ou sous son titre complet *La Cour Sainte ou l'Institution chrétienne des grands avec les exemples de ceux qui dans les cours ont fleuri en sainteté*. L'ouvrage fut souvent remanié, au fil de ses rééditions, offrant variantes et recompositions du plan d'ensemble[29]. Oubliée par la suite, la *Cour Sainte* est pourtant éditée jusqu'à la fin du dix-septième siècle et traduite alors en de nombreuses langues. L'ouvrage trouve sa place parmi les manuels de civilité et les traités de cour destinés à la noblesse[30]. Caussin entend instruire les Grands de leurs devoirs chrétiens liés à l'éminence de leur position sociale. Après l'exposé des « motifs que les gens de qualité ont à la perfection chrétienne » et « les empêchements que les mondains ont au chemin du salut et de la perfection », la suite traite de la pratique

28 Conte, 2007.

29 Piqué, « De l'histoire exemplaire à la galerie : Les "Reynes et Dames" de la *Cour Sainte* », dans Conte, 2007, p. 121.

30 Sur cette nomenclature, voir Fumaroli, 1994, p. 362. Discutée par V. Kapp, « Deux jésuites face à la tâche d'évangéliser la Cour : Bernardino Castori et Nicolas Caussin », dans Conte, 2007, p. 156.

des vertus et blâme les vices. Caussin choisit de composer une série de portraits, tirés de l'histoire biblique et de l'histoire des « monarques et des princes », Théodose, Clovis, Saint Louis, comme Pulchérie, Jeanne d'Arc ou Marie Stuart. Rassemblés comme en une galerie, ces portraits offrent la possibilité de variations et de contrepoints sur l'enseignement moral qu'ils illustrent. Ce sont moins des individualités pourtant que la *Cour Sainte* distingue que l'exemplarité qu'ils incarnent et à laquelle chacun doit se hisser en abandonnant les vices de la mondanité. Deux cours s'opposent, comme une vaste amplification de la méditation des « Deux étendards » des *Exercices*[31]. Dans l'une, le Grand est soumis à Dieu, dans l'autre, à ses passions.

Parce que le courtisan est uni à Dieu, il tiendra sa place à la Cour. On retrouve la proposition des *Exercices* : se tenir devant Dieu, c'est occuper une juste place devant les hommes. Que Caussin réinvestisse l'idée salésienne de la compatibilité de la vie dévote à la Cour, cela ne fait aucun doute. La *Cour Sainte* est pourtant plus originale qu'il n'y paraît. Comme l'a bien noté A.-E. Spica, « tout en se fondant sur la même base que François de Sales en matière de vie dévote (il n'y a pas d'incompatibilité entre la vie laïque et le soin de son salut), Caussin inverse subtilement le lien de cause à effet habituellement formulé – en se sanctifiant par les pratiques de dévotion, l'homme de cour gagne son salut – : sous sa plume, l'homme de cour dont l'intériorité est centrée sur la dévotion possède toutes les qualités qui le rendent éminent à la fois à la cour et devant Dieu[32] ». La perfection de la vie spirituelle mène à l'excellence de la vie curiale. Pour Caussin, le rapport à Dieu organise la vie sociale : la noblesse a d'autant plus d'obligations de progresser dans la vie spirituelle qu'elle est d'abord un don de Dieu et non un privilège de naissance. « La noblesse n'est pas au sang », déclare Caussin : l'avantage de naissance ne suffit pas[33]. Caussin semble réinscrire à la Cour l'ordre social que les *Constitutions* dessinaient selon un principe spirituel[34]. À la différence des traités consacrés à l'homme de cour, tels

31 Sur les « deux cours », voir V. Kapp, Conte, 2007, p. 159. Ce motif, repris aux deux cités de Saint Augustin, parcourt le christianisme moderne.

32 A.-E. Spica, « La figure d'un courtisan chrétien dans la *Cour Sainte* », dans Conte, 2017, p. 175.

33 Caussin, 1638, t. 1, p. 21.

34 Nous nous permettons de renvoyer à notre étude sur les rapports des jésuites aux élites, Goujon, 2018.

ceux de Castiglione, le point de départ de Caussin n'est donc pas dans les exigences de la bienséance civile qui se perfectionneraient par les vertus chrétiennes. Le courtisan est un dévot qui doit trouver à la Cour le moyen de vivre l'amour de Dieu.

UNE DIRECTION PROVIDENTIELLE ET HIÉRARCHIQUE

Le propos est encore plus patent dans un livre que Caussin publie en 1638, l'année suivant la crise qui lui fait quitter la Cour[35]. *Le Traité de la conduite spirituelle selon l'esprit du Bienheureux François de Sales*[36] répète ce principe spirituel : celui qui entre à la Cour, s'il est bien dirigé, peut vivre de l'amour de Dieu, au plus haut degré, comme François de Sales en vécut lui-même et permit à des nobles d'en vivre. Le traité conduit en effet d'une épître dédicatoire au Commandeur de Sillery à une lettre inédite de l'évêque genevois publiée à la fin du livre à « un jeune homme qui s'apprête à partir à la Cour ». Dans son épître liminaire, Caussin exhorte Noël Brûlart de Sillery, ambassadeur extraordinaire de Marie de Médicis en Italie, puis retiré de la vie mondaine et ordonné prêtre en 1634, à revenir aux affaires de l'État où il pourra vivre de la même perfection que dans sa retraite. L'ouvrage condense ensuite les enseignements de François de Sales, tirés de sa correspondance, et finit sur cette invitation lancée à un jeune noble de venir vivre à la Cour son idéal de perfection[37].

L'arc tendu entre l'épître dédicatoire et la lettre finale de François de Sales dessine le parcours idéal de la perfection honnête selon trois degrés : le saint, le courtisan dévot accompli et le jeune homme. Caussin veut encourager à la perfection selon l'idéal du saint genevois. Soumis à ses devoirs envers le Roi, Sillery, qui figure le lecteur dévot de la Cour, est incité à ne « point renoncer aux affections honnêtes et à toutes les amitiés qui consistent au devoir, et que les exercices de dévotion que vous professez ne sont point pour vous retirer ni vous faire diminuer le cordial amour que vous avez toujours eu pour Messieurs vos parents et amis[38] ». Les exigences de la politique, du devoir au roi, de la patrie et

35 Voir Rochemonteix, 1911 et Fouqueray, 1924, t. 5, p. 80-106. Pour une approche critique des sources utilisées par ces deux ouvrages, voir Santo, dans Conte, 2007, p. 29-57.

36 Caussin, 1637.

37 Pour une étude de la correspondance de François de Sales et une réflexion sur la direction épistolaire, voir Mellinghoff-Bourgerie, 1999.

38 Caussin, 1637, Épître dédicatoire, non paginée, [p. 16-17].

de la charité envers la famille peuvent rappeler celui qui s'est retiré du monde. La perfection n'a pas pour unique visage celui de l'ermite. Elle comporte des degrés par lesquels chacun peut, en fonction des circonstances, accomplir la loi de charité et d'amour de Dieu à laquelle tous sont soumis. L'ouvrage met en œuvre un modèle gradué de perfection grâce au portrait de François de Sales.

Le rôle de la direction spirituelle s'y exprime nettement. Elle s'exerce au sein d'une conception de l'histoire du salut. Elle permet de restaurer le principe de la nature créée par Dieu à son image et à sa ressemblance. Elle fait œuvre de guérison. Le plan de l'ouvrage répond à cette vision unifiée de la direction. Le livre I commence par l'évocation de la longue histoire des directeurs d'âmes que Dieu a donnés aux chrétiens. Ce premier livre présente deux traits qui structurent la pensée de Caussin : l'image du soleil dardant ses rayons et la vision providentielle de l'histoire. Par l'image du soleil, Dieu diffuse sa providence sur l'humanité. Cette conception de l'histoire du salut est ainsi à la fois providentielle, hiérarchique et participative. Elle est héritée du Pseudo-Denys. La « parfaite économie » de Dieu pour la direction des âmes se déploie selon une émanation totale depuis les anges jusqu'à François de Sales : les anges, les prophètes, les patriarches, les apôtres, les grands prélats des premiers siècles. Apparaît alors le double motif des « fondateurs de religions et directeurs spirituels » avec saint Basile le Grand, saint Benoît puis saint Bruno[39]. Ils apparaissent en temps de crise et de grands désordres, et leur nombre croît lorsque les maux du monde s'aggravent. Viennent ensuite saint Bernard, saint François d'Assise, saint Dominique, saint François de Paule puis saint Ignace. Et enfin François de Sales :

> Pour achever l'économie de Dieu en la direction des âmes, il fallait donner un remède convenable à la maladie de ce siècle : et comme les esprits des hommes y sont déliés en leur qualité, aigus en leur raisonnement, polis en leur civilité, glorieux en leurs prétentions, clairvoyants à leurs intérêts, naturels en leurs raisons, et en toute leur conduite, il était nécessaire de donner encore à la dévotion un visage plus riant, et plus doux pour apprivoiser les cœurs humains. Il était question d'apporter des lénitifs extraordinaires pour faire une opération sur le corps de la nature gâtée et altérée par tant de siècles et qui néanmoins craignait les mains et le moindre attouchement du Médecin. Il était expédient de rencontrer un homme, qui eût appris de nouveaux charmes

39 *Ibid.*, p. 5.

> dans le ciel pour endormir nos serpents, amortir nos passions venimeuses qui mettaient le mal à l'extrémité et la guérison au désespoir. Et pour cet effet, Dieu a suscité l'esprit du B. François de Sales, lequel a été puissamment inspiré en sa vocation, sage en ses entreprises, solide en ses procédures, adroit en sa conduite, doux en sa façon, mais toujours efficace, en la fin qu'il prétendait, pour le salut des âmes.

La thématique médicale fait ici son entrée : Caussin motive par une référence biographique cette reprise d'un lieu commun, emprunté aux Pères de l'Église, du Christ médecin. Il fait de la guérison de François de Sales, libéré de cette « funeste tentation de se compter parmi les réprouvés », la source de sa direction spirituelle.

> Depuis ce temps-là, il entra en une merveilleuse tranquillité d'esprit, et devint un instrument de Dieu propre à guérir les autres de sorte qu'il n'y avait tristesse si irrémédiable qui ne sentît les effusions efficaces de ses consolations[40].

Le modèle du soin se conjugue à celui de la restauration du principe de la nature, mais, pour autant, la grâce n'est pas détruite en l'homme. Porté vers le prochain, François aide chacun, quelles que soient ses qualités, « parce qu'il porte l'image de la première beauté qui est souverainement aimable[41] ». La vision de l'homme est théocentrique. En faisant de l'amour du prochain le plus haut degré de l'amour divin, Caussin met à la portée de tous l'exemple et l'imitation de François de Sales, puisque l'amour de Dieu, source de l'amour du prochain, est pour tous. La quatrième partie, consacrée à « l'intérieur de l'âme de François de Sales », est rigoureusement construite en ce sens. Après avoir reconnu suivre la *Théologie mystique* de Denys, Caussin divise son exposé en trois parties. La première expose les cinq degrés de l'ascension vers Dieu : la contemplation et la vue amoureuse n'en sont que le troisième degré. La marche s'achève avec la parfaite intention de toutes les actions et la soumission à la volonté de Dieu, qu'illustre à côté du sacrifice d'Abraham l'obéissance de l'évêque. La deuxième partie dessine le portrait mystique de François de Sales, en des termes conventionnels[42]. L'ensemble se clôt par une troisième partie intitulée « la condescendance envers le prochain », indiquant le mouvement de l'amour de Dieu qui s'est emparé du saint. La direction spirituelle trouve

40 *Ibid.*, p. 51.
41 *Ibid.*, p. 100.
42 *Ibid.*, p. 91-96.

sa place au sein d'une histoire considérée d'un point de vue providentiel et hiérarchique. Elle promeut un modèle d'obéissance au directeur, en tant qu'il est uni à Dieu, source de l'amour du prochain qui doit guider le directeur, dont François de Sales est la figure, et le courtisan obéissant à son guide et uni à Dieu. La direction, enfin, est ici réparation, restauration dans le monde d'un ordre du monde voulu par Dieu.

L'HOMME ASSUJETTI À DIEU ET L'EMPRISE DES HOMMES LES UNS SUR LES AUTRES

Caussin met en avant cette forme de dévotion progressive et maintient la radicalité de l'appel à la vie évangélique qui peut être vécue en toutes circonstances, et précisément à la Cour. Au détour, cet idéal progressif lui permet d'écrire une satire allègre des mauvaises conceptions de l'abnégation et des mauvais directeurs. Caussin vise-t-il une cible particulière ? Les conceptions de l'abnégation sont nombreuses et leurs prescriptions ne manquent pas. Notons d'abord que François de Sales était loin de la négliger[43]. La radicalité que rejette Caussin fait davantage penser au traité du *Breve Compedio* que son provincial, Étienne Binet, avait donné dans son édition de 1621[44]. Bien des points résumés ici convergent avec la doctrine de cet opuscule[45] qui connut une grande fortune tant dans ses éditions propres que dans les ouvrages qu'il inspira, en particulier le *Bref Discours de l'Abnégation intérieure* de Bérulle en 1597[46]. Il

43 Voir en particulier le 8e des *Entretiens* de François de Sales, 1969, p. 1087.

44 Nous reviendrons sur cet ouvrage du P. Binet dans le chapitre v.

45 Ce texte, rédigé par le jésuite Achille Gagliardi alors qu'il se trouvait à Milan au moment même où Isabelle Berinzaga fut, selon son témoignage, admise par Ignace de Loyola sous l'obédience de la Compagnie. Gagliardi assura lui-même la direction de la « dame milanaise » qui inspira cet opuscule dont le jésuite semble néanmoins le rédacteur. Publié anonymement en Italie seulement en 1611 à Brescia, il avait connu en France plusieurs éditions, l'une à Paris en 1596, une autre à Arras en 1599 et encore une à Paris en 1612. C'est E. Binet qui en donne plusieurs éditions en l'insérant d'abord dans ses *Œuvres spirituelles* (Rouen, 1620 et 1627) et en donne une édition séparée à Saint Omer en 1621, avec une biographie et une bibliographie détaillée de Gagliardi. On attend toujours un travail sur l'importance de Gagliardi dans la spiritualité française. Sur cet aspect, en particulier la figure de Berizanga dans l'interprétation bérulienne de la possession de Marthe Brossier, voir Houdard, 2008. Demeure capital l'ouvrage de Orcibal, 1965. Pour l'édition des textes, voir Gagliardi, 1996a ainsi que Berinzaga, 1994. Pour une édition française contemporaine, mais non critique, du *Breve Compedio*, voir Gagliardi, 1996b.

46 Pour une interprétation de l'abnégation comme déchéance volontaire, voir Le Brun, 2009.

est difficile cependant d'établir avec certitude que Caussin viserait ce texte en particulier même s'il s'en prend à des points d'application de l'abnégation rigoureusement identiques. Caussin ne toucherait-il pas plutôt par ricochet Étienne Binet ? Ce dernier lui avait certes accordé la permission d'imprimer cet ouvrage en tant que Provincial de France (20 février 1637). Mais en même temps, il laissait s'exercer sur Caussin la rigueur de l'exil décidé par Richelieu[47].

Caussin exprima sa colère face à cette décision soutenue par le Provincial dans sa correspondance privée. En témoigne une lettre à son confrère le jésuite Jean Suffren, confesseur de Marie de Médicis qu'il accompagnait alors dans son exil en Angleterre :

> Si nous avions voulu sophistiquer les commandements de Dieu, donner des gloses de la prudence humaine à la sagesse divine, appuyer les desseins du favori, et enseigner le Roi à pécher par la théologie, nous serions encore les bienvenus auprès de celui qui gouverne. Il n'a rien trouvé de reprochable en nos mœurs ni de mauvais en notre doctrine. Mais nous avons un grand défaut pour ce temps où nous sommes, qui est de n'entendre pas bien la théologie de Rueil, et de pouvoir accorder les mystères de la religion avec les intérêts de la faveur[48].

Acide, l'ancien confesseur de Louis XIII pourrait avoir compris que le combat se livre désormais par l'écriture et la publication. Au moment de l'exil, Caussin publie son *Traité* où le modèle de la dévotion curiale qu'il défend s'oppose aux accommodements de la raison d'État. La chronologie des rééditions de la *Cour Sainte* est éloquente. Après la crise entre Richelieu et Caussin en 1637, à propos du soutien que le jésuite apporte à Mademoiselle de La Fayette, que Richelieu soupçonne d'influencer le roi contre lui, paraît en 1638 une nouvelle édition de la *Cour Sainte.* Richelieu, comme l'a montré Christian Jouhaud[49], organise sa politique par des publications, telle la note dans la *Gazette de France* au moment où Binet et Séguiran, le supérieur de la maison professe de Paris dont dépend Caussin, reçoivent la lettre de cachet contenant l'ordre d'exil :

---

47 Nombreux sont les auteurs qui promeuvent une doctrine acérée de l'abnégation, à commencer par Jean de la Croix, Louis de Grenade et le père Lallemant, à la suite d'Ignace de Loyola. Le *Combat spirituel* du théatin Scupoli, livre que chérissait François de Sales, reprenait aussi cette doctrine. Pour une présentation générale de la question, se reporter à Guibert, « Abnégation », *Dictionnaire de Spiritualité Ascétique et mystique*, 1937.

48 Lettre citée par Rochemonteix, 1911, p. 367.

49 Jouhaud, 2015.

> Le P. Caussin a été dispensé de Sa Majesté de la plus confesser à l'avenir, parce qu'il ne s'y gouvernait pas avec la retenue qu'il devait et que sa conduite était si mauvaise qu'un chacun, et son Ordre même, a bien plus d'étonnement de ce qu'il en a été privé. Le déplaisir que ceux de son dit Ordre ont de sa faute est proportionné à la grande et sincère passion qu'ils ont au bien de cet État et du service du roi. Pour tenir sa place, le roi a fait élection, dans le même Ordre des Pères Jésuites, du P. Sirmond, qui est en réputation, il y a plus de cinquante ans, d'être un des plus savants hommes de l'Europe, auquel Sa Majesté se confessa hier à Saint-Germain[50].

La publication suscite une lettre du P. Binet au Général Vitelleschi :

> Si la Société n'a pas été gravement persécutée à l'occasion du P. Caussin, c'est à Son Éminence qu'on le doit : le cardinal est non seulement le patron de la Compagnie, il en est le père[51].

Et Binet s'empresse de s'adresser à Richelieu :

> Votre Éminence, en un excès de magnanimité, nous a témoigné plus que jamais sa bénignité et cordialité incomparable. Je la publie partout… Il est vrai que l'excès de bonté de Votre Éminence nous met dans l'impossibilité de produire des effets qui égalent nos obligations ; mais je suis très aise qu'en tout sens nous soyons convaincus et que nos faiblesses soient accablées par la puissance de sa charité et par tant de bienfaits amassés les uns sur les autres[52].

Caussin et les supérieurs de la Compagnie, à la suite de Richelieu, agissent au plan politique par les écrits qu'ils publient et font circuler. Il faudrait ici patiemment défaire l'écheveau des publications : journaux publics, correspondance privée, lettres officielles, copies diffusées, mémoires, préface, etc., et, à la manière de C. Jouhaud, écrire un autre épisode de *L'écriture du pouvoir*. La proximité de Caussin avec l'entourage de Marie de Médicis, Suffren comme Sillery, et la promptitude du jésuite dès son exil à s'adresser à eux en privé et en public montrent que, au-delà de ses protestations d'innocence et du manque de prudence que ses supérieurs dénoncèrent dès sa nomination à la Cour, se livrait un combat théologico-politique. En dédiant à Sillery son *Traité* au moment de sa disgrâce, Caussin ne manifestait-il pas son désir d'occuper la Cour, de

---

50 Fouqueray, 1924, p. 93.

51 Lettre citée dans Fouqueray, 1924, p. 97.

52 Lettre du P. Binet à Richelieu, 15 janvier 1638, Archives des Affaires Étrangères, France, correspondance, t. 88, f. 10. Citée in Fouqueray, 1924, p. 98.

contrebalancer le pouvoir de Richelieu par l'appel à une politique des dévots ? La *Cour Sainte*, republiée la même année, enrichie de volumes, venait occuper symboliquement le lieu dont Caussin avait été expulsé. De programme spirituel à sa première parution en 1624, la *Cour Sainte* devenait en 1638, à travers une contestation politique, l'utopie d'une société organisée par une élite dévote, assujettie à Dieu.

La définition de l'homme spirituel qui court à travers la *Cour Sainte* consiste en cet assujettissement à Dieu. Dans le livre III, *De la pratique des vertus*, Caussin est très explicite. L'homme, en se faisant maître de lui-même, est, littéralement, sujet de soumission, *subjectus*.

> Vous qui aspirez à la vie spirituelle, sachez qu'il y a en vous seul trois sortes d'hommes : l'homme végétal, animal, intellectuel, et que toute votre perfection gît à mettre l'homme végétal et animal sous les pieds de l'intellectuel.

Caussin poursuit :

> Une grande partie des hommes sont aujourd'hui végétaux, c'est-à-dire qu'ils vivent en sorte, comme s'ils n'avaient que l'âme végétative, ainsi que les plantes, et mènent une vraie vie de potiron. Les autres sont des animaux qui font évaporer toutes leurs âmes en amour sensuel, en colère, en rage et en brutalité. Peu se trouvent qui soient intellectuels, qui agissent par raison et par entendement, et voilà où consiste notre excellence et notre repos, d'élever l'homme intellectuel, mâtiné bien souvent sous les pieds de la concupiscence, à la sphère qui est la connaissance et l'union avec Dieu.

Puis, faisant appel à Hugues de Saint-Victor, il continue :

> Pour arriver à ce point, il est bon de remarquer une belle doctrine de Hugues de St Victor. C'est à savoir qu'il y a par-dessus nous une Trinité Créatrice, Père, Fils et S. Esprit ; en nous une Trinité créée, entendement, mémoire et volonté ; à nos côtés une Trinité dangereuse, amorce, délectation et consentement ; dessous, une Trinité malheureuse, en laquelle nous tombons par le péché, ignorance, impuissance et impureté. La raison tombe en une triple ignorance, du bien, du mal, du vrai et du faux, du sortable et du non sortable.

La relation de l'homme à Dieu s'exprime dans les termes d'une hiérarchie, la « Trinité par-dessus ». Puis l'homme de Caussin se dessine, pris au piège dans les rets de la concupiscence de la chair, des yeux et de l'ambition.

> La mémoire en trois espèces de pensées, affectueuses, comme celles qui touchent la sensualité, onéreuses, comme celles qui concernent le tracas de la vie, oisives, comme sont toutes les vaines. La volonté se laisse prendre à trois sortes de rets, qui sont concupiscence de la chair, concupiscence des yeux et ambition de la vie.

L'homme est un roi déchu, tombé dans l'animalité de ses passions.

> Un homme réduit à cet état, ressemble au roi Nabuchodonosor qui était sorti du trône pour aller manger du foin avec les bêtes. Ainsi le misérable après avoir quitté le siège de la raison, s'en va dans l'étable avec ses brutales passions[53].

Seules les lumières de l'Esprit Saint et la grâce de la foi auquel s'ouvre le cœur pourra relever l'homme détrôné de la grâce dans laquelle il fut créé. Les dévots à la Cour seront les alliés de la grâce, ceux qui par l'exemplarité de leur vie et l'accomplissement des devoirs de leur charge arrêteront les désordres[54]. Le tome second s'arrête ainsi aux fonctions du prélat, du cavalier, de l'homme d'État et s'adresse enfin aux Dames.

L'Épître dédicatoire aux Dames que glisse Caussin à l'orée de cette nouvelle section dessine le profil de la sainteté féminine :

> Mes Dames,
> Je ferais une injure à la Sainteté jusques dans la Cour Sainte, si après avoir entrepris dans ces traités la Piété des Grands, je passais sous silence les Dames qui ont contribué de tout temps à la gloire du Christianisme, autant de force au-delà du Sexe, que de vertus par-dessus la nature.

Les femmes sont ici promues au rang d'alliées éternelles, depuis Marie, mère du Sauveur, et les femmes au pied de la Croix. « Dieu les a employées aux grandes affaires de tous les siècles ». Elles corrigent les passions des hommes, puissant remède à leur violence, absorbés qu'ils sont dans les affaires publiques ou dans la spéculation intellectuelle.

> Ce sont ici des alliances éternelles, ô mes Dames, que vous avez contractées avec la dévotion, et qui voudrait vous priver de la douceur de son repos, ce serait vous bannir de votre propre maison. Tant d'hommes qui remuent le fer, semblent n'avoir maintenant autre métier que de tuer, et mourir à crédit. Ceux qui manient les livres, se consomment dans les douces tortures de l'esprit. Les autres qui sont dans les tracas des affaires publiques n'en

53 Caussin, 1636, p. 364-365.

54 *Ibid.*, p. 362.

> remportent souvent autre chose que du bruit et de la fumée. Mais quand je vous contemple sous ce titre de sexe dévot qui vous est donné par l'Église, je trouve que votre bénédiction est en la rosée du Ciel, et que vous êtes semblables aux Abeilles qui naissent dans le miel ou bien à ces oiseaux des Iles fortunées qui se nourrissent de parfums.

Parées du titre de « sexe dévot », les femmes sont la figure de la résistance à la perdition à laquelle tant d'hommes se jettent. Certes, Caussin n'ignore pas les errements de la gent féminine, y compris sous les dehors de la religion :

> Croyez-moi que celles de votre sexe qui n'ont point de vraie piété, quand elles auraient un monde de grandeurs et de beautés, et que toutes les richesses de l'Univers se seraient rendues tributaires à leur luxe, ne seront non plus estimées devant Dieu que la fleur du foin et l'écume de la terre. Mais celles qui prennent le chemin des saintes et solides vertus entrent en une vie toute Angélique qui s'oubliant du sexe et des imperfections naturelles se forme sur les plus parfaites idées de la Divinité[55].

Dans la section suivante, Caussin souligne le rôle politique que les femmes de la noblesse ont souvent joué : « Dieu s'est servi de la piété des femmes pour le rétablissement des États[56] ». Mais progressivement se précise la position de la dévotion féminine. Le rôle des femmes est en effet d'abord défini par leur obéissance aux préceptes de l'Église et à leurs directeurs « qui gouvernent [leur] conscience ». Ainsi Caussin fait-il dire à l'une de ses protagonistes :

> J'estime que la dévotion la plus propre à notre sexe est celle qui a le moins d'affectation, et plus d'effet, chacune pourra régler les prières qu'elle doit faire, les confessions, les communions, selon sa capacité, sa profession et son loisir, prenant en cela le conseil de ceux qui gouvernent sa conscience[57].

On peut se demander à cette lecture si l'attitude que Caussin met en place ne repose pas tout entière sur une conception des relations entre hommes et femmes en termes de pouvoir : soumission au mari, obéissance au directeur d'un côté ; de l'autre, emprise à exercer par toutes sortes de stratagèmes pour contrer les vices des hommes, leurs

55 *Ibid.*, p. 219-224.
56 *Ibid.*, p. 227.
57 *Ibid.*, p. 282-283.

violences, leurs passions, leur oubli de Dieu. L'emprise est, sous la plume de Caussin, la modalité de l'action féminine. Hommes et femmes sont en lutte d'influence, et le directeur s'assure que la femme trouve les ruses nécessaires pour conduire les hommes vers le bien. Pour donner un exemple de cette attitude, Caussin raconte l'histoire de la reine Clotilde, femme de Clovis. Percevant la résistance de Clovis à demander le baptême, Clotilde cherche à le persuader. Mais l'histoire illustre le rapport de force que Clotilde parvient à instaurer avec son époux.

> M'amie, répondit le Roi, n'en dites pas davantage. Vous êtes trop savante pour moi, et je crains que vous ne me persuadiez ce que je n'ai point envie de croire. Quand bien vous auriez convaincu mon esprit pour le ranger à cette créance, pensez-vous qu'il me fût loisible de faire si tôt profession de votre foi ? Vous voyez que je suis roi d'un grand peuple et que j'ai toujours à ma suite une grosse noblesse qui ne connaît point d'autres dieux que ceux du pays. Croyez-vous que tous les esprits soient si aisés à ferrer, et que quand je viendrai à prendre un Dieu étranger, cela ne les fasse pas gronder, et peut-être forger un prétexte de brouiller quelque chose dans mon Royaume ? Car la Religion et l'État sont deux pièces qui s'entre-touchent de bien près et on ne saurait quasi remuer l'une sans l'autre. Le plus sûr est de n'y point toucher, et de laisser aller le monde, où nos aïeux l'ont trouvé. Clotilde voyait bien que cette appréhension était l'un des grands obstacles de son salut, et elle y avait déjà bien remédié, pratique les volontés de tous les plus grands de la Cour. Voilà pourquoi elle répliquait fermement là-dessus : Monsieur, c'est appréhender des fantômes que de vous former de telles imaginations. Vous êtes un Prince trop absolu et trop aimé pur craindre ces soulèvements, tant s'en faut, je vous réponds sur mon honneur que votre peuple est fort disposé à recevoir notre Religion et que votre Noblesse qui n'a que trop reconnu la vanité des Idoles n'attend plus que votre exemple pour embrasser le Christianisme.

Et le narrateur de conclure :

> Ces paroles représentées souvent aux occasions avaient déjà un merveilleux empire sur l'esprit de Clovis[58].

Pour Caussin, les femmes sont un remède aux vices des hommes. Elles assurent, à leur place d'épouse, la conduite des affaires. La Religion embarque l'État : la conduite des affaires doit mener à l'instauration d'une société chrétienne. Un ordre théologique prévaut dans la *Cour Sainte* de Caussin. Le jésuite n'avait-il pas perçu, y compris au sein

58 *Ibid.*, p. 354-355.

de la Compagnie de Jésus, que d'autres compréhensions des relations entre la Religion et l'État moderne prenaient le pas sur une vision héritière des conceptions médiévales[59] ? Aux femmes, Caussin assigne un contre-pouvoir, aligné sur les objectifs de l'établissement d'une société chrétienne, régie par un ordre clérical auquel elles doivent obéissance. La sainteté qui les émancipe s'exerce dans la soumission aux directeurs[60]. L'expulsion de Caussin par Richelieu hors de la Cour par crainte de l'influence que le confesseur exerçait sur Melle de La Fayette, et ainsi sur le Roi, pouvait trouver là quelque solide fondement. Le maître-mot de cette dévotion est le pouvoir de Dieu sur les hommes, des rois sur leurs sujets, des nobles sur le peuple, des femmes sur leurs époux, des confesseurs sur tous. L'emprise s'exerçait certes au nom de la charité et du salut, mais la dévotion d'un Caussin se laissait prendre au piège de définir l'ensemble des rapports humains, et de la relation avec Dieu, sous le signe du pouvoir. L'utopie sociale de la *Cour Sainte* est une utopie dont les modernes ne voulurent pas. D'autres modèles dans lesquels la direction spirituelle articule la relation entre Église et société étaient proposés cependant.

L'ÉGLISE DE LA CONCORDE DE PAUL LEJEUNE

Les *Relations des Jésuites de la Nouvelle France* versent à l'étude de la direction spirituelle une source qui reste à exploiter[61]. Nous en esquissons

59 Voir Lécrivain, « L'éloquence sacrée à l'épreuve de la politique. Quand un conflit d'influence devient une affaire d'État », dans Conte, 2007, p. 59-76. Le confesseur est censé s'occuper de la piété privée du souverain et non de la conduite des affaires. Voir les règles des Confesseurs des princes, édictées par le Général Aquaviva, « De confessariis principuum », *Institut. Soc. Iesu*, t. II, *Ordinationes generalium*, c. XI., p. 225.

60 On trouverait là une autre forme d'injonction contradictoire de la sainteté féminine telle que l'a analysée Marion de Lencquesaing, voir Lencquesaing, 2016.

61 *Les Relations de ce qui s'est passé dans la Nouvelle France* ont d'abord été publiées chez le libraire Sébastien Cramoisy. L'édition critique a été initiée par Lucien Campeau dans la série *Monumentae Novae Franciae*, Monumenta Historica Societatis Iesu, Rome-Montréal, 9 vol., 1967-2003. Il faut saluer le Collectif d'Anthropologie et d'Histoire du Spirituel et des Affects (CAHSA) – Montréal pour les travaux qu'il a inauguré dans cette voie.

l'approche. Rappelons notre hypothèse. La direction configure des rapports interpersonnels, entre directeur et dirigé. Ces rapports se définissent au sein des relations entre Église et société à l'intersection desquels se tient et agit la Compagnie de Jésus. La direction est le lieu de cette interaction entre Église et société tant au plan collectif qu'individuel. Elle n'est pas seulement un lieu d'où cette interaction s'observe, là où les confidences faites au directeur lui en donnent un savoir auquel nous aurions accès. La direction ne peut pas davantage être limitée à la prescription d'une action par un directeur. Elle apparaît comme un lieu de transmission, non d'un savoir, ce qu'elle est assurément dans sa fonction catéchétique, mais au sens où l'on parle de « courroie de transmission », un lieu où se transmet un mouvement, celui par lequel une société se fait. La direction assure ce rôle en mettant en relation les dirigés, en faisant connaître leurs « mouvements », leurs motivations. La direction est la configuration d'une force, la force sociale de sujets désirants. Ce rôle s'exerce quand est rendue publique la direction. Sans doute cela semble contradictoire si l'on enserre trop vite la direction dans le secret des âmes. À l'époque moderne, la direction spirituelle organise des pratiques d'échange, en particulier par la correspondance. Elle se déploie comme espace de circulation à partir des occasions de conversation. La direction serait, en quelque sorte, le dispositif qui entretient la dynamique des rapports entre l'Église, la société et les individus qui les composent, et articule le temps impromptu de la conversation à l'espace organisé de la mission.

LES MISSIONS DE NOUVELLE-FRANCE

Les Relations ont été le plus souvent étudiées comme des récits à visée propagandiste, en vue de recueillir des fonds et de justifier l'entreprise missionnaire. On a maintes fois souligné leur rôle dans l'élaboration d'un savoir ethnographique, qu'on en ait ou pas dénoncé les vues projectives. L'observation des sociétés amérindiennes a été déformée par un regard incapable de se décentrer. On a pu aussi considérer que l'évangélisation avait permis d'établir des « zones de contact » grâce auxquelles les voix amérindiennes nous sont parvenues[62]. Les *Relations*

62 Pour une déconstruction de la thèse « projective » à propos des *Relations*, voir Reichler, 2002. En montrant la nécessité d'une critique épistémologique des projections du regard de l'observateur jésuite, Reichler souligne comment les *Relations* relèvent de ces interactions culturelles, de « zones de contact », où s'écrivent, dans la forme spécifique de littérature

du jésuite Paul Lejeune, de 1636, reconfigurent les rapports entre Église et société, individuellement et collectivement, à la mesure de ce que permet l'action de la Compagnie.

Les éléments qui constituent la mission jésuite se retrouvent en Nouvelle-France : l'itinérance des jésuites (envoi dans un lieu ou dans un autre) ou son alternative dans la sédentarisation (résidence en collège et maison professe). Plus fortement que dans aucun autre espace de la mission jésuite, la Nouvelle-France allie à l'entreprise d'évangélisation un mouvement de colonisation organisé par le Royaume de France avec l'appui des dévots. Comme le note Dominique Deslandres, l'expansion coloniale française au Canada se produit au moment d'un « redressement ecclésiastique spectaculaire et un minutieux quadrillage missionnaire de son territoire[63] ». L'encadrement clérical vise la réforme des mœurs et l'éducation pour lutter contre l'ignorance religieuse et l'hérésie. Sortie de la guerre de Trente Ans, la France peine à établir ce que Richelieu déclarait dans le préambule de l'Acte d'établissement de la Compagnie des Cent-Associés en 1627.

> Le roi continuant le même désir que le défunt roi Henri-le-Grand, son père, de glorieuse mémoire, avait de faire rechercher et découvrir ès pays, terres et contrées de la Nouvelle-France, dite Canada, quelque habitation capable pour y établir colonie, afin d'essayer, avec l'assistance divine, d'amener les peuples qui y habitent à la connaissance du vrai Dieu, les faire policer et instruire à la foi et religion catholique, apostolique et romaine[64].

L'aide apportée par les capucins et les jésuites se révéla indispensable : « non seulement ils se font ardents prosélytes auprès des autochtones qu'ils aident à garder dans l'alliance militaro-commerciale, mais encore ils veillent sur la religion et le bien-être des colons[65] ». Sédentarisation et itinérance des missionnaires jésuites donnent naissance à trois formes de mission : des « missions volantes » ouvrent de nouveaux territoires aux Français chez les Amérindiens, d'autres s'établissent auprès d'eux

---

qu'est la *Relation*, un savoir neuf et font entendre les voix disparues des Amérindiens en contact avec les Européens.

63 Deslandres, 1997, Deslandres, 2003.

64 « Acte pour l'établissement de la Compagnie des Cent-Associés pour le commerce du Canada contenant les articles accordés à ladite Compagnie par M. le Cardinal de Richelieu, le 29 avril 1627 », *Ordonnances Royaux, déclarations, et arrêts du Conseil d'État du Roi concernant le Canada, Québec*, E. Fréchette, 1854, p. 5.

65 Deslandres, 1997, p. 668, dont nous résumons ici les positions.

et s'inspirent du modèle des réductions du Paraguay, comme à Sillery près de Québec ou Sainte-Marie des Hurons, sur la Baie géorgienne ; enfin, dans le voisinage des Français, ils organisent la vie des colons, comme en témoigne l'essor de la ville de Québec et toute la vallée du Saint-Laurent. La difficulté de la mission, les guerres et les renversements d'alliances entre les peuples amérindiens, sous la pression des luttes entre Angleterre et France, mais aussi la croissance économique conduisent à ce que s'intensifie l'œuvre de consolidation de l'Église des colons. « L'Église des colons est ainsi tributaire de fondations missionnaires nées d'une ferveur sans précédent – on a même parlé d'une véritable épopée mystique. L'enthousiasme religieux, qui va jusqu'au martyre, a permis l'établissement extraordinairement rapide de tout un dispositif éducatif et charitable à des fins d'abord missionnaires et ensuite colonisatrices ». Dominique Deslandres conclut : « Prévu à l'origine pour mieux convertir [les Amérindiens], cet encadrement socioreligieux sert aussi de fondement à l'Église des Français[66] ». L'idéal de l'Église primitive des Actes des Apôtres ou la Jérusalem céleste de l'Apocalypse inspirent un modèle de réalisation sociale de l'Église, la proposition d'une utopie ecclésiale où l'Église s'édifie à partir d'une société inspirée. Dans les *Relations* du Père Lejeune la direction apparaît comme configuration sociale de la force des sujets.

ÉCRIRE LA CONCORDE DES DÉSIRS

Quand Paul Lejeune (1592-1664) arrive à Québec en 1632, il a déjà derrière lui une carrière de professeur, en particulier de la rhétorique qu'il enseigna à Rennes, Bourges, Nevers et Caen[67]. Instruit au Troisième An sous la conduite de Louis Lallemant à Rouen, en compagnie d'autres jésuites qui devinrent comme lui missionnaires en Nouvelle-France, Lejeune est nommé supérieur de Québec. Il apprend le Montagnais et rédige en cette langue un catéchisme l'année suivante. C'est à lui le premier que l'on doit les *Relations* dont il décide, après la première rédaction de 1633, de les rendre publiques. La *Relation de 1636* nous retient particulièrement, car elle permet de voir comment les conversations sont reprises dans des écrits pour constituer l'espace

66 *Ibid.*, p. 673.
67 Pouliot, 2003.

missionnaire jésuite : les terres de la Nouvelle-France s'adossent aux soutiens des élites présentes sur les rives du Saint-Laurent comme dans le Royaume de France[68]. Le premier chapitre pose le cadre dans lequel Lejeune interprète les événements qu'il relate.

> Des sentiments d'affection qu'ont plusieurs personnes de mérite pour la Nouvelle France.
>
> Je ne sais quel succès auront les affaires de la Nouvelle-France, ni quand nous y verrons la porte pleinement ouverte à l'évangile, mais je sais bien néanmoins que c'est Dieu qui conduit cette entreprise. La nature n'a pas les bras assez longs pour atteindre au point où elle est parvenue[69].

Dieu est le maître de la mission. Il agit au travers des décisions que prennent ceux et celles qui choisissent de soutenir les missions. La conclusion du chapitre est claire :

> J'en ai assez dit pour faire voir que la Nouvelle-France est bien avant dans le cœur de Dieu, puis qu'elle a si bonne place dans ceux de tant de personnes qui lui sont si chères[70].

Au fil du récit, Lejeune construit sa place : il participe à un réseau de communications spirituelles. Lejeune raconte les projets portés par ces « personnes de mérite », toujours introduits comme des paroles rapportées au jésuite, des informations qui lui parviennent, des lettres qu'on lui adresse personnellement ou que leur destinataire lui communique : « on ne me parle qu'une fois », « j'apprends que quelque personne bénie du ciel pense à fonder un séminaire de petits Hurons ». Ces communications ne sont pas seulement des sources d'informations.

Les conversations de Lejeune avec les colons explicitent un « arrière-pays », exhibent les coulisses de ce qui se passe en Nouvelle-France. Une explication simplement humaine de ce qui advient ne saurait suffire, selon le jésuite. La manière dont les hommes se comportent habituellement, ce que Lejeune nomme la « nature », ne peut rendre compte des événements. Le récit des *Relations* commence par l'aveu d'un défaut : l'ordre humain n'explique pas ce qui se passe. Or que se passe-t-il ? Rien

68 Cette relation paraît dans le volume des *Relations* en 1637, chez Sébastien Cramoisy, et édité par Campeau, 1987, p. 190-197.

69 p. 190. Nous modernisons l'orthographe.

70 p. 197.

moins que l'émergence d'une communauté : « réunir tant de cœurs et d'affections à la poursuite d'un bien que [la nature] ne connaît pas ». La concorde, littéralement, l'union des cœurs et des affections ne peut être le fruit de la nature, qui est enfermement dans l'intérêt propre. Mais cette union des cœurs ne paraît pas dans les événements, elle n'est pas visible en surface, dans la trame des événements, mais seulement dans ce qui reste soustrait au regard. Seul un directeur a accès à cet ordre caché du cœur et des affections. Or, c'est à cet ordre que le directeur a accès par les confidences, les lettres et les conversations qui lui sont transmises.

Lejeune multiplie ainsi les citations de lettres, et met en avant son opération d'écriture : « voici quelques paroles tirées de l'une de ses lettres adressées à quelque personne qui me l'a confidemment communiquée[71] ». Lejeune reconnaît divulguer les confidences et donner un accès à l'ordre secret des volontés dans lequel Dieu agit. Lejeune écrit ainsi la « véritable histoire » de la Nouvelle-France, selon le cadre d'interprétation théologique posé au début du chapitre.

> Disons donc que ces mouvements secrets viennent des ressorts de la sacrée providence du Grand Dieu qui semble avoir de grands desseins pour tant de pauvres peuples abandonnés depuis un si longtemps[72].

L'écriture des *Relations*, en se présentant comme la divulgation de confidences, entend donner accès à l'histoire véritable. Or cette énonciation de la vérité tient à la position de directeur qu'occupe Lejeune. Des lettres s'échangeaient entre directeur et dirigés mais aussi dans un cercle plus large où se dévoilait à d'autres la teneur des conversations[73]. Pour Lejeune, la divulgation transgresse la confidentialité et fait connaître le bien qui se fait :

> Je suis fâché que des personnes grandes en vérité, devant les yeux de Dieu et des hommes, me lient si fort les mains et m'obligent à garder le secret de leurs lettres, ou plutôt de leurs vertus.

71 p. 193, l. 110.

72 p. 193, l. 125.

73 Après son retour en France, en 1649, Lejeune sera considéré comme un directeur spirituel réputé. Ses lettres seront recueillies et publiées à titre posthume en 1665. *Épitres spirituelles écrites à plusieurs personnes de piété touchant leur intérieur, Par une personne fort expérimentée dans la conduite des âmes*, Paris, Florentin Lambert, 1665. Elles sont rééditées à Paris à partir de 1875.

Le secret tient à la modestie de ses interlocuteurs, rappelle Lejeune, à leurs vertus. Mais l'obligation de révéler le bien l'emporte. On retrouve ici une visée bien connue des *Relations* : faire connaître l'aventure missionnaire auprès d'un public dévot en France et obtenir de lui, outre la bonne réputation de la Compagnie, des soutiens financiers, la fondation de missions. Si cet objectif ne fait aucun doute, il n'est pas impossible d'en lire d'autres, en raison de la position de directeur du Père Lejeune.

Lejeune dévoile les motivations de laïcs, hommes et femmes, ainsi que de religieuses. Il décrit les effets qu'il escompte de son récit, dans un épisode de mise en abyme de la lecture des *Relations.* Lejeune convoque à nouveau l'un de ses échanges épistolaires.

> Je cherchais l'an passé une âme courageuse qui peut arborer le grand étendard de la charité en ces contrées : ce grand Dieu des bontés y a pourvu. J'apprends que madame de Combalet[74] y veut mettre la main et fonder un hôpital en la Nouvelle-France. Voici comme il lui a plu m'en donner avis : « Dieu m'ayant donné le désir d'aider au salut des pauvres sauvages, après avoir leu la Relation que vous en avez faite, il m'a semblé que ce vous croyez qui puisse le plus servir à leur conversion est l'établissement des religieuses hospitalières en la Nouvelle France ; de sorte que je me suis résolue d'y envoyer cette année six ouvriers pour défricher des terres et faire quelque logement pour ces bonnes filles. Je vous supplie de vouloir prendre soin de cet établissement. J'ay prié le Père Chastelain de vous en parler de ma part et de vous déclarer plus particulièrement mes intentions. »

La lecture des *Relations* conduit à faire prendre une résolution. En rendant publique la décision de Madame de Combalet, Lejeune met en récit l'effet attendu de la lecture des *Relations.* Le caractère propagandiste des *Relations* est assumé. Ce travail d'écriture et de publication met au jour la recomposition stratégique d'un ordre ecclésial et social. En publiant les conversations, Lejeune les réintègre dans une construction de l'espace missionnaire. L'écriture des *Relations* et leur mise en circulation composent un ordre social, une utopie au sein du catholicisme post-tridentin. Les *Relations* jouent comme une sorte d'écriture-laboratoire. Lejeune y esquisse un nouvel ordre qui reste cependant dans son expression tributaire d'une hiérarchisation cléricale et masculine. La publication des « saintes conversations » les fait passer du côté de la stratégie missionnaire, de l'organisation d'un espace social. Elle institutionnalise ce

74 La future duchesse d'Aiguillon, nièce du Cardinal de Richelieu.

qui, dans les *Constitutions* et les récits des premiers jésuites, constituait cette alternative tactique de la mission, quand le temps des jésuites est parcouru d'occasions imprévisibles. Les conversations acquièrent par leur passage à la publication un autre statut dans l'économie missionnaire de la Compagnie. Ce qui était « saintes conversations » est, par ce franchissement de la confidence à la publication, « direction », organisation sociale de la force des sujets.

La *Relation* s'inscrit dans la vision ecclésiale de la société. À son sommet, le prêtre (ici jésuite) qui offre à Dieu le pays de mission, puis les religieux par la perfection de leur vertu. Viennent ensuite les hommes de vertu, puis les femmes, dans la faiblesse de leur condition. Ce tableau hiérarchique de l'Église est connu. Lejeune souligne combien tous peuvent concourir au service de Dieu et au salut des hommes, et en particulier des Indiens, si chacun se décide à se consacrer entièrement à l'œuvre d'évangélisation. On retrouve le sens véritable de l'histoire que Lejeune entreprend d'écrire : d'une part, le succès de la mission ne peut venir que d'un cœur vertueux, désintéressé et courageux, et d'autre part, il acquiert ici une telle étendue qu'il ne peut venir que de l'union de ces cœurs courageux, union d'hommes et de femmes de tout état de vie qui ne peut être que l'œuvre de Dieu, seule explication du dépassement des intérêts particuliers. Faut-il y voir ici la reprise du thème de l'union des cœurs, tel que le pensent les *Constitutions* ? La modalité jésuite de la mission, corporative, servirait alors de modèle interprétatif de la situation canadienne et de modèle pour l'établissement de l'Église en terres missionnaires. La fin du chapitre décrit une sorte de concours universel des bonnes volontés sur terre comme au ciel. Carmélites, ursulines, religieuses de la Visitation, d'autres encore, et des laïques, hommes et femmes, rejoignent les jésuites :

> Là-dessus, que dirai-je autre chose, se ce n'est que tout le ciel présente devant le trône de Dieu ces saintes pensées, ces grandes résolutions, et que tous les anges redoublent leurs cantiques d'honneur et de louanges pour une si sainte entreprise[75].

Ce que Lejeune ajoute ainsi (« que dirai-je autre chose ») est précisément l'explicitation de cet « arrière-pays », l'interprétation véritable de

75 *Monumenta*, 1987, p. 195, l. 170.

l'histoire de ce qui se passe au Canada, à savoir l'œuvre surnaturelle de la Providence divine. En représentant ainsi la Cour céleste, tous les acteurs de la mission canadienne se trouvent rassemblés dans un tableau où sont unies « l'Église militante », visible sur terre, et « l'Église triomphante », que dépeint ici Lejeune. En légitimant l'action missionnaire, Lejeune dessine pour l'Église terrestre une organisation à laquelle l'ecclésiologie de son temps n'est pas tout à fait accordée, puisque chez lui la vertu d'hommes laïcs y égale la perfection des religieux :

> Bien plus, il se trouve des dames qui veulent partager cette gloire avec eux, surmontant l'infirmité de leur sexe par la générosité de leur courage[76].

On peut être arrêté par ce langage que marque le cléricalisme masculin. On peut néanmoins noter la nouveauté du propos. Alors que l'Église était structurée par la hiérarchie des états de vie, qui scindaient l'Église entre ceux qui vivent la perfection évangélique par les vœux – ou conseils évangéliques – et ceux qui doivent vivre dans l'obéissance aux lois de l'Église – dans l'état de précepte – et alors que la mission était l'apanage du clergé, l'Église du Canada réunit des hommes et des femmes, laïques, prêtres et religieux, non par leur position dans la classification ecclésiale, mais par le degré de vertu, leur participation à une œuvre commune qui demande désintéressement et courage. Certes, les expressions de Lejeune conservent la trace de la hiérarchisation ecclésiale, mais elle s'en trouve redistribuée du fait de la force des « saints désirs ». Ce qui s'écrit ici est une ecclésiologie dont le désir est l'ordre ; une société de la cordialité :

> Voilà le cœur d'une vraie ursuline, qui me va découvrant les voies par où son ordre pourra un jour passer en ces grandes forêts. Pendant que j'écris ceci, j'ai devant mes yeux les noms de treize religieuses du même ordre, qui protestent dans une lettre commune envoyée au révérend Père Adam, qu'elles ont toutes le même dessein ; et leur supérieure brûle du même feu : « J'ay laissé, dit-elle, prendre l'essor aux désirs de nos bonnes sœurs, qu'elles ont couché sur ce papier selon leur ferveur. Il n'y a rien de moi que l'approbation que j'en fais par l'apposition de mon nom, pour vous témoigner que je n'en quitte pas la partie[77].

76 p. 194, l. 154.

77 p. 196, l. 230. La supérieure est la Mère Marie de Sainte-Madeleine Béron, indique Campeau.

Seule la position de directeur spirituel rendait possible cette écriture, à la fois parce que le directeur reçoit les confidences et trouve un accès à l'ordre du cœur, qui sinon demeure caché, et parce que, comme directeur, il authentifie la vérité de ces motivations, leur désintéressement, l'origine divine de ces « secrets mouvements ». Enfin, parce que le directeur connaît les cœurs, il peut produire et publier la concorde, la convergence des cœurs qui apparaît seulement à celui qui reçoit de chacun les confidences. La direction permet de développer ainsi un discours critique et utopique sur la société et l'Église[78]. Elle fait émerger la volonté de sujets de faire société autrement qu'en occupant une place assignée par un ordre socio-ecclésial[79]. L'exemple de Marie de l'Incarnation, mère et religieuse, selon le dessein d'une même vocation, comme l'a montré Marie-Caroline Bustarret, va dans le même sens[80].

Les *Relations* écrites depuis le point de vue du directeur permettent la manifestation du désir, ce que Lejeune nomme « les mouvements secrets » et leur convergence dans tous les types d'acteurs de la mission. Les *Relations* en permettent la communication et attestent d'une vérité de l'histoire qui se joue au Canada. Avec cette page, la complexité des visées des *Relations* apparaît plus grande. La fonction critique et utopique intègre ses vues propagandistes. Elle dessine un ordre du désir par lequel la mission canadienne fonde une communauté d'âmes. Le désir a force d'autorité. Il était dès lors nécessaire que cet énoncé de la vérité de l'histoire missionnaire, celle qui fait accéder aux « mouvements secrets » mus par Dieu lui-même, fût celui d'un directeur, au cœur des échanges de lettres et de conversations qui manifestent ce qui reste caché, et autorise des formes nouvelles de vie chrétienne en les rendant publiques. Reste à savoir si l'ordre du désir de ce discours fut aussi de l'ordre du réel.

78 Keller Lapp, 2010.

79 De même que Claude Reichler avait montré que les *Relations* étaient tout à la fois imprégnées des présupposés missionnaires et qu'ils proposaient en même temps de nouvelles élaborations, issues des contacts avec les Indiens, de même, le contexte de l'Église en Nouvelle France, du fait de l'implication à part égale de religieux, de laïcs, d'hommes et de femmes interroge et recompose l'ordre ecclésial. Reichler, 2002.

80 Bustarret, 2018. Sophie Houdard montre en quoi l'utopie est au cœur du désir violent et de l'entreprise de Marie de l'Incarnation. Houdard, 2009.

JEAN-JOSEPH SURIN, LA DIRECTION OU FAIRE VRAI L'INTÉRIEUR

Un mouvement semblable anime la correspondance de Jean-Joseph Surin (1600-1665)[81]. La correspondance du jésuite bordelais s'étend des années 1630 à sa mort en 1665. La maladie, qui le saisit suite à la Possession de Loudun, brise pendant près de vingt ans les échanges, mais ils reprennent de plus belle pendant la dernière décennie de sa vie, avec près de 450 lettres qui nous sont parvenues. Sa correspondance prend place dans la société maillée des milieux dévots. Ces relations intensives dessinent bien plus qu'un espace de circulations d'écrits : elles se manifestent comme lieu de l'Église véritablement inspirée, critiquent les équivoques que ni la profession religieuse ni les pratiques de dévotion ne parviennent à bannir. La communication spirituelle, par sa publicité, met au jour une société qu'organise la relation intérieure à Dieu, cachée, mais indéfiniment racontée. En raison de ces conceptions de la vie spirituelle, la direction est une affaire sociale. Elle ne repose pas tant alors sur le couple directeur-dirigé(e) que sur le partage démultiplié du secret qui fonde et autorise, dans sa divulgation, l'assujettissement volontaire à Dieu, et, par là même, l'autonomie des sujets croyants. La correspondance est utopie écrite d'une société spirituelle faite de reconnaissances mutuelles.

LA LITTÉRARISATION DE LA CORRESPONDANCE

La lettre de direction participe à l'édification d'une sociabilité religieuse. Michel de Certeau, dans l'introduction de la *Correspondance*, avait montré autour de combien de foyers s'entretenait l'échange de lettres et d'ouvrages, manuscrits et imprimés[82]. Là où nous étions tentés de mettre Surin au centre, la circulation des écrits faisait apparaître des intermédiaires nombreux, concentrés autour de quelques personnages et des lieux à partir desquels chacun rayonnait. Traités que Surin fait éditer, qu'il laisse éditer, par des Grands (Conti), des ecclésiastiques

81 Surin, 1966.

82 Voir également les deux articles de Certeau, 1964, 1965.

(De Meur), manuscrits en vue de l'édition confiée à des religieuses, les œuvres de Surin, leur mise en circulation et leur publication témoignent de l'émergence de pratiques littéraires qui traversent la société et dans laquelle des jésuites, voire la Compagnie, s'engagent. En tête, trois femmes, trois lieux : Jeanne des Anges, la prieure des Ursulines de Loudun ; la mère Anne Buignon, supérieure du couvent des religieuses de Notre-Dame à Poitiers ; Madame du Houx, noble bretonne, qui, après son veuvage, se voit chargée de missions de direction et d'inspection de couvents, avant d'entrer, sans vœux, au deuxième Couvent de la Visitation à Rennes[83]. Surin, enfin, se tenait à Bordeaux, avec l'appui de Mme de Pontac, épouse du Président au parlement de Bordeaux, fille de Jacques-Auguste de Thou, Président au Parlement de Paris.

Ces personnages, et celles et ceux qui leur étaient liés par clientélisme et solidarité familiale, s'entretenaient en relayant les conseils reçus de leur directeur, ou plus exactement de leurs directeurs[84]. Chacun multipliait les consultations, et finissait par mettre en concurrence les conseillers, comme il ressort de la polémique entre Surin et le jésuite Bastide à propos de l'oraison. Des lettres circulaires sont destinées à travers un correspondant à un couvent, voire à plusieurs. Le plus souvent, une lettre adressée à une seule personne devenait objet d'échanges. « J'écris à la mère de Relay (…) je vous prie de voir et de prendre part à la lettre », écrivait Surin à Mme du Houx[85]. La correspondance est à l'intersection de la rédaction des traités, celle-ci redistribuant la matière de ceux-là, organisant leur diffusion, forgeant la pratique du conseil. Prenant appui sur ces entretiens, Surin crée un apostolat littéraire à sa mesure, où le didactisme du *Catéchisme* comme de la *Guide* est débordé par le lyrisme des *Cantiques* ou des *Contrats*. Des traits autobiographiques, que la *Science expérimentale* concentre, parsèment ses écrits[86]. Surin s'établit ainsi comme un écrivain, moins par la mission reçue de la Compagnie que par le retentissement dans son lectorat, savamment organisé. Surin est un écrivain en partie dissimulé, sous les dehors du détachement et de la réticence, comme le dessine alors le lieu commun de la figure de

---

83 Pour une étude des relations entre Surin et Madame du Houx, Goujon et Houdard, 2015.

84 Sur cette intrication des relations, spirituelles, familiales, politiques, outre les travaux pionniers de Châtelier, 1988. Pour Bordeaux voir, *La religion des élites au XVIIe siècle*, 2006 ; pour la Bretagne, Chaline, 2007, et Restif, 2006.

85 Surin, 1966, lettre 372, p. 1120-1122.

86 Goujon, 2008.

l'écrivain. Il peut ainsi échapper aux menaces de censure de son ordre, jugeant trop suspecte la mystique.

Dans cette littérarisation de l'activité pastorale, les lettres de Surin gagnent, par l'échange dont elles font l'objet, un nouveau public et changent de nature. Mises en circulation, rassemblées en recueil, partiellement réécrites au cours des republications, anonymisées, les lettres échappent à leur premier destinataire, à l'enracinement dans leurs conditions d'énonciation. Le conseil, ajusté à celui qui demandait un avis, qui vient « bien à point[87] », s'élargit en énoncé généralisable. Retirées des réseaux où elles apparaissent, les lettres renforcent leur auteur dans la position de directeur, dont les conseils peuvent profiter à tous. Être directeur n'est plus simplement une mission donnée par l'ordre des Jésuites, c'est un statut social, une place que la société dévote assigne et que renforce le statut d'auteur. La multiplication des recueils de lettres spirituelles confère un statut social aux directeurs. La publication et la diffusion de ces correspondances métamorphosées en livres de conseil accréditent la fonction religieuse de directeur dans la société[88].

On a souvent considéré, à la suite d'affirmations de leurs auteurs eux-mêmes il est vrai, que les lettres étaient des relais de l'entretien spirituel, des substituts, voire des pis-aller pour pallier l'absence de rencontres. Un certain nombre d'auteurs font pourtant entrevoir la consistance propre de la correspondance. Dans l'entretien, les interlocuteurs appartiennent au même espace et au même temps. La vertu de la correspondance, mainte fois soulignée, est d'introduire par la situation d'énonciation elle-même à la vie spirituelle : ceux qui s'entretiennent ne sont pas co-présents. La correspondance spirituelle gagne à défaire la fiction qui la ferait passer pour une conversation, tel que la littérature épistolaire humaniste en reprenait le lieu commun à Sénèque et Cicéron. « Tu te tiens devant moi comme si tu étais présent », *ut quasi corame adesse videare*[89]. Pour les auteurs spirituels, la lettre qui s'échange apparaît dans sa consistance propre, textuelle, qui ne peut être confondue avec la présence de l'interlocuteur. Déjà, Ignace de Loyola reprenait Borgia, qui, se désespérant de ne pas recevoir de réponses de son correspondant, s'entendait reprocher de ne

87 Surin, 1966, p. 888.

88 On a déjà évoqué le recueil de lettres de François de Sales composés par Caussin, *Traité de la conduite spirituelle*, et l'on reviendra dans le chapitre 5 au statut de ces ouvrages.

89 *Art de la lettre, art de la conversation à l'époque classique en France*, 1995.

pas croire aux prières qu'Ignace avait pourtant adressées à Dieu à sa demande[90]. Avec ironie, Ignace écrivait à Borgia qu'il pensait ses lettres superflues et le renvoyait ainsi à sa prière.

LA SOCIALISATION DU DÉSIR

Les recueils de lettres fabriquent la réputation du directeur et attribuent à la correspondance un pouvoir. Celui qui les écrit est un directeur renommé, en témoignent les lettres qui sont réunies et qui méritaient d'être rassemblées. La réputation se renforce d'elle-même. Elle atteste le pouvoir des lettres : ceux à qui elles étaient destinées ont reçu par elles un conseil salutaire. Le livre recouvre de crédit symbolique la correspondance de direction spirituelle. Si on publie ces lettres, c'est qu'elles ont été efficaces, si elles sont efficaces, c'est que leur auteur est un grand directeur. Cette accréditation masque toutefois une mutation du conseil. Formulé dans la singularité d'une situation, celle du correspondant, du directeur, et de leur relation, le conseil, toujours particulier, s'énonce dans le recueil comme vérité générale qu'il reviendra au lecteur d'adapter à sa situation[91]. Le savoir du directeur en ressort davantage renforcé.

On retrouve, chez Surin, comme dans toute la littérature spirituelle du dix-septième siècle, une obsession à faire la part du faux et du vrai, à débusquer les masques. Le « véritable intérieur » est toujours caché. Le « fond du cœur[92] », où Dieu opère, appelle à être déchiffré. Le discours spirituel ne cesse de représenter cet intérieur comme ce qui fonde le sujet et, concomitamment, l'altère. Pour dépasser l'erreur qui menace toujours en raison de ce déchiffrement nécessaire, « le secret intérieur » s'échange, se communique d'un couvent à l'autre, d'un lecteur à l'autre. Le partage authentifie le secret intérieur. Le directeur manifeste un sujet, dans ses dédoublements, ses obscurités et ses désirs contradictoires. La représentation permet au lecteur de reconnaître en lui les mêmes opérations. En lui est à l'œuvre ce qui l'était dans le destinataire premier et qu'avait mis au jour le directeur. Mais, pour ne pas s'enfermer dans un déchiffrement solitaire, propice aux illusions, il

90 Goujon, 2017, p. 113-131. Nous avons déjà traité de cette différence entre la lettre et la conversation soulignée par les auteurs spirituels dans Goujon, 2008, p. 358-382.

91 On peut lire dans les lettres d'Ignace de Loyola comment s'établit cette situation où s'énonce un conseil particulier. Goujon, 2017.

92 Papàsogli, 2000.

lui revient de s'exposer, non seulement à son directeur, mais aussi dans la conversation entre les dirigés. La société résonne des bruissements d'un commerce qui échange par ses discours une vie spirituelle qui en même temps qu'elle s'énonce se présente comme cachée. Le spirituel, ainsi conçu, par sa discursivité nécessaire et les échanges qu'elle appelle, donne naissance à une vie littéraire, d'écritures, de publications et de lectures.

La correspondance entre Surin et ses dirigés traite de ce qui fait de chacun un sujet spirituel. Ce n'est pas tant le baptême ici qui fait le croyant, mais sa relation personnelle avec Dieu, soustraite aux regards, puisque relevant de ce « fond du cœur », qui ne vient au jour que d'être raconté et partagé. La mise en discours autorise. Plus encore, par l'autorité que confère le livre dans le milieu lettré dévot, la publication accrédite l'affirmation exorbitante de la fondation mystique du sujet. Entre Madame du Houx et Surin, comme avec ses correspondantes les plus proches, il est toujours question de cet engagement volontaire avec Dieu où, en même temps, le sujet s'anéantit et s'abandonne à la puissance absolue de Dieu. L'attachement au Christ de la Passion, l'identification au Christ bafoué de l'*Ecce homo*, l'amour des croix que Surin ne cesse de recommander dans sa correspondance, comme le choix de Mme du Houx d'être épouse de la Croix, tout dit la violence d'un désir que traverse la mort. Aimer, c'est mourir. Mais par là même, s'affirme l'empire absolu que chacun prend sur soi-même en faisant ce don total de soi, en dehors de toute institution, que ce soient les vœux de religion ou le sacrement de l'ordre ou du baptême[93]. Pour Surin, comme pour Madame du Houx, cet engagement s'exprime dans la forme du contrat, contrat spirituel. Comme l'a analysé Sophie Houdard, le contrat « autonomise la volonté, laisse au désir et à ses excès un espace d'énonciation, mais il contient le danger d'une liberté individuelle totale et il le fait revenir, fût-ce dans le corps d'un droit extravagant, comme être social et donc communautaire. Peut-être est-ce ainsi que Surin a négocié son retour à la vie commune après ses dix-huit années de peines[94] ». Le sujet qui s'anéantit en suivant la violence du désir d'aimer à mort la Croix découvre faisant son œuvre en lui sa force

93 On se souvient ici des analyses du *volo* dans les écrits de Thérèse d'Avila par Certeau, 1987. Voir aussi Houdard, 2000.

94 Voir Goujon et Houdard, 2015.

ressuscitante. L'attachement à la Croix est amour du Vivant : « Enfin, ce monde passe : tout s'en va. Dieu seul subsiste toujours. Tâchons de nous attacher à lui[95] ». Le discours de l'union campe une société spirituelle dans laquelle les membres se reconnaissent. Le directeur occupe alors une fonction d'authentification, de véridiction.

> Vous dites que je ne vous nomme pas comme il faut, ne vous appelant point : ma chère fille. Je ne donne ce nom qu'aux âmes à qui j'ai servi pour prendre la résolution de se donner à Dieu. Le nombre en est assez petit ; et encore y en a-t-il parmi elles qui ne me satisfont pas pleinement[96].

La paternité spirituelle du directeur tient ici en son pouvoir d'admettre ou de refuser au sein d'une communauté spirituelle, fondée sur le don absolu de soi, qui s'énonce collectivement dans les correspondances, les discours, jusque dans la forme du contrat. La frontière qui ferait ici passer de l'utopie d'une société spirituelle imaginée à la secte est poreuse.

LES OPÉRATIONS SOCIALES DES DISCOURS SPIRITUELS

Le directeur, selon Surin, opère une discrimination parmi les croyants : il réorganise les signes de l'appartenance ecclésiale. Un nouvel ordre se substitue à la manifestation sociale de la confession de foi par le baptême, la pratique des sacrements et les conduites (mariage, vie religieuse, et leurs devoirs attenants). Structurées par une opposition entre le vrai et le faux (la vraie religieuse, la vraie dévotion, la véritable abnégation, le vrai amour de Dieu, etc.), les lettres et les traités de Surin dessinent de nouveaux rapports sociaux et organisent des dynamiques (se séparer des faux, s'arracher à …). À partir de cette opposition cardinale entre vrai et faux se multiplient d'autres oppositions, dont la principale passe entre le « monde » et le « service de Dieu ». Elle se décline en attitudes, où s'égrènent vices et vertus, mais redoublées : chaque « vertu » peut être fausse quand se loge en elle « l'amour propre ». Le discours spirituel fait apparaître la réalité dans sa surface superficielle (la vertu que l'on joue par amour-propre) et sa profondeur, le service de Dieu ou son pur amour. C'est ce dédoublement, construit par le discours, qu'il s'agit ensuite de traquer dans l'existence à partir d'exercices que donne le directeur. Une

95 Surin, 1966, p. 1396-1397.
96 *Ibid.*, p. 1060-1062.

lettre à Madame du Houx explicite le rôle de ces discours qu'elle aura elle-même à tenir dans ses instructions aux religieuses :

> On ne saurait mieux aider les personnes mondaines que par l'usage de la foi, leur représentant vivement les grandes vérités qu'elle enseigne et leur faisant entendre qu'à l'heure de la mort elles ne jugeront rien plus important que d'avoir servi Dieu ; que tout le reste leur paraîtra un néant ; que les choses de la terre qui les auront occupées ne leur causeront alors que de la douleur ; que, hors le service de Dieu, tout n'est qu'amusement et que folie. Il faut battre fortement sur cela jusqu'à ce qu'on leur ait imprimé la crainte des jugements de Dieu et le désir de se convertir[97].

Le discours est un exercice spirituel : une considération à l'heure de la mort de la vanité des occupations mondaines. Le directeur organise l'aide :

> Alors il faut leur aider à exécuter leur bonne résolution, les liant avec quelque personne vertueuse dont la conversation et l'exemple les anime, leur faisant pratiquer les exercices de la mortification et ceux de l'oraison et de la piété chrétienne, et les appliquant peu à peu à l'étude des vertus.

On reconnaît ici une expression chère à l'entourage de Surin, « liaison », « âme liée », patronage spirituel qui par le discours et par l'exemple « aide » à exécuter le rejet de la mondanité, entendue comme tout ce qui ne se rapporte pas à Dieu.

Dans l'instruction, le discours spirituel se fait contrainte, et la conversation discipline. L'usage des discours dessine la fonction du directeur. Le discours se fait assouplissement de l'âme.

> Il faut aussi les mener peu à peu par les colloques et entretiens familiers à se rendre souples aux mouvements de la grâce et à correspondre au Saint-Esprit qui les guide et attire au-dedans au bien.

Le discours est l'adjuvant du travail de l'Esprit Saint, agent intérieur que le discours seul représente et dont il manifeste l'action. Le discours ouvre une scène spirituelle. Cette scène intérieure permet une représentation dédoublée de soi, lieu du combat qui est la disjonction de soi entre un intérieur (le lieu où Dieu opère, là où je suis lié à lui) et une surface. Reprenons la lettre et poursuivons :

97 *Ibid.*, p. 709-711.

> Si elles sont égarées au-dehors et qu'elles fuient par une infidèle résistance de l'amour propre d'écouter Dieu, elles ne seront qu'une surface d'erreur et de bien faux et imparfait, ne bravant pas le respect humain par le vrai et unique désir de contenter Dieu.

Le « faux intérieur », comme l'appelle Surin, n'est que « surface d'erreur », moi sans profondeur, « faux amour de soi-même », écrit-il à Mme du Houx, âmes « prêtes à faire de grandes diligences pour se satisfaire en quelque dessein bas et humain, et fort impuissantes à faire ce qui plaît à Dieu ». « Sagesse mondaine », écrit Surin, « qui souvent refoule dans les religions ».

Le discours spirituel entérine l'état des rapports sociaux selon la division des états de vie, entre laïques et religieux, mais le subvertit aussitôt. Le véritable état chrétien repose sur un fondement que le discours fait apparaître, l'attachement à Dieu. C'est sur ce fond que se réorganisent les rapports sociaux.

Une autre lettre à Mme du Houx en donne un parfait exemple[98]. Pour décrire la vie religieuse, Surin reprend la métaphore paulinienne du corps et des membres unis les uns aux autres par la charité. Surin dicte ainsi à Mme du Houx la matière de ses exhortations aux communautés religieuses.

> Il me semble que tout leur bien [les bonnes filles, visitandines que visite Mme du Houx] consiste en la perfection de la charité qui est une flamme venue du ciel sanctifier les hommes et pour les rendre heureux. Cette charité donne au cœur des participations des douceurs célestes ; et comme d'un côté et par une pointe, elle lie à Dieu de même qu'un arbre par une branche, de l'autre elle unit si parfaitement les âmes qu'elles sont comme les membres d'un même corps qui se soutiennent et se conservent l'un l'autre. Il nous semble que cette charité, quand elle a rendu ses devoirs à Dieu, faisant que le cœur est embrasé de son amour, donne aux cœurs de quoi se lier ensemble, animant les personnes d'une vie d'amour entre elles, avec égard de celles qui sont au-dessus, au-dessous ou à l'égal.

Par cette hiérarchie des rapports (dessus, dessous, égal), Surin énonce le plan de la suite de sa lettre. Mais il faut noter la métaphore organiciste de la société dans laquelle le lien social (comme soutien et conservation) est compris comme charité. Elle trouve sa source dans l'amour de Dieu,

98 *Ibid.*, p. 785.

amour reçu de Dieu et rendu à lui au travers de devoirs. L'amour de Dieu est le fondement de la société en tant qu'il permet à chacun de se lier à autrui par charité. Suit la description de rapports sociaux différenciés en fonction de statuts hiérarchiques. La charité n'abolit pas les degrés qui constituent la société, mais les reconfigure. La lettre se poursuit aussitôt :

> Car si nous regardons une personne qui est au-dessus de nous, il faut l'envisager comme un fils fait son père, et une fille sa mère, c'est-à-dire non seulement avec déférence et respect, mais avec un amour tendre.

S'adressant à Mme du Houx pour des religieuses, la lettre ne développe que le rapport mère/fille et en vient à justifier la soumission à la supérieure parce que « c'est ma mère qui représente la bonté et la miséricorde de Dieu sur mon âme ». À l'inverse, pour les personnes « en dessous », « il faut croire que je lui dois l'amour qu'une mère doit à son enfant, car la charité a des entrailles de vraie tendresse ». La vision hiérarchique de la société religieuse s'organise autour de la bonté et de la miséricorde qu'exerce Dieu et à laquelle l'âme se soumet ou à laquelle elle est invitée à se conformer. Le rapport social est ici déterminé par la position que l'on occupe face à Dieu. Dieu est en position axiale et détermine un dessus et un dessous. Se pose alors la question des relations entre égaux, où l'on perçoit que la position de Dieu comme père miséricordieux auquel est dû respect et obéissance n'est plus possible.

Surin n'est alors pas en peine de changer de paradigme et de glisser vers la fraternité élaborée à partir d'une commune appartenance à la vie religieuse, laquelle est soutenue par le don de la vie du Christ.

> Pour les égaux, hélas ! comment les faut-il regarder ? comme frères et sœurs sortis d'un même ventre, conçus dans les flancs de la même religion, nourris d'un même pain qui est l'Eucharistie, rachetés d'un même sang et enfin appelés à un même héritage.

Il y aurait beaucoup à dire sur la manière dont sont reprises et transformées les métaphores de la paternité et de la maternité et comment elles croisent le discours sur Dieu. Le modèle des relations de déférence et de respect est fourni en premier lieu par les relations entre parents et enfants, distinguées selon un rapport père/fils et mère/fille (où n'est pas envisagé par exemple qu'un fils obéisse à sa mère, une fille à son père[99]). Surin imagine une société où l'amour de Dieu structure les rapports sociaux en assurant la liaison organique des rapports humains. La hiérarchie sociale est respectée, mais elle est tempérée par l'appel à la tendresse de Dieu. Le respect de cet ordre social de la charité assure à son tour une hiérarchie des relations. Le discours spirituel hiérarchise des rapports sociaux.

Le discours spirituel crée donc des rapports sociaux, et doit nécessairement être énoncé. Constitué comme secret du sujet, il appelle son expression à moins de rester caché et d'enfermer ainsi le sujet sur lui-même, dans sa *fable*. Les milieux dévots sont composés de ceux qui se reconnaissent dans le discours de leur assujettissement volontaire. Il est le lieu où s'énonce leur individuation paradoxale et fait de cette fable mystique un discours de la vérité de soi[100].

99 On peut songer ici à ce que Marie de l'Incarnation, Guyart, élabora avec son fils. Cet aspect a particulièrement été mis en lumière par Bustarret, 2018.

100 Nous renvoyons à Goujon, 2008. « Est spirituelle, chez Surin, la relation par laquelle un sujet découvre en lui par autrui que le principe de la constitution de son identité est l'œuvre de Dieu », p. 395.

L'INVENTION D'UNE LITTÉRATURE SPIRITUELLE

La direction spirituelle talonne la conversation civile. On en a vu, avec Caussin, Lejeune et Surin, la parenté : les conversations spirituelles pouvaient se tenir dans les mêmes cercles que les conversations mondaines et selon les mêmes modalités. Le modèle ignatien, qui se distinguait par le recueillement du conseiller et la retenue de ses propos, est absorbé dans les usages d'une société de la conversation. Portrait, éloge, maximes font désormais partie de l'arsenal spirituel ; l'éloquence des prédicateurs et le goût qu'ils suscitent dans la société estompent les distinctions entre l'esprit et l'Esprit. La direction spirituelle allait choisir comme modalités de discours et moyens de leur circulation ceux de la conversation mondaine. La direction se distinguait de la conversation spirituelle par sa fréquentation des salons et de ses usages lettrés. L'œuvre du P. Bouhours en fut peut-être la plus nette expression.

Le rôle donné à la littérature de dévotion transformait la direction spirituelle et risquait d'accorder toujours plus à la lecture qu'à la méditation. La lecture accordait-elle un espace de liberté ou une contrainte plus grande au lecteur, sommé de s'appliquer des règles plutôt que conduit à « exhumer » son désir en l'énonçant ? La question politique de la direction était ainsi relancée : les jésuites faisaient-ils des catholiques des sujets de leur politique ou en faisaient-ils des sujets capables de se décider, au sein d'une culture de la conversation, dans laquelle le livre règne ? Qu'advient-il de la relation que les *Exercices* tissent entre celui qui les donne et celui qui les reçoit quand, au livret d'Ignace de Loyola, se substituent des livres : à quel espace de conversation ouvre la littérature spirituelle, à quel sujet donne-t-elle naissance ?

Entrons dans ce mouvement de naissance d'une littérature spirituelle en suivant un jésuite français qui compta beaucoup dans la vie institutionnelle de la Compagnie en France et à qui fut reconnu un talent de directeur, Pierre Coton (1564-1626). Nous pourrons revenir alors sur ce processus de littérarisation des *Exercices*, à l'œuvre sous le généralat de Claude Aquaviva (1543-1615). Nous préciserons ainsi comment la direction spirituelle compta dès lors avec la littérature et s'immergea dans la culture de la conversation et de la lecture qu'elle contribua à répandre à travers une production littéraire qu'il nous faudra essayer de démêler.

LES *MÉDITATIONS* DE PIERRE COTON

Avec les jésuites Lejeune, Caussin et Surin, nous avons vu comment l'écriture et la lecture s'étaient introduites dans la direction spirituelle. Dans le projet jésuite de transformer la société par la conversion des sujets, une autre transformation se produit, qui déborde l'ambition des jésuites : l'avènement d'une culture confessionnelle.

UN NOUVEAU TYPE DE DISCOURS

Pierre Coton publie ses *Méditations sur la vie de Notre Seigneur Jésus-Christ* en 1614[1]. Il les a rédigées alors qu'il vivait à Paris, après avoir été confesseur du roi Henri IV, mort en 1610. L'ouvrage est dédié au jeune Louis XIII. La lettre dédicatoire expose la visée de l'ouvrage. La méditation de la vie du Christ donnera au lecteur le moyen de « régler sa vie[2] » et ainsi d'être sauvé, selon une pédagogie proche des *Exercices spirituels*. Le livre invite le lecteur à une série de pratiques. La lettre dédicatoire en dessine l'enchaînement et la visée[3] :

> [Sa Majesté] y verra, comme dans un miroir, la vie, les mœurs et la doctrine du Réparateur des siècles, avec les profits, et les documents que l'on peut retirer de chaque point.

1 Pierre Coton, *Méditations sur la vie de Notre Sauveur Jésus Christ, dressées par le commandement de la Reyne*, Paris, Eustache Foucault, 1614. Pierre Coton (1564-1626), est entré dans la Compagnie de Jésus en 1583.

2 L'expression « régler sa vie » est déjà attestée dans le *Dictionnaire* latin-français de Robert Estienne, 1538.

3 Nous reproduisons le texte de cette lettre en Annexe.

L'ouvrage est organisé selon des « points » qui permettent au lecteur de s'arrêter sur des éléments de la vie du Christ. Puis vient l'exposé des « profits et documents[4] ». L'introduction de la lettre dédicatoire résume la démarche par laquelle la contemplation forme des pensées grâce auxquelles un homme peut décider de diriger sa vie.

> Et voilà néanmoins que s'étant fait homme pour les hommes, à peine s'en trouve-t-il un parmi les milliers qui hausse sa vue, pour contempler ce Rédempteur, un entre millions, auquel il vienne en pensée de régler sa vie sur celui qui a exposé la sienne, pour les garantir de la mort.

Contempler, penser, régler sa vie sont trois temps de la pédagogie spirituelle pour se disposer à recevoir le salut assuré par le Christ. Celui qui se conforme au Christ, le prend pour modèle, obtient le salut que Dieu seul dispense.

La lettre dédicatoire reprend un lieu commun de la théologie du salut. Mais le discours vise à donner à celui qui le reçoit une forme reçue du Christ. Telle pourrait être une définition du terme « spirituel » en régime chrétien. Les *Méditations* ne sont pas une vulgarisation de la théologie, l'abandon de son langage érudit pour atteindre un public français particulièrement réticent à toute forme d'expression savante[5]. Une littérature spirituelle s'invente alors.

Qu'entendre ici par littérature si ce n'est ce dont Christian Jouhaud en précisait le sens dans *Les pouvoirs de la littérature* ? « Elle pourrait être considérée comme l'ensemble des productions scripturaires qui ne peuvent être identifiées à une discipline de savoir s'incarnant dans un lieu fixe, un corps (l'Université par exemple) ou un statut social juridiquement codifié. Ce lieu par défaut où circulent hommes et textes crée un appel d'air : des œuvres issues de lieux de savoir constitués (le droit, la théologie, la controverse religieuse, la médecine, la philosophie, etc.) liées à des institutions, voire des corporations, se mettent aussi à y circuler, hors des espaces coutumiers de leur réception. Au fond, "la" littérature n'est alors que l'espace mouvant d'une littérarisation[6] ». Saisies en quelque sorte avant sa naissance comme « littérature », avant

4 Le « document » est un enseignement, ce qui instruit, selon la racine latine *docere*.

5 Fumaroli, 1994, en particulier « Les jésuites français et la sophistique sacrée (1601-1624), p. 257-278.

6 Jouhaud, 2000, p. 20-21.

que le nom ne s'impose et que la pratique ne se fixe, des activités s'organisent entre écriture et lecture, créent des espaces de circulation, de conversation, espaces indéterminés vers lesquels les jésuites se rendent[7]. La direction spirituelle se rencontre au carrefour de ces deux utopies du début du dix-septième siècle, celle de la conversation spirituelle jésuite, sans lieu déterminé, et celle, sans lieu encore institué, de la littérature. Nous reviendrons sur cette invention d'une littérature spirituelle, sur la littérarisation des *Exercices* en particulier, après avoir poursuivi notre lecture des *Méditations* de Coton.

Les *Méditations* de Coton s'inscrivent dans la dynamique missionnaire de la Compagnie et font voir leur transformation quand les jésuites se tournent vers le champ littéraire[8]. L'écriture de recueils de méditations est pensée par Coton comme le relais de la prédication, ou mieux son intensification, voire son dépassement[9].

> J'avoue, Sire, tout imparfait que je suis, que c'est ce qui m'a souvent mis les regrets en l'âme, les soupirs en la poitrine, la larme à l'œil, la prière sur les lèvres, et la parole en la bouche ; et qui maintenant me met cette plume en main, pour essayer si les conceptions imprimées n'auront point plus d'énergie en cet endroit que la vive voix, vu mêmement que par ce moyen, elles durent et subsistent davantage, peuvent être lues et relues plus attentivement.

La possibilité indéfinie de réitération grâce à la lecture offre une plus grande force au discours que la prédication. La lecture se substitue à l'écoute de la prédication, dans le passage d'un lieu à un autre :

> Il a plu à V. M. Sire, de me prêter l'oreille quelquefois sur ce sujet, en chaire ; il lui plaira maintenant de me faire aussi l'honneur quand elle sera à son Oratoire de jeter l'œil sur ce petit volume.

À l'espace public de la chaire succède le lieu privé de l'oratoire qui se confond avec le lieu du lecteur. Le livre de méditation non seulement fait entrer la prédication dans la sphère privée, mais encore elle

7 Il faudrait, dans la suite des travaux fondateurs d'A. Viala, et comme l'a entrepris naguère S. Van Damme, étudier de près l'accession de jésuites au statut de *scriptor* dans les catalogues de la Compagnie et leur reconnaissance, ou non, comme écrivain dans la société. Voir Viala, 1992 et Van Damme, 2005.

8 Martin, 2003 et Martin, 2016.

9 Voir Régent-Susini, 2017.

introduit à des opérations propres à la pédagogie spirituelle des *Exercices* (contempler, penser, régler sa vie)[10].

UNE AUTRE CONFIGURATION DES RELATIONS

Deux traits de ces transformations sont à souligner. Premièrement, les jésuites invitent à mettre l'accent sur l'intériorisation de la foi par la lecture personnelle. Dans la promotion de cette culture de l'intériorité, les jésuites transplantent au dehors le modèle de leur formation. L'insistance de Coton pour que le Roi, archétype du lecteur civil, tire profit de sa contemplation rejoint le souci que Coton avait manifesté dans son rapport sur l'état de la Compagnie de Jésus, en 1606[11]. Selon lui, les jésuites s'épuisaient aux tâches missionnaires, et en particulier dans les sciences et les travaux intellectuels (*litterae et doctrinae*). Ils négligeaient ainsi le soin à porter à la prière et la « culture intérieure » (*interna cultura*). Parmi les remèdes, Coton demandait une « lecture assidue et quotidienne des livres spirituels ». Était pointée là comme une menace la « sécularisation », pourrait-on dire, de la vie religieuse (« *immaculatum se custodire a saeculo* »), où le « siècle » est à entendre par opposition à ce qui constitue la conduite intérieure de soi, propre aux religieux : « *Deum velle secundum Deum* », « vouloir Dieu selon Dieu ». On notera précisément le remède préconisé par Coton : la lecture assidue et quotidienne des livres spirituels. Si la lecture n'était pas absente des *Constitutions*, elle n'était pas d'abord le moyen de la réforme spirituelle, qui consistait en prière, abnégation et humilité. La promotion de la lecture est typique de ce nouvel âge de la Compagnie là où, initialement, le progrès spirituel se jouait dans la conversation avec le Supérieur et le Père spirituel. Étant donnée la place centrale qu'occupe dans les *Constitutions* la conversation comme lieu où s'amorce le processus de subjectivation du jésuite, dans le paradoxe de l'assujettissement volontaire, on peut entrevoir les transformations architectoniques qu'induit la substitution de la lecture à la

10 Il faudrait rapprocher ce mouvement de la publication des sermons. Ce genre de recueil constitua à la fin du XVIIe siècle, et au XVIIIe, un genre autonome. Voir Briant, 2014, p. 389-471.

11 Ce moment a été analysé par Certeau, 1965. Y figurent de larges extraits du mémoire du P. Coton envoyé en 1606 au P. Aquaviva, général de la Compagnie, dont l'autographe est conservé aux Archives Romaines de la Compagnie de Jésus, ARSJ, *Hist. Soc.* 137, f. 132-139 et 140-149. Je remercie les PP. P. Lécrivain et A. Lauras de m'en avoir communiqué la version qu'ils en ont établie.

conversation[12]. Coton n'aperçoit sans doute pas la portée de son geste, sûr qu'il est d'entreprendre une réforme spirituelle de la Compagnie, qui se veut donc retour à la pureté des origines. Sous le généralat d'Aquaviva, 1583-1615, des règles concernant les différentes charges des jésuites furent édictées et supplantèrent *de facto* les *Constitutions* et leur processus d'initiation. Le jésuite n'est plus initié par un corps qu'un texte organise. Il doit appliquer des règles qui définissent son service. M. de Certeau avait qualifié le généralat d'Aquaviva d'« administration spirituelle » de la Compagnie[13].

Second trait de cette transformation à souligner. La parole publique occupe le lieu de la parole privée. L'attention à l'interlocuteur s'estompe au profit de la maîtrise attendue de la réception efficace du discours. Certes, c'est toujours la même visée (la conformation au Christ qui offre le salut), mais en changeant le mode et ses effets de subjectivation. Symboliquement, que le lieu de la lecture des *Méditations* de Coton soit l'oratoire signale la conversion attendue de la lecture du livre en exercice de méditations. Cela signifie-t-il encore que la lecture-prière, qui se tient à l'oratoire, soit le lieu d'une interlocution avec Dieu, du « colloque » ignatien où le retraitant dit à Dieu ce qui se présente à lui à partir de ce qu'il a contemplé[14] ? Par le jeu du dialogue ouvert dans les Exercices le retraitant s'en trouvait conduit à se tenir comme sujet libre devant Dieu. Où passe la parole du lecteur ? On peut à tout le moins postuler deux configurations possibles. La première : la lecture est un temps organisé par le directeur et dont le dirigé lui rend compte dans un entretien à venir[15]. La seconde : la lecture laisse le lecteur à lui-même, dans un processus de réformation de sa vie. La critique viendra au cours du dix-septième siècle : certains, avec leurs livres de dévotion, se passent de directeur[16] ! À ces deux configurations, on pourrait opposer une troisième. La lecture prend place dans une culture confessionnelle : les conversations ont lieu au sein d'une culture où se partagent des convictions théologiques et où

12 Voir notre chapitre 2.

13 Certeau, 2005, p. 155-194.

14 On verra que cette mutation, loin d'être réservée à la préface des *Méditations* du P. Coton, est typique de la construction de la relation au lecteur dans le chapitre suivant.

15 Nous verrons dans le chapitre suivant les prescriptions des directeurs concernant la lecture.

16 On trouvera une mise au point sur la situation et la représentation de la direction spirituelle et ses rapports à la littérature, au-delà du cadre strictement jésuite dans Chaduc, 2015, en particulier le chapitre « le directeur portatif », p. 370-379.

se définissent des appartenances. La lecture-méditation devient un lieu de la conformation d'identités définies par la profession d'une appartenance religieuse alors que les *Exercices* permettaient à chacun de découvrir la place où il se tient devant Dieu, dans l'Église et la société.

Cette troisième voie, celle de la direction dans un contexte de confessionnalisation, nous semble particulièrement à l'œuvre dans les propos de Coton. La direction s'exerce au sein d'une culture qui partage une même confession de la foi ; elle relève des procédures du contrôle de l'orthodoxie et des comportements tout en reposant sur une dynamique spirituelle d'expérimentation de la vérité des discours, leur vérification.

LA DIRECTION DANS UNE CULTURE CONFESSIONNELLE

À leur retour en France en 1604, grâce au rôle que joua Coton auprès de Henri IV, les jésuites concentrèrent une grande partie de leurs forces dans les collèges. Conscients du rôle culturel qu'ils pouvaient jouer, et du rempart qu'ils pensaient ainsi dresser face au progrès de la Réforme, les jésuites donnèrent à la direction, et à ses relais littéraires, une nouvelle impulsion à partir des collèges[17].

En visant à diffuser la culture lettrée, les jésuites ménagent un espace et un temps à la lecture spirituelle et à ses effets espérés de conversion. La direction trouvait alors sa place dans la mise en place de la culture confessionnelle des collèges jésuites, dans l'affirmation d'une identité catholique[18]. Le livre de méditations occupe alors la place d'un directeur qui oriente la conversion de la culture du lecteur. Du moins, le paratexte qui accompagne désormais tout livre de méditations assigne à chacun des ouvrages cette fonction. Dédicaces, prologues et préfaces surdéterminent la fonction prescriptive de l'auteur : l'encadrement de la lecture par l'auteur renforce l'image de l'autorité d'un directeur qui a prise sur son lecteur-dirigé. Sans doute est-ce reconnaître implicitement que le lecteur échappe à tout contrôle[19].

17 Les catalogues du personnel de la Compagnie de Jésus, où figurent les missions de chaque membre, montrent que les confesseurs, auxquels sont assimilés alors les directeurs, sont largement concentrés dans les collèges. Gay, 2011, p. 521-548.

18 On le voit en particulier dans le rôle que les jésuites ont tenu dans les confréries et les congrégations mariales attenantes aux collèges. Châtellier, 1988. Voir *Confréries et dévotions dans la catholicité moderne*, 2008.

19 Sur les avis des directeurs à propos de la lecture, voir chapitre 5.

Coton, dans la lettre dédicatoire, déplore la situation des hommes si nombreux à se perdre. Lieu commun de la théologie, et quasi-paraphrase de la première contemplation des *Exercices*, la proposition joue pourtant un autre rôle, et prend appui sur la situation contemporaine et la fonction que le jésuite donne à son livre et à la méditation.

> Dieu Père de Miséricorde voyant ce désordre de la nature qu'il avait formée à son image, envoya son cher fils, lui commandant de prendre chair humaine, pour remédier à ce mal qui était autrement incurable. Et voilà néanmoins que s'étant fait homme pour les hommes, à peine s'en trouve-t-il un parmi les milliers qui hausse sa vue, pour contempler ce Rédempteur, un entre millions, auquel il vienne en pensée de régler sa vie sur celui qui a exposé la sienne, pour les garantir de la mort.

Les hommes de ce temps sont faits de la même trempe, la pensée des hommes risquant toujours de se détourner du Christ en raison de la culture humaniste qui peut détourner du Sauveur.

> Les Lacédémoniens parlent de leur Argilaüs, les Thébains de leur Epaminondas, les Athéniens de leur Thémistocle, toute la Grèce de son Alexandre, Rome et l'Occident de ses Scipion, Pompée et César, et n'y a pour le jourd'hui soldat qui n'en chante les prouesses, petit écolier qui n'en sache les Parallèles, Humaniste qui n'en déclame les Dits et Réponses, faits et gestes. Et s'il est question de la vie, de la mort, de la doctrine, ou des miracles de Jésus-Christ l'honneur et les délices du ciel et de la terre, il faut être longtemps en quête pour rencontrer qui les entende, plus encore pour trouver qui les médite, et plus, sans comparaison, pour découvrir qui les imite.

La lettre dédicatoire négocie l'articulation de la culture humaniste et l'attachement à Jésus-Christ. Dans la culture humaniste des collèges, il faut ménager un espace et un temps à la lecture spirituelle qui ouvre à l'imitation salutaire de Jésus-Christ. La dédicace au roi, érigé en lecteur dévot, reprend les reproches que Coton adressait à la formation interne de la Compagnie en 1606, menacée d'en céder toujours trop aux lettres et à la doctrine plus qu'au soin porté à la prière et à la culture intérieure. Coup double : Coton vise l'activité jésuite en ses collèges et, par l'adresse au roi, englobe tous les sujets pour qui le roi est un exemple. Ce que peut le roi, chacun, en son oratoire, le fera. Il ne sert à rien d'être humaniste si l'on en vient à perdre son âme. On retrouve ici la ligne par laquelle les jésuites veulent assurer le salut de la culture humaniste par la conversion de la lecture en méditation réformatrice de l'existence[20]. Le livre de méditations veut se faire une place au côté de la littérature mondaine, ici l'histoire grecque et latine, remplacée par l'histoire sainte de Jésus-Christ. Le livre de méditations s'inscrit dans la confession de l'identité catholique. Il reprend les affirmations dogmatiques tout en inventant un autre langage que celui de la théologie scolastique. Coton le laisse entendre en une phrase dans les dernières lignes de l'épître liminaire. Le lecteur pourra « reconnaître celui qui est la cause efficiente, méritoire, exemplaire et finale tant des grands biens qu'elle possède, que de ceux qu'elle espère ».

La reprise du vocabulaire scolastique de la théologie est flagrante. Elle sera limitée à cette phrase dans tout l'ouvrage. Le lecteur doit entrer dans un processus d'interprétation (reconnaître celui qui est…), l'identification du personnage de l'histoire lue comme étant le Sauveur. Il s'agit pour lui ainsi de « régler sa vie » sur ce modèle, la diriger, la conduire[21]. L'énoncé théologique vaut à la fois comme garant de l'orthodoxie de l'ouvrage, dûment approuvé par les autorités ecclésiastiques, mais signale aussi que la langue dans laquelle il est écrit, langue vernaculaire et non savante, entretient un rapport de contiguïté avec celui de la théologie[22]. Sans se recouvrir, elles s'équivalent[23]. Posée en principe par Coton, l'équivalence entre le langage spirituel et le langage de la théologie sera souvent remise en cause à l'époque moderne, en particulier à propos de la langue des mystiques. Certains spirituels revendiqueront la légitimité, et d'autres, l'autonomie de leur langage et de leur théologie. Certains théologiens attaquèrent violemment la possibilité d'user d'un autre langage que celui de la théologie universitaire

---

20 Fabre, 1995.

21 Dans sa 4e édition, de 1762, le *Dictionnaire de l'Académie*, à l'entrée « régler », note : « signifie figurément, Conduire, diriger suivant certaines règles, assujettir à certaines règles. *Régler sa vie. Régler ses actions. Régler ses mœurs. Régler ses désirs.* »

22 On ne peut surtout réduire à une seule tendance l'histoire des rapports entre théologie, prédication et rhétorique. On verra à ce propos comment chez Louis de Cressolles SJ, (1568-1634) se noue dans une définition du style oratoire le rapport entre « civilité et érudition », Conte, 2007.

23 Houdard, 2008. Les jésuites français, comme l'a montré M. Fumaroli, ont très vite compris la nécessité de régler leur style sur les normes du *sermo humilis*. Voir Fumaroli, 1994. Les règles de l'éloquence ont normé la langue des spirituels français et ont permis à certains d'être compté parmi les Belles Lettres, en particulier à travers le genre des sermons.

et ecclésiale. Coton revendique l'orthodoxie de son discours spirituel. Toutefois, la différence entre les deux langages avertit le lecteur du travail qui est attendu de lui : non l'entrée dans l'argumentation théologique, qui relève de la culture cléricale, mais une lecture qui ouvre au temps de l'expérimentation, une vérification. Un faire-vrai est attendu du lecteur. Ce qui est lu donne forme à son existence. Cela demande du lecteur qu'il se reconnaisse dans cette confession de foi. Le discours spirituel présuppose, dans la pratique missionnaire jésuite, une culture confessionnelle où soient acceptés ce qui est affirmé comme principe théologique (le Christ sauveur) et la possibilité de son expérimentation. L'« énergie » que demande Coton pour s'adresser à son lecteur, la force qu'il espère plus grande dans la lecture que la prédication, tiennent à ce principe proprement spirituel d'une expérimentation des discours dont l'orthodoxie est revendiquée, mais qui ne saurait suffire sans sa vérification dans une existence concrète[24].

Coton formule ainsi au sein de la culture humaniste la visée de la mission jésuite, l'expérimentation d'une vérité énoncée dans la théologie, mais dont le lieu est d'abord l'existence du croyant transformée par l'attachement salutaire au Christ. « Productions scripturaires qui ne peuvent être identifiées à une discipline de savoir s'incarnant dans un lieu fixe[25] », les écrits spirituels se mettent à circuler et à faire littérature dans l'attente de leur réception par des lecteurs. Les directeurs peuvent prescrire des exigences, mais les lecteurs peuvent demeurer hors de portée, pris dans le mouvement propre de leur existence.

24 Sur la notion d'expérimentation, à distinguer de celle d'expérience qui serait ce que le texte présupposerait comme antérieur à lui et auquel le lecteur aurait accès, alors que l'expérimentation considère le texte en ce qu'il donne à expérimenter, nous nous permettons de renvoyer à Goujon, 2009. Sur la notion d'expérience, voir Houdard, 2000.

25 Jouhaud, 2000, p. 20-21.

AU TEMPS D'AQUAVIVA : ÉCRIRE LES EXERCICES

L'émergence d'une littérature spirituelle jésuite dès la fin du seizième siècle, en Italie et en Espagne, puis en France dans les premières décennies du dix-septième, comme nous allons le voir, fait remonter à la surface une tension inhérente aux *Exercices spirituels.* Sans doute faudrait-il ici se dispenser des italiques qui confèrent un statut de texte à ce qui se présente, et peut-être avant tout, comme la relation entre celui qui donne les exercices et celui qui les reçoit, et de chacun d'eux avec Dieu. Comment cette relation fut mise effectivement en œuvre reste difficile à documenter, voire impossible : ici ou là, des mentions par quelques premiers jésuites ou des laïcs de ce qui se passait entre Ignace de Loyola et chacun d'eux au moment où ils faisaient les exercices[26] ; des éloges, ou des critiques, de directeurs se trouvent au fil du temps, mais sont très généraux. Certaines indications d'Ignace de Loyola laissent même penser que la relation primait sur le texte : Ignace recommandait que non seulement le texte des *Exercices* ne soit pas donné à celui qui les fait, mais en outre, il demandait à celui qui les donne de bien les connaître, mais de ne pas recourir au livret devant le retraitant[27]. La difficulté de toute notre recherche s'expose à nu : la réalité de la conversation spirituelle nous est soustraite et ce par quoi elle peut s'approcher, la littérature spirituelle, met à mal la tension qui la fonde, l'écart entre écriture et oralité.

Cette tension n'a pas échappé aux jésuites, et, sans aucun doute, traverse-t-elle radicalement la pensée d'Ignace de Loyola. Claudio Aquaviva (1543-1615), qui fut le cinquième successeur d'Ignace comme Préposé

26 Pierre Favre (1506-1546) raconte comment Ignace s'y prenait avec lui, après l'avoir fait attendre plusieurs années avant de lui donner les Exercices, Favre, 1959, p. 114-115. Le même Favre raconte comment il donna les Exercices à quelques personnes dans ses *Lettres*, mais ce ne sont que des indications d'attitudes générales. Voir en annexe, la brève chronologie qui court jusqu'à l'élection d'Aquaviva.

27 *Monumenta*, 1955 p. 72. Quelques pièces ont été traduites en français dans *Texte autographe des Exercices spirituels et documents contemporains (1526-1615)*, 1986. Pour ce texte, § 15 de la 2e note autographe d'Ignace, p. 231.

général, élu en 1581, permet de saisir comment la Compagnie l'affronta au tournant des seizième et dix-septième siècles[28].

LES EFFETS DU DIRECTOIRE DE 1599

C'est sous le généralat d'Aquaviva que paraît le *Directoire des Exercices spirituels* en 1599, cinquante ans après la publication des *Exercices* en 1548. Souhaités par Borgia, troisième successeur d'Ignace, et décidés lors de la Troisième congrégation générale de 1573, qui élit Mercurian comme Préposé général, les *Directoires* cherchent à résoudre des difficultés nées de la pratique des Exercices[29]. Le prologue présente l'entreprise :

> Il y a quelques années que l'on envoya par les provinces cette Guide des Exercices spirituels, pour savoir avant qu'on y mît la dernière main, si l'usage et l'expérience nous apprendraient qu'on y peut ôter ou ajouter quelque chose, ou le rédiger en meilleur ordre, ayant averti un chacun en ce cas, de le faire savoir au R. Père général. Or après en avoir reçu à Rome de quelques parts, toutes choses ayant été soigneusement examinées en la Cinquième Congrégation générale, par les Pères assistants et députés, voici la forme en laquelle elle est demeurée, qui nous fait espérer que ce labeur sera non seulement approuvé, mais aussi très utile à ceux qui conduisent les Exercices Spirituels. Cette occasion (ainsi qu'il a été mandé aux Provinciaux) nous doit rendre plus assurés aux Exercices spirituels et mieux versés à la pratique d'iceux. Par le Commandement du R. P. général[30].

Dans le prologue du *Directoire*, le texte précise la nature des *Exercices spirituels* :

> Car ce sont de certaines instructions spirituelles, lesquelles comme il est porté au commencement de ce livre, notre P. Ignace a composés, non tant du suc ni de la moelle des livres, que de l'onction du Saint-Esprit, de l'usage et de

28 Les développements qui suivent doivent beaucoup aux recherches menées de pair avec Pierre Antoine Fabre. Une première version de nos recherches communes a été publiée dans l'article Fabre, Goujon, 2017.

29 I. Iparraguirre donne une histoire de ce long processus et rassemble les documents qui ont servi à l'élaboration du texte de 1599, lequel se trouve aux pages 562-752, des *Monumenta*, 1955. Pour une présentation de la question, voir Guibert, 1953, et Gilmont, 1961.

30 Une version en langue française, que nous suivons ici, est publiée pour la première fois à Paris en 1619, soit peu de temps après le terme du généralat d'Aquaviva, mais vingt ans après son édition latine, interne à la Compagnie et officielle. *La Guide ou Directoire des Exercices spirituels du B. P. Ignace*, Paris, chez Sébastien Huré, MDCXIX. Le *Directoire* est précédé d'une épître qui revendique la diffusion publique de cet écrit pour un « lecteur dévot ».

> l'expérience intérieure[31] ; ce sont des lumières dont notre Seigneur l'éclaira en la première ferveur de sa conversion, et le confirma depuis en tous les avancements de la sainteté et vertu[32].

Sous couvert de la référence à Ignace de Loyola, ce prologue infléchit la portée des *Exercices*, qui visaient initialement « l'élection », une prise de décision quant à un choix de vie, une « vocation » (vie religieuse, mariage ...)[33]. Certes, les *Exercices*, au moment où ils abordent la procédure de l'élection au cours de la Deuxième Semaine[34], envisagent également que, lorsqu'une décision de vie a déjà été choisie, le retraitant progresse dans la vie spirituelle sans prendre d'autres décisions que de réformer sa vie[35]. Or le troisième paragraphe du Prologue des *Directoires* gauchit la portée des *Exercices.* Ils sont d'abord un instrument de la formation de la Compagnie, destiné en priorité aux jésuites, comme instrument de l'affirmation de leur vocation. Les *Exercices* permettent d'assurer le progrès spirituel des jésuites, puis, grâce au secours de leur approbation pontificale, ils serviront « l'édification et l'avancement spirituel des fidèles[36] ».

Ce qui, chez Ignace, était présenté comme des usages possibles des *Exercices* se trouve assigné à l'affirmation de la vocation jésuite et à la réformation chrétienne de la société. Certes, Ignace, dans les annotations 18 et 19 des *Exercices*, comme dans les *Constitutions*, indiquait la possibilité d'un usage adapté des *Exercices.* Le prologue des *Directoires* inverse la perspective initiale et fait de l'adaptation la règle pour donner les *Exercices.* Ce n'est plus la recherche de la place que je peux tenir devant Dieu, selon l'expression du paragraphe 232 des *Exercices*, qui compte – là

31 Ce prologue du *Directoire* reprend ici mot à mot la préface à la Première édition des Exercices de 1548, rédigée par Polanco, le secrétaire d'Ignace. Voir Loyola, 1969, p. 79-81.

32 Suivant le texte latin original, « Haec enim sunt spiritualia quaedam documenta, quae, tu in huius libri praefatione dicitur, non tam ex libris, quam ex unctione Spiritus sancti, et ex interan experientia et usu, noster in Christo Pater Ignatius composuit. Haec sunt lumina, quae ei Dominus in ipso primo conversionis fervore inspiravit, ac deinde in omni progressu eius virtutis et sanctitatis semper confirmavit », *Monumenta*, 1955, p. 569-571.

33 ES, 21.

34 L'élection désigne la décision, après délibération, par lequel on s'engage dans une détermination de son existence.

35 ES, 189.

36 Il s'agit du § 6 du prologue du Directoire, cité ici d'après la version française de 1619, qui traduit fidèlement le latin « ad aedificationem spiritualem fidelium profectum valde utilia ». *Monumenta*, 1955, p. 573.

où se joue « l'élection » – mais la réformation de soi, selon une place définie à partir d'un ordre ecclésial, être jésuite ou être fidèle laïc. La dynamique spirituelle qui entend se transformer en dynamique sociale dans les *Exercices* d'Ignace est ici mise sous le contrôle d'une politique ecclésiale de la hiérarchisation de la société et de sa confessionnalisation.

Les *Exercices* vont alors comme se scinder entre, d'une part, la pratique interne à la Compagnie et, d'autre part, la pratique extérieure, restreinte à ce qu'Ignace proposait comme adaptation, mais qui devient la règle générale : examens de conscience, confessions, manières de prier, quelques méditations, reprenant quelques pièces typiques d'Ignace, comme « Les Deux Étendards », le « Règne », auxquels on a identifié et parfois restreint les *Exercices*. Une démarche d'instruction chrétienne prend le pas sur l'initiation à décider d'une forme de vie par l'exposition de soi, par l'imagination, à la vie du Christ telle que les récits évangéliques la représentent et que celui qui donne les Exercices expose brièvement[37]. Mais, cette pratique adaptée des *Exercices*, qui sera celle que la littérature jésuite, amplifiée dans de nombreuses méditations et des conseils, écrits à destination des fidèles, gagna l'intérieur même de la Compagnie du fait d'une autre décision du généralat d'Aquaviva. En 1608, par souci de réforme spirituelle de la Compagnie, Aquaviva, alerté par les rapports des provinciaux sur la situation de nombreux jésuites, statua que chaque jésuite ferait annuellement une retraite selon les *Exercices*, retraite adaptée, restreinte à quelques méditations prêchées par un jésuite à l'ensemble de ceux qui se trouvaient présents[38]. Par-là s'instauraient les nouvelles formalités des *Exercices* : la forme restreinte devient la norme, l'élection est éclipsée au profit de la réformation de soi, la prédication par laquelle on instruit les retraitants supplante la conversation par laquelle le retraitant s'initie lui-même à guider sa vie grâce à la conversation avec un homme versé dans les *Exercices*. Dans ces formes adaptées, bien des éléments communs avec ceux d'Ignace se retrouvent, mais le centre de gravité se perd, et l'architectonique est ébranlée.

37 C'est dans les *Directoires* que les termes « *instructor* » et « *director* » apparaissent, le premier étant lié à la fonction de celui qui instruit les jésuites dans leur formation. Pour la mise en place des fonctions de Maître des novices, préfet des choses spirituelles, instructeur du Troisième An, voir Bartok, 2016.

38 La décision a été prise par la Sixième Congrégation générale, décret 29, *Institutum*, 1892-1893, p. 302.

ÉCRIRE PENDANT LES EXERCICES

Le *Directoire* manifeste l'intense activité d'écritures au sein de la Compagnie à propos de la pratique des *Exercices*. Consultations, compilations, discussions furent réunies en un directoire officiel. L'édition critique de 1955 ne masque pas les divergences d'opinions quant à la pratique. Toujours est-il que naît ainsi une première classe d'écrits, promis à un long avenir. Une littérature didactique assure à la fois la transmission et l'interprétation à donner des *Exercices*. Claudio Aquaviva rédigea également, dès 1571, avant son généralat, des méditations sans doute destinées aux novices de Rome[39]. Or cet écrit – qui mériterait à lui seul une étude et de son contenu et de sa diffusion – témoigne non seulement de la possibilité d'écrire pendant les Exercices, d'écrire pour soi-même, mais aussi de donner à lire à d'autres ces écrits.

Francesco Sacchini (1570-1625) décrit ce texte dans la *Vie* d'Aquaviva, insérée dans son *Historia Societatis Iesu*, qu'il rédige peu après la mort de celui-ci en 1615 :

> L'année 1571, il composa trente exercices spirituels beaux et savants à la manière de ceux du bienheureux Ignace, dans lesquels discourant des principales actions et obligations religieuses, il propose pour chacune des considérations efficaces pour bien s'en acquitter[40].

Destinés à ceux qui vont entrer dans la Compagnie, ces « exercices » font apparaître une seconde classe d'écrits, les livres de méditations, dont il est, à ce stade de la recherche, difficile de savoir s'ils accompagnaient les *Exercices* d'Ignace de Loyola, comme une lecture, ou s'ils se substituaient à eux.

Ce recueil, manuscrit, attire l'attention sur un débat récurrent : est-il possible et souhaitable d'écrire pendant les *Exercices* et de lire, à commencer par lire les *Exercices*. Juan de Polanco, dans la Préface à la première édition des *Exercices* d'Ignace, avait averti qu'il s'agissait d'exercices plutôt à faire qu'à lire, voire plutôt à donner à d'autres[41]. La publication est présentée comme une concession pratique :

---

39 Publiées seulement en 1908, ces méditations ont circulé de manière manuscrite. Voir Iparraguirre, 1955, p. 365.

40 Guerra, 2001, p. 189-191.

41 « *Non iis qui tantum lecturi sunt exercitia, sed qui facturi, vel potius aliis tradituri sunt* », Loyola, 1969, p. 80-81.

> En effet, comme il ne suffit pas de les avoir lus pour recueillir un fruit abondant, à moins que l'on ne soit vivement exercé en eux et que l'on n'ait trouvé un maître versé dans les choses spirituelles, il est évident qu'on ne les a pas imprimés avec l'intention qu'ils se répandent dans le public[42].

Les éditions imprimées des *Exercices* se substituent par commodité à la circulation manuscrite d'un texte qui n'est pas à lire, mais que doit bien connaître celui qui en usera et dont il se servira dans le dialogue avec celui qui les fait. À tout le moins, la préface rappelle la nécessité du dialogue, l'inscription des Exercices dans la conversation. Elle réitère l'avis recueilli d'Ignace :

> Celui qui donne les Exercices ne doit pas en apporter le livre pour le leur lire ; mais qu'il ait bien étudié ce dont il est traité[43].

Une sorte d'enceinte entoure les *Exercices* pour en préserver l'interlocution à laquelle le texte s'articule[44]. Ce que permettent les *Exercices* a lieu dans la conversation. Limiter le recours à l'écriture apparaît comme la condition pour que les *Exercices* soient effectués et produisent, ou permettent, le passage de cette force par laquelle chacun peut trouver sa place devant Dieu et dans la société. P. A. Fabre, après Maurice Giuliani, a montré qu'en s'affrontant à l'écriture de la consolation dans son *Journal*, Ignace crée une exception au statut de l'écriture dans le cours des *Exercices*[45]. Ignace note, en élaborant un vaste procédé de notations, sigles, ratures, ses mouvements, les consolations, le moment où Dieu est passé en soi. Mais, Ignace éprouve qu'en écrivant après la consolation, ce passage de Dieu, l'écriture risque d'effectuer un retour du « moi » là où Dieu était venu[46]. Ignace

42 « *Ut passim in vulgus emanerent* », *Ibid.* p. 81.

43 *Ibid.*, p. 74-75. Il faut noter qu'Ignace n'a pas rédigé de *Directoire* des *Exercices* et que les documents cités comme venant d'Ignace sont des propos personnels tenus avec l'un ou l'autre directeur sur tel ou tel point pour lequel il était consulté. I. Iparraguirre note qu'il ne s'agit pas ainsi d'une explication de la doctrine mais des observations et des annotations complémentaires. *Monumenta*, 1955, p. 69.

44 Le débat a traversé la rédaction des *Directoires*. Il faudrait patiemment ici reprendre l'ensemble des Directoires et de leurs documents préparatoires. Des différents textes que nous avons pu étudier, il ressort une limitation de l'écriture à un usage pour soi (par exemple, *Monumenta*, 1955, p. 383), de notations brèves (p. 588-589).

45 Sur les rapports à l'acte d'écrire dans le temps des *Exercices*, voir également Demoustier, 2006.

46 Loyola, 2007.

modère l'écriture de soi[47]. Dans le *Directoire* promu par Aquaviva, ce qui peut être écrit reste présenté comme une restriction, qui modifie pourtant grandement l'orientation donnée par Ignace :

> Il ne faut rien écrire en effet hormis ce qui touche à l'oraison, à savoir quelques points que le Seigneur aura communiqués dans la médiation, ou bien hors de la méditation. Cela devra être noté de manière très brève non en détail comme dans un sermon. Ces points peuvent être de deux sortes : ou bien pratiques, en vue de l'action, comme le sont des désirs, ou de fermes délibérations à faire quelque chose ; ou bien en ce qui concerne des connaissances, comme le sont certaines vérités, ou des lumières à quelque propos, comme d'une vertu, par exemple l'humilité, le mépris du monde, la patience, etc., ou si ces points portent sur la matière d'une méditation, comme celle de l'Incarnation, ou de la Passion de Notre Seigneur, et d'autres semblables ; qu'elles soient notamment comme des sentences, et qu'elles ouvrent une voie pour bien comprendre et bien méditer ces matières[48].

Le *Directoire* d'Aquaviva ouvre la porte à l'écriture pour soi. Le paragraphe suivant recommande la « *moderatio* » pour ne pas se soustraire à l'oraison ou à la préparation de l'oraison. De même, l'écriture ne doit pas épuiser (*defatigari*) celui qui fait les *Exercices*, manière implicite de déclarer que l'écriture est davantage que des notes pour soutenir la mémoire ou la réflexion[49].

Un usage de l'écriture s'infiltre, qui grossit en partant de signes graphiques, traits, lettres, dans le droit fil d'Ignace, jusqu'à une prise de notes brèves (des « points »). Le *Directoire* autorise des observations plus longues, sur des sujets variés, en vue de l'action, de la connaissance. La forme croît jusqu'à la sentence (*axiomata*). L'écriture ne doit pas atteindre la taille du sermon.

L'introduction de la lecture spirituelle dans le temps des *Exercices* contribua sans doute beaucoup à nourrir la littérarisation des *Exercices*[50],

---

47 Le Brun, 1991. On reste frappé par la tension entre l'abondance des écrits d'Ignace, en particulier de sa correspondance riche de plus de 6000 lettres et l'économie resserrée de l'écriture de soi. Cette tension peut se comprendre si l'écriture est entendue comme une action, ce que révèle largement sa correspondance. Dès lors, l'écriture de soi ferait passer pour actant celui qui est agi par Dieu dont l'action ne reste pourtant déchiffrable que dans l'effet en soi.

48 *Directoire* de 1599, n° 32-33, p. 589-591. Nous traduisons l'édition *Monumenta*, 1955.

49 Pendant le temps de la décision, les élections, le Directoire de Gonzalez Davila déclare qu'écrire les avantages et les inconvénients que l'on voit à prendre telle décision peut aider à « mieux les peser » (*y es bien escribirlos para ponderarlos más*), *Ibid.*, p. 519.

50 Là aussi, il faudrait dresser la liste des ouvrages qui sont progressivement introduits dans les documents réunis pour les Directoires. Ignace recommandait la lecture de *l'Imitatio*.

par mimétisme avec les livres lus, issus d'autres traditions spirituelles, ou par la volonté de doter la Compagnie d'une littérature propre[51]. On peut faire l'hypothèse que compta aussi pour beaucoup l'introduction dans la formation jésuite de la lecture spirituelle et l'apprentissage de l'éloquence[52]. Une étude serrée des *Directoires* de ce double point de vue de la lecture et de l'écriture reste à faire. Un seuil est franchi quand les jésuites écriront des livres d'exercices, de méditations. Paraphrases des *Exercices* d'Ignace, ils contournent l'exercice que le retraitant doit faire en lui donnant une méditation à lire, mais plus encore, ils substituent un texte à lire à la conversation dans laquelle des exercices sont donnés, en fonction d'une situation. On peut bien parler d'un processus de littérarisation des exercices, du livret et de leurs pratiques, qui est à la fois un passage à l'écriture, une démultiplication d'écritures (notes d'oraisons, considérations pour l'action, connaissances des vertus). Elles seront à leur tour mises en circulation, dépassant l'usage restreint de l'écriture pour soi recommandée par les *Directoires*. La Compagnie encouragea la circulation d'écritures (correspondances entre jésuites, relations privées puis publiques) et la production d'écrits autobiographiques[53]. Les correspondances spirituelles, comme la presque totalité des traités de vie spirituelle, discuteront des ouvrages à lire[54].

Alors que les *Exercices* reposaient sur une interlocution, qui articulait l'usage d'un écrit, lui-même référencé aux Écritures, que le directeur est chargé de raconter (et non de faire lire), la direction spirituelle moderne inverse en quelque sorte le rapport à l'écrit. Par la démultiplication des livres de méditation et des traités de vie spirituelle, comme nous allons le voir, la direction se définit comme un espace de mise en circulation d'écrits dans laquelle ont lieu des conversations[55]. Cet espace est le lieu de la littérarisation des *Exercices*, au sens où l'entend Christian Jouhaud

Des listes font place à la littérature monastique, aux traités de discernement des esprits, à des méditations. Les directoires traitent en général, dans des paragraphes contigus, de la lecture et de l'écriture.

51 M. de Certeau a bien montré que le recours à une littérature spirituelle non jésuite avait été perçue comme une menace sur l'identité jésuite, la nécessité de recourir à un « propre » pour écarter l'étranger. Certeau, 1965.

52 Nous reviendrons sur cette question dans le point suivant.

53 Sur les récits de vie encouragés par les directeurs, Le Brun, 2013.

54 Voir chapitre 6.

55 Nous l'avons vu à partir de l'exemple de Lejeune en Nouvelle-France et de Surin dans le maillage que la circulation de sa correspondance et de ses écrits dessine.

de l'émergence de la littérature[56]. Mais au lieu que la conversation soit un dialogue comme dans la conversation spirituelle ignatienne, la conversation s'est socialisée, élargie à des interlocuteurs variés. Le dialogue entre un directeur et un(e) dirigé(e) est un moment dans un vaste ensemble de relations. Certains directeurs exigeront alors d'être obéis de leur dirigé, voulant ainsi reconquérir un magistère, un pouvoir, là où, dans la conversation ignatienne, la position du directeur visait à s'effacer au profit de la relation du dirigé avec Dieu. En se maintenant dans la conversation et comme conversation, avec le directeur et avec Dieu (dans le colloque), les *Exercices* n'écartent-ils pas l'écriture en tant qu'elle serait le retour du moi là où Dieu passe ? À l'inverse, c'est dire que les *Exercices* se concevraient comme un laissez-passer Dieu, ce que ménage la quinzième annotation, qui demande au directeur de s'abstenir d'inciter le retraitant à un choix plutôt qu'à un autre pour laisser plutôt « le Seigneur se communiquer lui-même à l'âme fidèle ». Le travail du directeur consiste à initier le retraitant à reconnaître ce passage, à l'en distinguer des illusions. Le retraitant constatera où Dieu le mène, vers où cette force l'oriente, en se décidant à choisir d'emprunter cette direction[57].

LE DÉVELOPPEMENT DE LA LITTÉRATURE JÉSUITE

Le développement de la littérature jésuite au dix-septième siècle répond autant à des besoins internes à la formation qu'à l'emploi de l'imprimé dans les différents apostolats de la Compagnie. La mission jésuite s'investit dans une « pastorale du livre[58] ». Nous n'entrerons pas

56 Jouhaud, 2000, p. 20-21.

57 L'interprétation des *Exercices* en tant qu'orientation de l'existence, par élection, a été constamment reprise en France depuis au moins les travaux de G. Fessard. Elle a constitué une sorte d'école française jésuite d'interprétation où se rejoignent E. Pousset, A. Demoustier, et M. Giuliani, celui-ci insistant sur l'union à Dieu, à laquelle on opposait souvent la lecture en termes d'élection. Elle trouve un écho dans les recherches de L. Beirnaert et aujourd'hui dans celles de P. A. Fabre.

58 Martin, 2003.

ici dans une description exhaustive de cette littérature jésuite. Ignace de Loyola confia à Nadal (1507-1580) le soin d'exposer les *Constitutions* de la Compagnie et ses manières de faire et de parler. Il en résulta les fameuses *Placticas espirituales* (1561) et les *Evangelicae Historiae imagines*, promises à la longue hérédité des recueils de gravures et livres d'emblèmes jésuites[59]. Borgia (1510-1572) laissa des *Méditations*, Canisius (1521-1597) des instructions sur la prière, en plus de son *Catéchisme* (1554), contre-offensive à celui de Luther, Loarte un *Conforto degli affliti* (1574), et ainsi de suite[60]. Une cartographie rapide fait voir la concordance entre la publication de ces livres et l'avancée de l'aventure missionnaire jésuite en Europe (Italie, Espagne, France, Saint-Empire, Flandres). Les quelques décennies du généralat d'Aquaviva voient naître de nombreux ouvrages qui furent diffusés à travers toute l'Europe et l'Amérique espagnole, qui compta à Lima Alvarez de Paz (1560-1620) comme un de ses plus grands auteurs avec son *De vita spirituali et perfectione* (1608) et plus encore son *De Inquisitione pacis* (1611) qui nourrit la prose mystique des jésuites. Le propre de la littérature jésuite, même si elle connut un développement propre en France en accord avec les normes de l'éloquence française, est d'abord d'être une littérature européenne, voire une première littérature mondiale, grâce à la circulation des écrits qu'assure la mission. Les auteurs du dix-septième français ne cessent de citer ou de paraphraser les Italiens, les Espagnols, ou le Péruvien de Paz[61].

LE RECOUVREMENT DES EXERCICES SPIRITUELS

La relation des *Exercices spirituels* d'Ignace de Loyola avec l'ensemble de cette littérature ne fait aucun doute : elle assure de la longue durée de leur réception. Mais, comme le fait voir l'entreprise de Joseph de

59 Voir en particulier les travaux de Ralph Dekoninck et Agnès Guidedoni, Voir Dekoninck, 2007.

60 Voir Guibert, 1953, p. 199-218.

61 Il faudrait en particulier étudier la relation entre les jésuites français et leurs confrères italiens à la fin du seizième siècle. Quand les jésuites furent une première fois exclus du Royaume de France, la formation (noviciat, études, Troisième An) eut lieu dans le Nord de l'Italie. Un bon nombre des futurs écrivains jésuites furent alors au contact de personnalités comme Maggio, qui fut maître des novices à Verdun où il donna les *Exercices* à Bérulle en 1602, et Gagliardi, soit directement soit à travers leurs écrits. On a déjà évoqué, et l'on y reviendra dans le chapitre suivant, comment Coton et Binet furent influencés par Gagliardi, en particulier sur le statut des livres spirituels. Sur l'importance de Maggio pour Bérulle, voir Orcibal, 1965, p. 25-41.

Guibert, la spiritualité jésuite ne peut pas se limiter aux *Exercices*[62]. Il faut introduire ici une remarque de méthode : si ces œuvres sont en quelque sorte issues des *Exercices*, ceux-ci ne peuvent fournir les règles d'interprétation de celles-là. Il faut inverser le principe de lecture : ces œuvres nous indiquent plutôt comment pouvaient être compris et pratiqués les *Exercices*, étant données les conceptions de la prière, de la vie spirituelle, de la vie chrétienne et de la relation d'aide qui furent celles des jésuites à l'époque moderne. La littérature jésuite détermine le cadre d'interprétation des *Exercices* qui eut cours pendant l'époque moderne[63].

Un détour par le dix-neuvième siècle étaiera cette proposition. Après le rétablissement de la Compagnie en 1814, les jésuites se mirent à publier les ouvrages de leurs prédécesseurs. Or, dans une lettre écrite en 1834, cinq ans après son accession au généralat, le P. Roothan, écrivait :

> De toute évidence, aujourd'hui même les Exercices sont de première importance pour le maintien et la croissance de la Compagnie. Certes, nous les faisons et selon nos règles nous les reprenons souvent : durant un mois entier au noviciat et à la fin des études demain et chaque année durant huit ou dix jours. Dans le ministère nous les utilisons aussi, autant et peut-être plus que jamais : auprès des religieux et religieuses, dans les collèges, dans les missions populaires. Toujours avec un certain profit. Mais il faut bien avouer, hélas, que ces exercices portent rarement aujourd'hui les fruits de sainteté qu'ils produisaient autrefois[64].

Conditions de la vivacité de la Compagnie, les *Exercices* sont ici mentionnés sous leur double modalité : la retraite de trente jours et

---

62 J. de Guibert (1877-1942) cherche à démontrer la continuité, pensée en termes de fidélité, entre la littérature spirituelle jésuite et les *Exercices*, bien qu'ici et là il fasse affleurer les débats anciens ou contemporains d'interprétation, en particulier avec Bremond. Toutefois, le travail de Guibert produit une autre histoire, celle qui montre que la « spiritualité de la Compagnie », pour reprendre précisément son titre, ne peut être limitée à celle d'Ignace de Loyola. Elle en montre au cours des siècles l'incroyable développement. La perspective apologétique de Guibert, et sans doute plus encore celle de ses éditeurs posthumes, en 1953, brouille ces conflits d'interprétation au sein de son ouvrage. On attend avec impatience les travaux d'A. Demazières sur J. de Guibert, en particulier une étude des censures par le Général Ledochowski (1866-1942) sur le manuscrit de la *Spiritualité*, conservé aux Archives de l'Université Pontificale Grégorienne. Que son directeur, Martin Morales soit ici salué pour le travail qu'il permet et pour nous avoir indiqué cette source capitale pour un travail à venir sur l'historiographie de la spiritualité de la Compagnie.

63 Guibert, 1953.

64 Ligthart, 1991, p. 129.

son adaptation en dix jours, mais aussi comme la source d'inspiration de toutes les activités pastorales des jésuites. Pour Roothaan, ces formes dérivées des *Exercices*, légitimes, trouveraient leur plus grande efficacité dans une meilleure connaissance des *Exercices*. Sa lettre dénonce les ouvrages qui se sont substitués aux *Exercices*. Il en appelle à une connaissance littérale du texte d'Ignace.

> J'en suis convaincu : si nous nous servions davantage et plus rigoureusement des exercices spirituels de notre père Saint Ignace, nous arriverions à une vie spirituelle profonde et à une plus grande sainteté. Mon souhait le plus ardent est que nous en usions et les étudiions de plus en plus.

Faisant allusion aux ouvrages de méditation jésuite qui s'étaient multipliés depuis le XVIIe siècle parfois, Roothaan poursuit :

> Beaucoup de ces auteurs n'ont compris que superficiellement les exercices. Si seulement ici c'étaient les mots mêmes d'Ignace quitte à y ajouter leur commentaire ! Mais beaucoup y ont donné leur propre pensée au lieu de celle d'Ignace et ont ainsi énervé les Exercices. L'abondance des livres nous a appauvris, le feu sacré est enseveli sous un tas de cendres. [...] On lit des livres, et on n'arrive jamais à la méditation personnelle. [...] Ces livres peuvent rendre service comme lecture spirituelle, en dehors de la retraite, ou pour la préparation d'un sermon. Mais à ceux qui doivent diriger les autres dans les exercices spirituels, – telle est bien la tâche de tous nos Pères – à tous et à chacun je dis formellement : pour votre propre retraite, vous devez vous servir du petit livre d'Ignace, meilleur que tout autre[65].

La lettre de 1834 donne un tour décisif. Roothaan rétablit les *Exercices* dans le domaine propre de la prière comme activité distincte de la lecture ou de l'écoute de prédications. La déclinaison des *Exercices* dans les différents ministères de la Compagnie est légitime. De même, des livres de méditation, inspirés des *Exercices*, peuvent être proposés à la lecture. Roothan redonne sa place au livret des *Exercices spirituels*. Il institue un rapport exégétique au texte du livret, appelant à la connaissance littérale (« les mots mêmes d'Ignace »), et place ainsi au second plan la littérature spirituelle née des *Exercices* et de la prédication jésuite.

65 *Ibid.*, p. 130-131.

LA VARIÉTÉ DE LA LITTÉRATURE JÉSUITE

La littérature jésuite moderne ne saurait être considérée comme une série de variations à partir des *Exercices*. Elle circule dans l'espace missionnaire de la Compagnie comme moyen de la prédication, de la catéchèse et de la direction. On voudrait proposer ici, avec les limites que cela comporte, un aperçu de ce qui compose cette littérature.

La littérature jésuite se veut issue des *Exercices*. Elle s'abrite le plus souvent sous leur patronage ou celui d'Ignace de Loyola, surtout après sa canonisation en 1622. Une première branche de cette littérature est constituée par une littérature didactique. Celle-ci se compose de deux sortes d'ouvrages destinés ou bien aux directeurs, en vue de leur formation, ou bien aux dirigés pour leur donner une meilleure connaissance soit des méthodes d'oraison, soit de la vie morale ou des devoirs des chrétiens. Dans les ouvrages pour les directeurs, certains se présentent, plutôt rares, comme des commentaires des *Exercices* : très souvent les jésuites tentent d'interpréter l'itinéraire proposé par Ignace dans les termes plus classiques des trois voies de la vie spirituelle, purgative, illuminative et unitive, ou selon les trois étapes classiques des commençants, progressants, parfaits. Les *Exercices* y sont ramenés à une doctrine qui témoigne de la claire orthodoxie des jésuites, où abondent les renvois à la théologie scolastique, et en particulier à la doctrine de Thomas d'Aquin sur la prière, la vie religieuse, la vision béatifique, la vertu morale. Les traités de prière issus d'autres traditions monastiques, cartusiennes en particulier nourrissent les références. Les jésuites semblent lisser la particularité de leur forme de vie religieuse en multipliant les parallèles et les rapprochements avec d'autres traditions spirituelles. Les débats sur l'oraison gagnèrent la Compagnie, les jésuites s'étant nourris des conceptions franciscaines, cartusiennes et carmes espagnoles. Aquaviva, il est vrai, recommandait à Gagliardi d'accommoder ses écrits en faisant appel à l'autorité des Pères de l'Église, ce que d'autres jésuites, Pedro Sanchez (1526-1609) ou Bernardino Rossignoli (1547-1613) ne manquèrent pas de faire, comme en témoignent, de l'un le *Libro del Reyno y del camino per donde se alcança* (Madrid, 1594) et de l'autre son *De Disciplina christiana perfectionis pro triplici hominum statu, incipientium, proficientium et perfectorum, ex Sacris Scripturis et Patribus libri quinque* (Ingolstadt, 1600). Leurs ouvrages étaient connus largement en Europe, et souvent traduits. Ils irriguèrent la littérature jésuite française.

D'autres ouvrages didactiques se présentaient comme des approfondissements de l'une ou l'autre notion de la vie spirituelle, tel le discernement des esprits[66]. Certains prennent pour objet la formation des jésuites, tel le *De virtute et statu religionis* de Suarez (1608), le *Ejercicio de Perfección* de Rodriguez, qui eut cours jusqu'à la moitié du vingtième siècle pour les novices, ou pour la France, le traité *De Natura et statibus perfectionnis* (Paris, 1643) d'Antoine Le Gaudier (1572-1622), diffusé longtemps sous forme manuscrite, dès les années 1630. Cet ouvrage était connu et apprécié de Louis Lallemant (1588-1635) dont la *Doctrine spirituelle*, des années 1630, dut attendre 1694 pour être publié à Paris. Tous ces livres revendiquent leur appui sur la « pratique » et proviennent largement d'exhortations données au cours de la formation des jésuites (ainsi de Rodriguez et de Lallemant[67]). Ils frappent par leur traitement systématique, marqué par le langage et la pensée scolastiques dans le traitement de la vie spirituelle.

Ces ouvrages relèvent de la « science », de la doctrine, malgré leur revendication pratique. En France, les œuvres d'un Jean Suffren (1571-1641), *L'année chrétienne ou le saint et profitable emploi du temps pour gagner l'éternité* (Paris, 1640), adoptent un tour encyclopédique : quatre volumes in-quarto de mille pages chacun. Ils compilent sous un même titre l'ensemble des pratiques chrétiennes où l'on a désormais recours à la lecture : retraite, confession, prière quotidienne, fête des saints. Toute occasion de la vie s'accompagne d'une lecture, d'un conseil. De tels ouvrages manifestent combien la vie chrétienne s'est littérarisée : sans doute est-ce moins l'effet d'une cléricalisation de la vie chrétienne qu'une mutation de la culture moderne, où, sous l'effet du catholicisme qui cherche à encadrer l'ensemble de l'existence, chaque instant de la vie fait l'objet d'un écrit. Les ouvrages intitulés *Année*, *Semaine*, *Horloge* visent la sanctification de l'existence. Ils témoignent de la puissance que les jésuites accordent à la littérature.

Avec cette série d'ouvrages, nous touchons à une seconde catégorie destinée aux fidèles. Ces livres sont prescrits par les directeurs à leurs

66 La liste, longue, des ouvrages de cette sorte peut être consultée à l'article « discernement » du *Dictionnaire de spiritualité*, comme pour chacun des items retenus ici. En outre, on se reportera au volume *Le discernement spirituel au* XVII*e* *siècle*, 2011. Voir également Turrini, 1991.

67 Si l'ouvrage de L. Lallemant a été largement étudié, les recherches entreprises par Joseph Koczera sur *Le Traité de la perfection* de Rodriguez, comme il fut traduit en français, s'avèrent nécessaires.

dirigés. Ils offrent, sans la technicité des premiers, des conseils sur la manière de prier, le discernement spirituel, les actes de dévotion qui ponctuent la vie chrétienne, de la prière du Rosaire jusqu'à la messe[68]. On trouve là des recueils de méditation[69]. Dans la première génération des jésuites français du dix-septième siècle, il faut citer, aux côtés de Jean Suffren, Louis Richeome (1544-1625), Étienne Binet (1569-1639), Nicolas Caussin (1583-1651), Paul de Barry (1587-1661), Pierre Le Moyne (1602-1671). Beaucoup furent marqués par François de Sales et son idéal d'une dévotion aisée. Il serait vain de reprendre la classification en école, celle de l'humanisme dévot, puis celle de Lallemant, comme le fit autrefois Bremond. Il faut citer encore Jean Hayneuve (1588-1663), pour ses *Méditations*, Jean-Baptiste de Saint-Jure (1588-1657) et Jean-Joseph Surin (1600-1665). En parcourant le siècle, il faudrait ajouter François Guilloré (1615-1684), Jacques Nouet (1605-1680), Jean Crasset (1618-1692), Vincent Huby (1608-1693), ces trois derniers pour avoir écrit des retraites. Il faut enfin mentionner les correspondances rassemblées, et parfois publiées, par les dirigés. D'autres recueils voient le jour à l'intérieur de la Compagnie, le plus souvent à titre posthume[70].

Les influences, les positions, les genres littéraires sont par trop divers pour faire accroire à une unité et à une « littérature jésuite » dont l'épithète absorberait les singularités et les divergences. En égrenant ici ces ouvrages apparaît un principe de la littérature jésuite moderne, au carrefour de l'exigence d'adaptation, héritée des annotations des *Exercices* et des recommandations des *Constitutions*, et de la politique ecclésiale de la Compagnie en France. La maîtrise rhétorique alliée au surgissement d'une poétique à l'intérieur de l'Ordre nourrit l'adaptation spirituelle des œuvres à leur lectorat.

La variété et l'abondance de la production littéraire jésuite viennent de l'importance accordée à l'annotation 18 des *Exercices.* On choisit les exercices à partir des « capacités » de ceux « qui veulent recevoir des exercices[71] ». Ignace suggère un parcours possible à travers la préparation de la

68 Martin, 2009.

69 Les livres de méditation se présentent sous des formes diverses, paraphrases de l'Écriture, sermons, poésies, etc. Voir Belin, 2002.

70 L'ouvrage de Guibert, 1953 reste à ce jour, malgré sa tendance à lisser les différences, la meilleure présentation de cette littérature jésuite. Le *Dictionnaire de spiritualité* offre de multiples entrées par les auteurs et les thèmes traités.

71 ES, 18.

confession, l'examen de conscience, des manières de prier, la considération de ses péchés. Les *Constitutions* proposaient la même flexibilité[72] et les premiers récits des jésuites témoignent de cette pratique diversifiée[73]. Le tournant pris sous Aquaviva a fait de ce type d'exercices la pratique commune de la Compagnie, tant à l'extérieur, à destination des fidèles, qu'à l'intérieur, même si les grands exercices demeuraient réservés au noviciat et au Troisième An, mais encadrés par de longs enseignements et des méditations en forme de prédications. On se souvient de la critique acerbe adressée par Roothan, en 1834, à ce genre de littératures qui, selon lui, ensevelit les *Exercices* sous la lecture. Le retraitant était devenu un homme passif à instruire plutôt que le sujet de ses décisions. Il est certain que la mise en place d'une intense politique missionnaire, à l'intérieur des villes françaises en particulier, a fourni l'occasion d'une diffraction des *Exercices* en autant de thèmes, situations et méthodes, devenus, de génération en génération, l'objet d'un traitement littéraire.

Cette diversification a été particulièrement mise en valeur par un des premiers historiographes jésuites des *Exercices* et de leur postérité. Henri Watrigant (1845-1926) s'était lancé dans les années 1880 dans une collecte de tous les titres, ouvrages, imprimés, feuillets, qui, de près ou de loin, touchaient aux *Exercices* et aux retraites. Désireux lui-même de s'inspirer de ce que Vincent Huby avait inventé à Vannes, en 1661, en fondant une maison de retraites spirituelles[74], Watrigant rassembla une riche « Bibliothèque des Exercices » qu'il ordonna et publia[75]. Le plan qu'il donne de cette bibliothèque répartit les ouvrages selon les éditions du texte des *Exercices*, puis ouvre une large section intitulée « La Science », qui enregistre les traités de direction, les méthodes d'oraison, inclut une sous-section sur les retraites, leur préparation, leur conduite, et les suites à leur donner. La Bibliothèque se clôt sur des livres d'histoire. Watrigant donne à apercevoir dans le détail du plan qu'il suit pour la section sur les retraites la conception que les jésuites se

72 CS, 649.

73 Polanco, *Vita Ignatii Loyola et rerum Societatis Historia*, 6 vol., Madrid, IHSI, 1894-1898 connu parfois sous le nom de *Chronicon* ; Favre, *Mémorial*, passim. Pour Polanco, l'ensemble des volumes de l'édition de Madrid est numérisé et consultable sur le site, http://www.sjweb.info/arsi/Monumenta.cfm. Une traduction française est disponible sur le site : https://archive.org/search.php?query=polanco chronicon.

74 Voir Quéniart, 2000.

75 Les Archives de la Compagnie de Jésus – Paris conservent le fonds Watrigant. Il servit largement à l'élaboration du *Dictionnaire de spiritualité*.

sont progressivement faite de l'adaptation des exercices : on ne compte pas moins d'une cinquantaine de situations envisagées pour classer les ouvrages (pour préparer une entrée dans la vie religieuse, un mariage, pour des religieux d'autres ordres que les jésuites, pour des laïcs selon leur métier, pour des dévotions spéciales, comme le Sacré Cœur, et ainsi de suite[76]). L'exhaustivité du classement montre avant tout la pratique de la diversification des ouvrages.

MOUVEMENTS LITTÉRAIRES

L'abondance littéraire jésuite s'enracine dans le principe missionnaire de l'adaptation des *Exercices*. Mais là où les *Exercices* préconisaient de s'adapter à chacun en particulier, les livres s'adaptent à des « catégories », des « classes » de fidèles, distinguées selon leurs états (mariés, religieux), leur situation sociale (la Cour, les métiers que regroupaient les confréries, les salons qui réunissent les dirigé(e)s, leur genre). La substitution d'une adresse à des particuliers – dans la conversation – à une destination générale du discours à un public, socialement ou ecclésialement déterminée – sous la modalité de la prédication ou de l'instruction – modifie profondément la nature de la direction. En outre, l'écriture se coule certes dans le moule de l'éloquence, mais en transforme la portée.

Ce que l'on a pris coutume d'appeler « littérature » connaît ces mêmes tensions à l'époque moderne. À la différence de la prose des *Exercices* d'Ignace de Loyola, les œuvres des jésuites reflètent bien l'emprise de la rhétorique. Remarque d'évidence, sans doute, si l'on considère le rôle que les jésuites ont tenu dans le développement et la diffusion de la rhétorique. Comme l'a montré fortement Marc Fumaroli, les jésuites n'ont pas peu contribué à faire naître, à la fin de la Renaissance et à l'aube de l'époque moderne, une littérature. La conversion littéraire des *Exercices* ou de l'aide par la conversation s'est produite à la fois en raison de cet empire de l'éloquence, mais aussi du fait de la politique missionnaire jésuite. Les mutations des *Exercices* (réforme de sa vie au lieu de l'élection, limitation à une semaine, instruction et prédication plutôt que conversation) pour les rendre adaptés à un plus grand nombre offraient les conditions favorables à leur littérarisation. La littérature échappe au registre privé. Mais ce qui affecte ainsi la Compagnie de Jésus

76 Watrigant, 1926.

prend place à un moment particulier de l'histoire littéraire, au temps de son invention, dont on trouve des échos dans la vie de la Compagnie[77].

Née dans le sillage de l'éloquence propre à la prédication, au cœur des activités de la Compagnie, la littérature jésuite rencontra la question de la poétique et de son autonomisation alors en cours[78]. La rhétorique, qui se définit comme l'art de persuader, investit le langage et déploie les ressources de son expressivité. Sans se réduire à *l'elocutio*, à la composition du discours pour sa clarté et son ornementation, la rhétorique inclut un art poétique qu'elle asservit à sa fin principale, la persuasion ou l'éloge. L'éloquence est une servante, fût-elle parée des plus beaux atours. On vit pourtant naître des pièces, poésie, prose, théâtre, qui, sans renoncer à louer Dieu et à le servir, prirent un tour littéraire plus affirmé, affranchi des circonstances, où les fins du discours s'obscurcissent au profit du seul plaisir à de dire, lire ou entendre, les textes composés[79]. D'autres jésuites s'en offusquèrent. Le débat se redoubla à propos du langage mystique, dont la ferveur s'épanchait dans une saveur poétique et une créativité qui ne furent pas au goût de tous les censeurs. Se laissait-on séduire par les images et les métaphores ; la langue mystique n'était-elle qu'imagination et fantaisie ? Surin mettait en garde ses lectrices qui auraient pu se laisser prendre, lui dont le style, c'est-à-dire la singularité, inquiétait ses confrères craignant que s'altère la prose commune et la pureté de la foi[80]. Y a-t-il une place pour des écrivains dans un corps missionnaire ?

Une histoire de l'investissement de la littérature par la Compagnie de Jésus est encore à écrire. À qui a-t-elle progressivement accordé le statut de *scriptor*[81] ? Quelle sorte d'écrits rédigeaient ceux qui étaient considérés comme écrivains, où et comment étaient-ils édités ? Quelles fonctions occupaient ceux qui, ne disposant pas du titre, écrivaient

77 Fumaroli, 1994, Van Damme, 2005.

78 En ce sens, la littérature jésuite, comme la littérature telle qu'elle apparaît alors, naît dans le sillage de la conversation. Le constat avait déjà été dressé par Voltaire et Sainte-Beuve. Pour le XVIIe siècle, voir en particulier Fumaroli, 1994.

79 Si la critique littéraire contemporaine s'est peu attardée à la littérature jésuite, il faut signaler le recueil réuni par Thill, 1999. Rappelons que Jean Rousset faisait la part belle aux jésuites, en particulier à Le Moyne, Rapin et Bouhours. Rousset, 1953.

80 Voir Surin, 1966, p. 1568-1570. Sur la langue poétique de Surin, en particulier l'aveu de son goût pour Ronsard, Surin, 1996. Sur la métaphore dans la langue des mystiques, Houdard, 2008., p. 121-217. Voir également Duyck, 2019.

81 Demoustier, 1995.

cependant et publiaient également ? On sait, depuis les travaux d'A. Viala sur la *Naissance de l'écrivain* et de C. Jouhaud, quant aux *Pouvoirs de la littérature*, l'importance d'identifier la constitution d'un corps institué d'écrivains pour l'émergence d'un champ littéraire. Si le premier en fait la condition de possibilité d'une littérature, le second a souligné que, dans le premier dix-septième siècle, l'autonomie des écrivains n'était pas nécessaire, et que la littérature se constituait ainsi comme « espace social autonome, mais protégé et asservi[82] ».

Autre interférence de la littérarisation des activités jésuites avec l'histoire globale de la littérature, l'articulation du public et du privé, son transfert de l'un à l'autre[83]. De même, la transplantation, si l'on ose dire, de la prédication, des exhortations publiques et des conseils dans le livre, pouvait passer pour une sortie des institutions de contrôle et d'application de ces discours (la paroisse, la confrérie …). Pour le dire autrement, la lecture n'aurait pas d'autre lieu que le privé. C'est du moins, comme on va le voir, ce que pouvaient craindre certains jésuites. Mais, par les prescriptions de lecture que font les directeurs, la direction spirituelle n'organise-t-elle pas un espace de circulation, une mise en partage de ces écrits, qui fait entrer le lieu privé de la lecture (« l'oratoire », disait Coton) dans un espace commun[84] ? La direction a pour lieu l'espace commun où se déploie l'activité littéraire : l'échange de lectures, la conversation lettrée, dont le thème porte ici sur des sujets de vie spirituelle[85]. La société des nobles et des robins, à laquelle les jésuites participaient par leur origine et par leur choix missionnaire, via les collèges, a été l'espace d'émergence de la littérature spirituelle, tant dans la prégnance des formes « à la mode » (la lettre en est le plus parfait exemple tout comme les maximes), la définition de normes du

82 Jouhaud, 1988, n° 4, p. 862, cité dans Merlin, 1994, p. 408. L'émergence d'écrivains au sein de la Compagnie se rapprocherait-elle alors de la situation des écrivains pensionnés par Richelieu à l'Académie ? La Compagnie leur assure une autonomie relative par sa protection, y compris financière, attendant en retour l'obéissance, l'orthodoxie, et l'unité de doctrine. On pourrait alors dresser le profil de quelques trajectoires jésuites. Nous avons tenté cela pour Surin, écrivain jésuite publié par des soutiens extérieurs à la Compagnie. Voir Goujon, 2008, p. 61-72.

83 Merlin, 1994.

84 H. Merlin proposait déjà en 1994 de penser ce partage comme premier, manifestant ce qui arrive en commun, le « bien commun » que tente d'édifier en le publiant le P. Lejeune. Elle a poursuivi en ce sens avec *Lire dans la gueule du loup*. Merlin, 2016.

85 Voir Craveri, 2002.

style, que dans les modes de circulation et de discussion[86]. La direction participe de cette circulation des écrits, hors institution, sans lieu propre, là même où la conversation se risque sur le terrain du particulier, dans ce lieu que la Compagnie ne peut déterminer par avance. La dynamique de partage des écrits relance la conversation, là où l'écriture semblait l'en priver.

Si les mutations de la direction, liées aux transformations des *Exercices*, semblaient amoindrir la force de subjectivation qu'offrait le modèle d'Ignace de Loyola, l'inscription de la direction dans une culture de la conversation lettrée lui donne un nouvel élan. La direction semble dès lors comme une part de la culture, une des modalités des échanges sociaux, celle qu'administre l'institution religieuse. La direction est devenue l'élément d'une culture : les échanges peuvent échapper au pouvoir clérical qui cherchera à retrouver un pouvoir de régulation de la conversation, ouverte à toute question, toute lecture. Le contrôle du lecteur devient une nécessité d'autant plus grande que sa liberté se manifeste.

86 Une étude sur la fréquentation par les jésuites de la société mondaine de l'époque moderne, en particulier en raison de leur commune appartenance, éclairerait l'avènement de la littérature spirituelle jésuite, sans parler des bénéfices pour une histoire sociale des manières dont les jésuites concevaient et réalisaient leur mission, tant dans les résidences en villes, que dans les missions intérieures des campagnes et les missions lointaines.

LA PLACE DU LECTEUR

Le directeur conseille des livres qui occupent dans la vie chrétienne une place nouvelle. Mais ce n'est pas sans interroger la fonction de la direction spirituelle : que devient cette relation quand, au dirigé, se substitue le lecteur ? Comment penser le passage du particulier au public ? Le livre est compris comme un compromis pastoral, dont les pouvoirs sont pensés comme sacrement. Le rapport à la littérature du dix-septième siècle s'y éclaire d'un jour nouveau, dans la ressemblance et surtout la distance que creuse une théologie. Le livre conduit le lecteur plutôt que celui-ci ne trouve à élaborer sa conduite. L'assujettissement s'y révèle à son comble. Mais cette manière de diriger sera radicalement mise en question, comme si le recours à la littérature spirituelle dans la direction venait interroger la possibilité même d'une direction. La littérature dévoilerait alors les illusions de la direction.

LE TRAVAIL DU LECTEUR SELON ÉTIENNE BINET

Les livres d'Étienne Binet (1569-1639) serviront de guide pour entrevoir comment était définie la place du lecteur. Avant de préciser comment son entreprise littéraire rejoignait ses conceptions de la direction spirituelle, ouvrons l'un de ses ouvrages afin de comprendre ce qu'il attendait de son lecteur. Nous pourrons mesurer, à travers Binet, ce qui fut proposé de manière générale dans les livres de méditation des jésuites.

Recteur du Collège de Clermont, en 1631, Étienne Binet publie à Paris *Des attraits tout puissants de l'Amour de Jésus-Christ et du Paradis de ce monde*[1]. Composé de 22 chapitres, ce petit format de près de 800 pages, mêle paraphrases bibliques et enseignements consacrés à quelques grandes vertus de la vie chrétienne informée par la vie du Christ : l'humilité et la beauté du Christ, sa vie cachée, les excès de son amour, sa sagesse, les miracles, sa douceur et finalement la Passion. Le livre se conclut par des chapitres sur l'amour dont nous devons aimer le Christ. Le dernier chapitre brosse la fresque apocalyptique d'un Christ en gloire, agneau triomphant de tous ses ennemis, hérétiques et démons. L'auteur lui offre ce tableau en hommage de ses perfections et lance à son lecteur un appel à l'adoration.

Le premier chapitre indique à son lecteur comment lire et méditer :

> Le miroir où on peut voir les plus beaux traits de la vie de Jésus-Christ, et le tableau excellent de la bonté ineffable du Père éternel, c'est l'histoire d'Abraham et d'Isaac. Les premiers chrétiens en avaient coutume d'avoir ce tableau en leurs maisons, comme un remède à tous les maux que le cœur peut souffrir en ce monde. La vue de cette amoureuse offrande console si fort une bonne âme, qu'il n'y a supplice qu'elle ne trouve doux, considérant attentivement ce sacrifice. Qui veut donc savoir l'ineffable bonté de Dieu notre Père en nous donnant son Fils, et qui veut voir les perfections de Jésus-Christ, dans un tableau raccourci, mais tiré au vif, il faut suivre mot à mot le narré de cette histoire, et bien peser toutes les paroles, et les goûter, pour en tirer le suc et la substance. Quiconque donc veut apprendre à bien servir Dieu, il faut lire ce que fit Abraham, et ce que souffrit Isaac ; se mouler là-dessus, et y façonner sa vie : et voilà un vrai moyen d'être bientôt un Saint du Paradis[2].

La méthode indiquée par Binet relaie celle qu'Ignace de Loyola recommandait dans les *Exercices* quand les contemplations ne pouvaient être proposées dans la démarche complète des *Exercices*. Une des manières de prier « se fait en contemplant la signification de chaque mot de la prière ».

> Et l'on restera dans la considération de ce mot aussi longtemps que l'on trouvera des significations, des comparaisons, du goût et de la consolation dans des considérations qui se rapportent à ce mot. On procèdera de la même manière pour chaque mot du *Pater noster* ou de toute autre prière sur laquelle on voudrait prier de cette manière[3].

---

1 Nous reproduisons en annexe quelques extraits de cet ouvrage.
2 Binet, 1631, p. 8.
3 ES, 238-260, pour les « Trois manières », la deuxième se trouve en 250-257.

Binet, en peu de mots, concentre les objectifs de la lecture de son ouvrage : « voilà un vrai moyen d'être bientôt un Saint du Paradis ». La lecture assure le croyant de son salut : elle aura pour effet de transformer son existence : « il faut suivre mot à mot le narré de cette histoire, et bien peser toutes les paroles, les goûter, pour en tirer le suc et la substance ».

Binet suit une scène biblique, le sacrifice d'Abraham, dont il livre une paraphrase. Il élabore la matière du discours (*inventio*), comme le montre le plan de son ouvrage, il en agence l'ordre et en compose les récits (*narratio*), qu'il parsème de figures (*elocutio*). Les premiers paragraphes affirment le caractère didactique de l'ouvrage. L'apprentissage se fera par le cœur, l'affection, mais il s'agit d'apprendre et de se conformer à un modèle. L'itinéraire propose un savoir, « l'ineffable bonté de Dieu », présenté de manière synthétique, « un tableau raccourci[4] ». Ici, le miroir renvoie à la fois à l'histoire représentée, le sacrifice d'Abraham, miroir à son tour du personnage central de ces méditations, le Christ, et au livre qui le représente, tendu au lecteur pour l'appeler à la conversion. L'éloquence virtuose de Binet se dévoile déjà dans l'énoncé de ce programme en abîme et dans les diffractions des « attraits » du Christ, image de la bonté du Père céleste. Le miroitement baroque l'emporte sur la concision des indications pour prier d'Ignace de Loyola[5].

À la vue du modèle, le lecteur, par différence, découvre ses imperfections. Binet en appelle à son sens moral. La rhétorique de l'admiration a pour but de convaincre le lecteur de son devoir. Le modèle oblige. Tout au long de la méditation, les affects et les pensées du lecteur sont déterminés par l'auteur. Les affects sont induits par le narrateur, loin des recommandations pour donner les *Exercices* :

> Prends ton cher fils Isaac ; le cœur me tremble ; je ne sais pas si celui d'Abraham en fait de même : je prévois ici quelque malheur ; que ne prend-on plutôt Ismaël ? Aussi bien le faut-il chasser. Que ne prend-on le fils d'un de ses valets ? Que veut-on faire de cet innocent Isaac qui est beau comme le plus beau jour, et bon comme un Ange, et qui est le seul appui de la maison, la lumière des yeux du père, et le cœur de la mère. Que prétend faire Dieu

4 Le lieu commun du livre-miroir joue ici à plein. L'image du « miroir » désignait en effet des ouvrages didactiques, allégoriques le plus souvent, à visée moralisatrice. Selon Evelyne Berriot-Salvadore, le texte-miroir, où se réfléchissent dans le narrateur les vertus de l'auteur, est proposé comme « patron » auquel la lectrice est appelée à se conformer. Berriot-Salvadore, 1990, p. 397-405.

5 Sur le miroir et le miroitement baroque, Rousset, 1953, p. 142-150.

> de ce saint homme et de ce fils unique ? Prends ton fils, et je te commande que tu me l'offres en holocauste. Autant de mots, ce sont autant de coups de dague, et autant de quarreaux du Ciel qui martyrisent le cœur de ce pauvre et misérable père[6].

Une autre différence concerne le « colloque » qu'adresse le retraitant à Dieu dans sa prière[7]. Le lecteur de Binet n'a qu'à s'entendre lire ce que l'auteur écrit :

> Un bon père n'a pas plus grande frayeur que voir mourir son fils devant soi ; et quand il faut arriver à cette extrémité déplorable que de faire mourir quelqu'un, on en cache tous les instruments, et toutes les circonstances qui peuvent faire crever le cœur des pères et des mères ; vous avez vous-même commandé que jamais on ne sacrifiât la brebis et l'agneau, la mère et le fils tout ensemble, et pourtant vous le faites ici, car en nommant Isaac et Abraham, vous massacrez le fils d'un coup de coutelas, et le pauvre père d'un coup horrible de tonnerre ; et pour l'accabler tout à fait, vous lui dites, et redites, et ce n'est jamais fait. O Dieu, quel brave homme que ce saint patriarche ! quel cœur d'or massif ! quelle âme diamantine ! quelle fidélité envers Dieu ! quel cœur et quel amour épuré ! combien de pères et de mères seraient morts de frayeur, et lui le saint homme ne dit pas un seul mot ; je ne sais pas s'il change de couleur au visage ; je sais bien que son cœur ne branle nullement, et que sa constance est tout à fait inébranlable[8].

Une nouvelle pédagogie de la prière se dessine. Elle enseigne la méditation par le mimétisme de son lecteur qui adoptera les affects et les pensées que lui dicte le livre. Le livre de médiation jésuite met à la disposition d'un plus vaste auditoire les épisodes de l'Écriture tout en maîtrisant la prière du lecteur.

La suite de la méditation du sacrifice d'Abraham explicite encore le modèle théologique qui se met en place dans la narration. Binet lève les obstacles à la vraisemblance qui pourraient freiner l'identification du lecteur à son modèle[9]. Il s'interroge sur les pensées qui vinrent à Abraham de qui Dieu exigeait le meurtre rituel de son fils :

---

6 Binet, 1631, p. 26.

7 ES 54.

8 Binet, 1631, p. 33.

9 Dans ces mêmes décennies, existe un « théâtre sanglant », où la mort violente est représentée, avant que ne s'imposent les règles du théâtre classique. Mais ici, toutefois, il s'agit moins de représenter la violence, arrêtée dans l'histoire d'Isaac, que de s'interroger sur les sentiments d'un père à qui est exigé le sacrifice de son fils, ce qui définirait une histoire

> Ne lui vint-il point en pensée que tout cela n'était qu'une illusion du malin esprit, plutôt qu'une vision de Dieu ou du bon Ange ? Une chose si étrange viendrait-elle de Dieu qui est si bon ? [...] Tout ceci n'est-il pas évidemment contre les lois du ciel qui détestent les sacrifices des chairs humaines et les défendent sous peine de mort. [...] Qui jamais représentera mieux Dieu le Père qu'Abraham, et le fils de Dieu qu'Isaac. Cependant, ce n'est pas Dieu le Père qui a crucifié son Fils, mais il l'a abandonné à la barbarie des bourreaux, et ici on veut que ce soit Abraham même qui en soit l'exécuteur ?

Binet écarte la possibilité qu'Abraham se soit ainsi interrogé :

> Rien de tout cela ne lui vient à la pensée, ou s'il lui vient, il chasse tout cela comme des tentations [...] Il aime bien son fils, mais il aime cent fois plus son Dieu, qui est maître, et du père et du fils[10].

Binet désamorce le sentiment d'invraisemblance, qu'il anticipe sur son lecteur, en le qualifiant moralement de tentation. La lecture du sacrifice d'Abraham se conclut par la leçon que le lecteur pourra tirer pour sa foi, et débouche sur le sens anagogique de l'Écriture[11]. Le Christ s'offre à la place du sacrifié, Isaac, miroir du lecteur, non comme victime de la colère de Dieu, mais comme objet d'une « si excessive bonté ». Dieu accorde à son Fils sa gloire éternelle par la Résurrection, promesse de celle qu'il veut offrir aux hommes. Par son obéissance et son renoncement total à soi, le Fils accède à la gloire du Père : voilà le chemin qui se dessine pour le lecteur. Est requise la soumission à Dieu, dût-elle passer par l'incompréhension de ses « stratagèmes », comme l'écrit Binet. Pour dépasser les résistances du lecteur, Binet le conduit de la résistance face à ce sacrifice, qui serait une tentation, à l'admiration. Entre Dieu et le croyant, seule compte l'obéissance. La méditation doit enseigner cela : le livre met en place une pédagogie de l'obéissance, de la conformation, sans atermoiement.

Binet manifeste une grande maîtrise du récit non pas seulement dans sa composition et ses figures, mais dans la capacité à construire par le récit la relation qu'il veut voir son lecteur entretenir avec Dieu :

---

tragique. Voir Biet, 2008, et le recueil *Théâtre de la cruauté et récits sanglants, France* XVIe-XVIIe, 2006.

10 Binet, 1631, p. 34-35.

11 Dans la théorie des quatre sens de l'Écriture, à l'époque médiévale, mais dont la lecture spirituelle s'inspire, le sens anagogique concerne l'avenir, ce qui attend le fidèle à la fin des temps. Voir Lubac, 1959-1964.

une entière soumission. S'énonce, à même la narration, un modèle de vie chrétienne, placé sous le signe de l'assujettissement, justifié, aux yeux de son auteur, par la représentation eschatologique d'un Paradis offert par Dieu à ceux qui lui obéiront. La méditation a dès lors pour but de faire assimiler le discours pour qu'il devienne le principe de l'action du lecteur dans son existence. La méditation n'est plus la recherche du sens de la parole de Dieu, mais bien l'assimilation d'une exégèse déjà effectuée en vertu d'un modèle théologico-politique de domination.

LE LIVRE, UN COMPROMIS PASTORAL

Face aux difficultés que perçoivent les jésuites du passage de la prédication au livre de méditation, Binet trouve une solution dans un compromis pastoral. À nouveau, une position théologique lui permet de résoudre un problème posé par l'entrée de la littérature dans la mission jésuite. Mais ce compromis était-il tenable ?

Le traité *L'Ineffable miséricorde de Dieu à la conversion du bon larron* que Binet publie en 1626 chez Sébastien Cramoisy s'ouvre par l'opposition entre justice et miséricorde divine, lieu commun de la prédication, mais le propos tourne vite à une réflexion sur les effets pastoraux de la publication[12]. Faut-il prêcher plutôt la justice de Dieu que sa miséricorde ? Pour Binet, la réponse à cette question dépend du genre de discours et de la situation d'énonciation. Dans un sermon, où l'on s'adresse à plusieurs, il faut prêcher la justice ; « à la confession, il vaut mieux suivre la douceur[13] ». Dans le cas de la confession, il faut se régler sur le « tempérament » de celui auquel on parle. Le confesseur s'appuie sur une psychologie des tempéraments et récuse toute règle générale : « vous dirai-je que chacun se doit mesurer et choisir, qui aime mieux la voie de rigueur qu'il la prenne de par Dieu, qui la douceur, la douceur, mais à la charge qu'on fasse ce que dit St Paul : celui qui mange, qu'il se garde bien de condamner celui qui ne mange

12 Binet, 1626.
13 *Ibid.*, p. 41.

pas[14]… ». S'ajuster à chaque pénitent, précise Binet, trouve finalement son fondement dans la variété des chemins d'accès à Dieu.

> On ne saurait donner une règle générale à tout le monde, s'il y a douze portes en Paradis, chacun y entre par celle qu'il pourra, et que vous chaut-il par où vous y entriez moyennant que vous y entriez un jour[15] ?

En ouvrant son ouvrage par ces réflexions, Binet en justifiait la position délicate. Traitant de la miséricorde de Dieu, il s'avançait sur le terrain de la théologie morale. D'un côté, parce que le livre est écrit pour un lectorat indéterminé, il faut tenir l'exigence de justice de Dieu, comme pour un sermon public. De l'autre, parce qu'un livre s'adresse à un lecteur singulier, la miséricorde doit l'emporter, comme au confessionnal. Binet fait valoir ainsi la difficulté à penser la réception littéraire. Il pose le problème en ces termes : le livre est un phénomène public, social, mais la lecture est un moment privé, singulier.

La position de Binet n'est pas étrangère à ce qui se trame plus largement dans la « république des lettres », entre la fin du seizième siècle et le début du dix-septième. Hélène Merlin a montré comment dans cette période s'approfondissait en France la réflexion sur la notion de public. L'orateur publie une vérité qu'il est chargé de porter par son exemplarité et la justesse de son discours[16]. L'espace public conforte ce que l'orateur divulgue. Son discours s'en trouve à son tour consolidé. L'orateur peut prétendre ainsi à une forme de souveraineté. La « *respublica litteraria* veut se substituer à la *respublica christiana* défaillante, et refaire son unité autour de nouveaux principes de savoir[17] ». Le particulier, auquel les auteurs adressent leur livre, comme en attestent nombre de préfaces ou avis au lecteur, est considéré comme un membre du corps politique à l'édification duquel le livre veut contribuer. Dès lors, selon H. Merlin, deux positions d'auteurs se dessinent : soit que certains ont « été sollicités par le pouvoir pour *publier* auprès des particuliers les bienfaits de sa politique […], soit qu'ils aient construit leur activité d'écrivain comme une activité de particuliers adressée publiquement à d'autres

---

14 *Ibid.* ; p. 40. Dans l'ensemble des traités que nous avons consulté, le recours à la psychologie des tempéraments est commun. Sur l'articulation de cette caractériologie à la science traditionnelle du discernement, voir *Le discernement spirituel au* XVII*e siècle*, 2011.

15 Binet, 1626, p. 41.

16 Sur cette position classique de la rhétorique, voir en particulier Conte, 2015.

17 Merlin, 1994 p. 111-126. Nous empruntons la citation à la p. 126.

particuliers[18] ». Son étude montre combien au cours du dix-septième siècle, la littérature espérait tenir un rôle politique et faire entrer dans un public chaque particulier auquel le livre s'adresse, et dessiner ainsi du public une « figure d'incorporation mystique[19] ».

Pour les écrivains jésuites, chacun des fidèles auxquels ils s'adressent est appelé à faire partie de la communion des saints et à en édifier, dès ici-bas, les contours. La communauté mystique de l'Église est à l'horizon de l'écriture, et justifie le ministère de la parole publique du prédicateur, comme les encouragements du confesseur au particulier. Ce que peine à articuler Binet, comme nombre de ses confrères si l'on en juge par la récurrence de ce motif dans leurs écrits, c'est le passage du public au privé. Or, l'articulation est d'autant plus difficile qu'elle se heurte à la fois à une instabilité du statut de l'écrit dans la culture lettrée, marquée par les conceptions rhétoriques et oratoires alors dominantes, et à une aporie de la théologie moderne : confesser en même temps la justice de Dieu et sa miséricorde, soit, pour le lecteur, la conscience de son péché et l'assurance de se savoir pardonné. Tenir ensemble les deux propositions risquait de conduire le théologien catholique vers la formule luthérienne, « *simul peccator et justus* ». La solution de Binet au problème, d'abord littéraire de la destination publique d'un discours à un particulier, se résout dans l'élaboration théologique de la pratique littéraire. L'autonomie du lecteur sera contrôlée par l'autorité sacerdotale de l'auteur, une pratique quasi sacramentaire de la lecture et le refus du plaisir littéraire.

Pour Binet, le discours littéraire appartient dès sa publication au domaine de la discussion, mais l'usage privé du livre qu'il escompte, pour la réforme morale de l'existence de son lecteur, requiert les mêmes règles de bienveillance que celles du sacrement. Pour ne pas renoncer à publier sur ces matières, Binet transfère sur le lecteur, identifié au pénitent dans la confession, la responsabilité du confesseur de choisir le discours à tenir en fonction du tempérament du fidèle, mais aussi de la gravité du péché.

Le livre ouvre au lecteur une place de sujet autonome pour décider de la conduite à tenir une fois lue la méditation. Pressentant que le lecteur pourrait décider seul de sa situation face à la justice de Dieu, Binet lui

18 *Ibid.*, p. 129.
19 *Ibid.*, p. 131.

prescrit un acte de contrition, la reconnaissance et le regret de sa faute. Dans le passage du traité où il revient sur la scène de la crucifixion du Christ entouré des deux larrons, Binet précise ce qu'il attend du lecteur :

> Je pourrai dire en un mot qu'il faut faire ce qu'a fait le bon larron non pas attendant à la fin de la vie, mais à l'heure où vous lisez ceci en ce même instant[20].

Invitant son lecteur, à dire « un bon *peccavi* », une formule de contrition, Binet intercepte son lecteur dans le cours de sa lecture solitaire. Du point de vue de l'énonciation, l'auteur construit la lecture sur le modèle d'une confession : passage au style direct, interruption de la paraphrase biblique par le discours du confesseur dans le temps de la lecture, interlocution (je/vous), embrayeur temporel. La mise en abîme veut imposer la conversion de la lecture en sacrement de pénitence. L'auteur impose un contrat à son lecteur à partir de son autorité sacerdotale, son pouvoir de confesser. La règle ecclésiale veut conquérir l'espace de la lecture privée. Binet dévoile ainsi le pouvoir qu'il attend de son livre et la place qu'il accorde au lecteur.

On aperçoit ce qui se joue plus généralement dans la première moitié du dix-septième siècle autour de la lecture[21]. De longue date, les spirituels s'en prennent à la lecture des romans. La querelle autour du *Roman de la Rose* au quinzième siècle en avait été l'amorce[22]. Mais c'est surtout contre la lecture que les spirituels en avaient par comparaison avec les atouts de la méditation, tels que déjà un Augustin, dans son *De Doctrina Christiana*, les avait soulignés[23]. Impliquant celui qui prie, la méditation supposait dispositions spirituelles et compétences intellectuelles dans une activité dont la lecture semblait le priver. L'essor de la lecture pour des laïcs que permit la *Devotio moderna* lui redonna du poids. Mais on voit, par contraste avec les opérations dans lesquelles les *Exercices* insèrent la méditation (imaginer la scène, réfléchir à partir de ce qui est lu, se situer personnellement dans le colloque, se décider), les faiblesses que pouvait comporter la lecture. Le *Discours de la Méthode* de Descartes (1637) continua de souligner l'infériorité de la lecture sur

20 Binet, 1626, p. 320.
21 Volpilhac, 2015.
22 *Ibid.*, p. 135.
23 Bochet, 2004.

la méditation. Binet est contemporain de ces fluctuations du statut de la lecture, du parti que peut tirer la direction de sa passivité, de la suspicion qui pèse sur l'autonomie du lecteur, et de l'encouragement à tirer profit spirituellement de cette autonomie en l'encadrant par les prescriptions d'un auteur-directeur. Que deviennent les conceptions modernes de la lecture comme lieu de la subjectivation dans la direction spirituelle[24] ? La fiction d'un acte de lecture comme sacrement de pénitence tente de hisser le lecteur vers les capacités traditionnellement reconnues à la méditation.

N'est-ce là qu'un artifice ? Autrement dit, la fiction d'une interlocution entre l'auteur et son lecteur, courant dans la littérature moderne, met-elle à distance les pouvoirs du livre ou les revendique-t-elle ? Mais à quoi conduirait la distanciation du pouvoir moral et spirituel de la littérature si ce n'est à son autonomisation, et au plaisir, de terreur ou d'admiration, qu'il y aurait à lire le récit du bon larron, et finalement du Christ en croix ? Par contraste et pour aider notre réflexion, portons-nous vers la fin des années 1670, et rappelons ce qu'écrivait un Jean de La Fontaine dans « Le pouvoir des fables[25] ». Adressée à l'ambassadeur de France en Angleterre, Paul de Barillon d'Amoncourt, dans un contexte où la fragilité des alliances politiques européennes menace de faire éclater une nouvelle guerre, La Fontaine met à distance le pouvoir qu'une fable pourrait avoir sur son lecteur. La fable démultiplie les effets de second degré : le fabuliste dédie à l'ambassadeur une fable où l'on voit un orateur interrompre sa harangue au peuple d'Athènes par une fable qui le sort de l'ennui où l'avait plongé son discours

> À ce reproche l'assemblée,
> Par l'apologue réveillée,
> Se donne entière à l'orateur :
> Un trait de fable en eut l'honneur.

Rêve politique de la littérature ? La Fontaine n'est pas dupe et joue à n'en plus finir à tendre un piège à ses lecteurs, bien au-delà de son dédicataire : car s'il dédie la fable à l'ambassadeur, en particulier, et qu'il

24 Voir les remarques suggestives de Volpilhac, 2015, p. 34-38.

25 Le livre VIII des *Fables* paraît une première fois en 1678 chez Claude Barbin dans le dernier des trois volumes qui composent alors les *Fables choisies mises en vers par M. de La Fontaine*. Nous suivons l'édition de J.-P. Collinet, 1991, p. 295-297.

publie ses fables pour des lecteurs, la fable tout entière est méditation sur le stratagème qu'est la littérature. Elle déchire le voile sur son propre pouvoir qui est non pas d'ordre politique, mais d'ordre littéraire[26] :

> Au moment que je fais cette moralité,
> Si Peau d'Âne m'était conté,
> J'y prendrais un plaisir extrême.

Dans un tourbillonnant récit constamment interrompu, où le pouvoir de la représentation est toujours miné par celui qui est censé le détenir, la fable fait éprouver à son lecteur, ce que Louis Marin résumait d'une formule : la « puissance du *discours* du poète : plaisir *d'attendre* le *plaisir* du récit[27] ». La Fontaine met en avant ce qui ne peut pas ne pas se produire quand il y a récit : le plaisir comme satisfaction par l'imagination d'un désir, du désir, précise Marin, « que le monde possible soit le monde réel[28] ». Plaisir de l'affabulation.

Par contraste, on se demande si ce n'est pas ce plaisir que conjure Binet, et avec lui les auteurs de la littérature spirituelle d'une manière générale. Affirmer le pouvoir de la lecture dans l'ordre quasi sacramentel de la pénitence, n'est-ce pas neutraliser l'effet esthétique de la lecture sur le lecteur, pour l'orienter seulement vers la réformation de soi et l'amour de Dieu ? Le plaisir pris à la lecture fut en effet suspecté de nourrir soit la délectation soit l'illusion. Dès la fin du Moyen Âge, des auteurs spirituels ne cessent de le rappeler, comme Ruusbroec ou Harphius, que reprend Alvarez de Paz dans son *De Inquisitione pacis*, cité à son tour par Sandeus : l'esprit peut prendre plaisir à savourer pour lui même les dons spirituels[29]. Surin, dans les années 1660, bien au fait de la mode littéraire et des plaisirs de la lecture, dénonçait dans sa correspondance toute activité littéraire qui ne manifesterait pas le parfait détachement de soi et de tous les plaisirs comme invention de l'amour-propre et de la vanité[30]. Ses dirigées, lectrices de Mademoiselle de Montpensier, mêlaient dans leur conversation des maisons de la noblesse bordelaise, leur ravissement littéraire à leurs efforts ascétiques.

26 On se reportera à la remarquable analyse qu'en donnait Louis Marin dans *Le récit est un piège*. Marin, 1978, p. 15-34.

27 *Ibid.*, p. 26.

28 *Ibid.*, p. 31.

29 Adnès, « Luxure spirituelle », *Dictionnaire de spiritualité*, t. 9, col. 1260-1264, 1976.

30 Nous avons développé ce point dans Goujon, 2008, p. 349-358.

De ce mélange, Surin ne voulait point, et, écrivain lui-même, il prenait garde, dans la préface à ses poèmes, de reconnaître sa dette envers le style poétique de Ronsard tout en le faisant plier aux fins spirituelles qu'il poursuivait. Surin, pourtant, élabora une pensée du style où s'unifiait quête poétique et aventure mystique[31]. Dans les mêmes années, certains jésuites, s'intéressaient à la littérature en tant que telle, ainsi René Rapin (1621-1687), et sa dissertation sur le poème pastoral[32]. Moins de vingt ans plus tard, un autre jésuite accordait à la littérature une consistance propre et digne de recevoir une attention toute spirituelle. Dans ses considérations sur le « bel esprit », Dominique Bouhours (1628-1702), auteur des *Entretiens d'Ariste et d'Eugène*, précisait : « La véritable beauté de l'esprit consiste dans un discernement juste et délicat », appliquant à la littérature, des anciens comme des modernes, cette pratique du jugement spirituel ignatien pour en faire un exercice du bon goût littéraire[33]. Dans les propos de Binet, la valeur propre de la littérature ne semble pas loin d'être reconnue par le jésuite.

Binet encadre la lecture en faisant jouer une autorité extérieure à sa fonction d'écrivain, autorité du prêtre. Dans la Compagnie, la littérature est asservie à des fins pastorales. En cela, elle n'échappe pas à la situation décrite par Jouhaud où la littérature se constitue dans une situation d'autonomie relative. Dans la pastorale littéraire de la Compagnie, en raison du caractère public du livre qui impose un contrôle doctrinal et la singularité de l'acte de lecture, où reste indéterminé le choix du lecteur, est rendue nécessaire l'inscription de l'auteur, comme maître de l'énonciation et des effets de la lecture. L'auteur doit occuper la position d'un directeur. Mais au-delà de ce qu'organise ce dispositif, rien n'assure que son lecteur l'empruntera. En encadrant la lecture, Binet ne reconnaît-il pas du même coup implicitement l'étendue de la liberté de jugement d'un lecteur qui lui échappe ?

---

31 Sur la dimension poétique de l'expérience mystique, voir Certeau, 1987, et sur l'importance de la notion de style pour Surin, Goujon, 2008, p. 383-395.

32 Rapin, 2014. La première édition date de 1659.

33 Bouhours, 1671, p. 193. Le quatrième entretien, « Le bel esprit », fait passer de la pratique ignatienne du discernement spirituel à l'exercice du jugement esthétique.

UN LECTEUR FACE AU STRATAGÈME DIVIN

Les moyens propres à la littérature et ses effets conduisent Binet à prendre des décisions quant à une définition légitime de la lecture au regard de la vie spirituelle. Affects éprouvés, puissance du langage et de sa vérité révèlent comment le jésuite place la littérature sous la coupe d'une vision théologique de la puissance absolue de Dieu. Nous le verrons en suivant quelques-unes de ses œuvres qui, tout en rendant publiques des positions mystiques, court-circuitent les positions d'Ignace de Loyola.

Quand Binet publia en 1621, l'*Abrégé de la perfection chrétienne* qu'il traduisait de Gagliardi, Binet précisait dans un « avis au lecteur[34] » :

> Je dispenserai beaucoup de personnes de lire le dernier chapitre et le troisième degré. Car, de vrai, il est trop élevé pour le vulgaire, je dis le vulgaire des personnes spirituelles, et, pour les gens du monde, ils n'y entendront goutte.

Cette dispense reprend le principe d'adaptation de la confession, évoquée plus haut, et exhibe l'autorité que Binet veut se donner. Tout en décidant de ce qui convient à son lecteur, Binet lui laisse pourtant la possibilité de lire une partie du texte qui, selon lui, ne lui serait pas adaptée. Binet découpe son lectorat en fonction de son avancement dans la vie spirituelle (les gens du monde, le vulgaire, les personnes spirituelles)[35]. Il préfère livrer, intact, le traité de Gargliardi, contrairement à une pratique de réécriture qui eut largement cours[36]. Binet se contente de donner un avertissement au lecteur. Il connaît la difficulté du texte

34 Pour une présentation de cette œuvre et son rapport avec Gagliardi, voir l'étude de Mario Gioia dans Gagliardi, 1996. Le texte de Binet était paru l'année précédente dans le recueil de ses œuvres spirituelles, Binet 1620. Nous citons ici l'*Abrégé de la perfection chrétienne*, 1621, Avis au lecteur, non paginé.

35 La tripartition entre « commençant, progressant, et parfait » est traditionnelle dans la littérature spirituelle, depuis les Pères grecs. Elle est largement reprise à l'époque médiévale. Ici, Binet la transforme en interpolant dans l'échelle des progrès dans la vie spirituelle des considérations sociologiques.

36 Sur cette décennie quant à la question mystique, voir Houdard, 2008. Binet resta sa vie durant proche des cercles dévots et de personnalités mystiques dont il fut le directeur, comme Marguerite d'Arbouze, mais également Jeanne de Chantal, ou Jeanne de Chézard. Pour ces relations, voir Bremond.

de Gagliardi, tant l'exigence de la voie proposée que les obstacles et censures que son auteur rencontra[37].

Dans un autre de ses ouvrages, paru en 1626, *De l'état heureux et malheureux des âmes souffrants en purgatoire*[38], Binet adopte un compromis : il domestique la mystique. Binet a le souci d'atteindre un lecteur « vulgaire », moyen. Or cette réserve envers la lecture d'ouvrages mystiques rejaillit sur les conceptions de la direction spirituelle. Elle l'amène à transformer les conceptions qu'Ignace de Loyola avait du discernement, dont les soubassements apparaissaient à Binet alors trop proches de la mystique.

Le discernement, par lequel Ignace apprend à conduire sa vie, consiste d'abord à sentir intérieurement les « motions » de l'Esprit Saint. Il en fit la découverte lors de sa convalescence après sa blessure à Pampelune. L'épisode est connu par le *Récit* qu'il en dicta à Luis Gonçalvès da Câmara entre 1553 et 1558. Alors que le *Récit* fut très vite occulté, l'épisode toutefois était repris dans la *Vie* que Ribadeneira rédigea, d'abord en latin (1572) puis en espagnol (1583), dans une version modifiée[39]. Binet dans son *Abrégé de la vie d'Ignace*, publié en 1622, s'en éloigne nettement. Le discernement est confondu avec l'obéissance à l'autorité ecclésiale.

Ignace, raconte Binet, reçoit le don de discernement comme récompense de son obéissance à son confesseur[40]. La seconde mention du discernement est non moins intéressante. Au moment où le pape Paul III s'apprête à reconnaître la Compagnie de Jésus comme nouvel ordre religieux, celui-ci consulte quelques cardinaux, dont l'un qui se trouve d'abord opposé à cette décision, selon le récit qu'en donne Binet[41] :

> Nouvelles religions ne me plaisent point ; mais il faut approuver cette-ci d'autant que je sens en mon cœur des mouvements si extraordinaires que là où la raison ne me fait point incliner, la divine volonté m'y porte, et j'embrasse

37 Binet avait suivi sa première formation de jésuite dans la Province de Milan où Gagliardi était alors célèbre. Voir Mostaccio, 2008, et l'étude de Gioia, dans Gagliardi, 1996, sur les enquêtes et censures à l'intérieur de la Compagnie et dans l'Église.

38 Cramoisy, 1626.

39 Outre les versions latines auxquelles Binet avait accès, et sans doute celles traduites en italien, plusieurs versions françaises de la *Vie d'Ignace* de Ribadeneira étaient disponibles, dont une traduite par Henri de Sponde, publiée chez Claude Chappelet en 1608.

40 *Abrégé*, p. 19. Ici Binet emploie l'expression « discrétion des esprits ».

41 *Ibid.*, p. 77. Binet évoque le cardinal Guidichon, francisant le nom de Bartolomeo Guidiccioni.

> avec l'affection ce que la force des raisons humaines me faisait auparavant avoir en horreur.

À cela le pape s'écrit : « *Hic est digitus Dei* ». À première vue, cela ressemble à du discernement, selon les termes mêmes des *Exercices spirituels* pour « une élection du premier temps[42] ». La décision s'impose avec évidence : elle relève avant tout d'une adhésion à ce qui est identifié, sans aucun doute possible. Binet retient cette forme où Dieu l'emporte, barrant la route à toute forme de délibération intérieure. Mais dans son récit, l'élection est scindée entre celui qui éprouve « des mouvements » et celui qui les authentifie, le pape. Rien de tel chez Ignace, où le retraitant est progressivement initié à reconnaître, par le jeu des mouvements intérieurs, l'origine divine de sa décision. Binet récidive un peu plus loin : lorsqu'Ignace hésite à accepter son élection comme général, il part consulter son confesseur ordinaire qui lui déclare :

> Résistant à son élection, il résistait au Saint-Esprit. À cette parole l'humble Ignace se rendit et plia le col sous le joug que Notre Seigneur lui mettait[43].

Binet évince le processus de discernement. Le traitement de la convalescence d'Ignace est sur ce point exemplaire. Là où le *Récit* présente Ignace qui se décide en faisant réflexion à partir des mouvements qui l'affectent, l'Ignace de Binet est sous le joug de la grâce :

> Et quoiqu'il y sentît une très grande répugnance et plusieurs contradictions et grands combats avec soi-même, et que les coutumes envieillies, avec les artifices de Satan, eussent une grande force pour le retenir au monde, néanmoins la grâce fut plus puissante que la nature corrompue et la vigueur céleste plus que la tyrannie de la mauvaise vie passée et l'aide de Dieu qui l'avait élu à choses grandes plus que toutes les ruses et tromperies du diable[44].

Dans le *Récit*, Ignace racontait comment il apprenait à se décider ; dans *l'Abrégé*, Binet montre comment Ignace obéissait à la grâce triomphant de sa nature corrompue.

On ne trouve pas chez Binet trace du discernement ignatien comme tel. Le mot vient, mais la pratique en est radicalement transformée.

---

42 ES, 175.
43 *Ibid.*, p. 79-80.
44 *Ibid.*, p. 6-7.

On connaît la réticence qui frappa très vite au sein de la Compagnie l'usage ignatien du « sentir » et des motions. La préparation du *Directoire des Exercices* avait fait entendre quelques voix inquiètes[45]. Le jésuite Gonzalez Davila se troublait de l'usage du verbe « *persentiscere* », qui traduisait en latin le verbe « sentir » lié à l'expérience des motions[46]. Il notait :

> Beaucoup critiquent ce mot. Si on l'explique selon la bonne doctrine, il ne présente pas de danger. Mais puisque les *illuminati* et les *derelicti* d'Espagne abusent de cette expression, j'expliquerais la pensée du Père Ignace plutôt que d'utiliser ce mot sans distinction[47].

De l'éclaircissement du mot par la bonne doctrine, on alla vite à son occultation. À la place du discernement, Binet multiplie les pratiques qu'il propose à ses lecteurs, alliant l'obéissance à une piété faite de ravissements et d'effroi. Ignace faisait reposer le processus de décision sur le sentir intérieur des motions. Il intégrait dans les *Exercices* affectivité et raison pour orienter une existence. La spiritualité de Binet transforme en exercices d'une dévotion affective les mouvements intérieurs par lesquels Ignace proposait de conduire sa vie, qui composaient un usage de la raison et de l'affectivité[48]. Binet offre des méditations pour stimuler l'affectivité, « échauffer le cœur », par le renfort de son éloquence.

> C'est pour vous échauffer le cœur, et essayer de vous persuader qu'un des plus puissants moyens qu'il y ait au monde pour n'aller point en purgatoire, ou pour y demeurer fort peu, c'est d'avoir une grande tendresse et un soin particulier de soulager les âmes de ce lieu de souffrance[49].

La dévotion sensible soutient l'exercice des vertus, nécessaire à la charité. Mais elle n'est que le premier étage d'une humanité dont il faut satisfaire la sensibilité pour la conduire à la vertu. Conduire sa vie spirituelle ne consiste pas, selon lui, d'abord à prendre les décisions

45 Sur le *Directoire*, voir chapitre 4.

46 ES, 184. Davila fait référence au texte latin des *Exercices*, traduit à la demande d'Ignace par le jésuite français Des Freux, ou Frosius.

47 MHSJ, *Exercitia*, p. 901, cité in M. Giuliani, 2015, p. 61.

48 En ce sens, Ignace de Loyola est héritier des anthropologies spirituelles du Moyen Age. Voir Boquet, Nagy, 2015.

49 *De l'état heureux et malheureux des âmes souffrant en purgatoire*, 1626, p. 481.

qui conviennent, et encore moins à les prendre en s'appuyant sur des motions, mais à obéir[50].

Les chapitres ultimes de *La Pratique du saint Amour de Dieu* en font entendre les motifs théologiques[51]. Binet ne renonce pas à l'idée d'un progrès spirituel qui conduirait aux actes d'amour les plus élevés envers Dieu. Il les propose comme autant d'exercices à son lecteur sous la forme du « pacte[52] ». Les premiers relèvent des gestes de dévotion que nous avons déjà rencontrés. C'est avec le quatrième pacte que les conceptions de Binet s'éclairent le plus. Dieu a donné son Fils, écrit Binet, comme l'on fait une « donation entre vifs » « nous donnant son Fils et ensuite toutes ses créatures ». « Tout est à nous », poursuit-il, et nous pouvons ainsi « tout lui rendre ». Il semblerait alors que Binet entre dans ce cercle de réciprocité, très proche de la « Contemplation pour parvenir à l'amour » des *Exercices*, très proche également de l'amour déifiant des mystiques, évoqué par Binet avec Catherine de Gênes, au chapitre 24. Avec le sixième pacte, Binet va plus loin encore et propose à son lecteur de se réjouir « d'être de la société du Père et de son Fils », d'être participant de la vie de Dieu même. Avec le vocabulaire de la donation et du pacte, il s'inscrit dans le registre du droit, mais aussi du pouvoir.

> Dieu nous donne son Fils unique par la disposition du droit humain et divin. Une personne qui a pouvoir absolu de donner, en faisant donation, il se dépouille quasi du droit et du domaine qu'il avait et le transporte à celui à qui il donne. *Donatio est translatio domini reique datur.* En donnant on transporte le domaine qu'on avait et on en donne le droit à un autre. De façon que par la force de la donation, si Dieu se pouvait priver de son Fils, ce qui est impossible, en nous le donnant, il serait à nous et ne serait plus à lui. Celui qui donne veut que ce qu'il donne appartienne à celui à qui il donne et non plus à celui qui se prive de ce droit par sa pure bonté [...] Mais ce qui est admirable en cette donation, c'est qu'il nous donne tellement son Fils comme s'il s'en privait, et néanmoins il est tellement à lui comme s'il ne le donnait pas, et de là s'ensuit que nous ne lui pouvons rendre comme s'il était seulement à nous l'ayant eu en pur don, et il nous en sait lui-même gré comme si nous lui rendions de nouveau, et lui en faisions en pur don[53].

50 Sur la place de la vertu de « prudence », au sens classique, et la spiritualité ignatienne, nous nous permettons de renvoyer à Goujon, 2017.

51 *La Pratique du saint Amour de Dieu*, Paris, Sébastien Chappelet, 1631.

52 À partir du chapitre 31, p. 896. On pourra rapprocher ces pactes des contrats de Surin. Voir Houdard, 2000.

53 Binet, 1631, p. 928.

La réciprocité d'un don, c'est-à-dire, en premier lieu, le don parfait que Dieu ferait de son Fils, est impossible à penser, et par là toute réciprocité impossible à établir, puisque le don n'a jamais eu lieu qu'en apparence[54]. Binet poursuit : « stratagème ineffable de l'amour divin ». Comme l'écrit Binet, « rendre la pareille au Dieu de l'univers » est désirable, mais impossible, Dieu occupant cette place du souverain absolu qui ne peut pas se dessaisir de son Fils ni donc tout donner[55]. Binet ne peut admettre un tel langage de réciprocité qui ne peut être qu'inapproprié. Ce serait une métaphore, et non la pensée de ce qui advient entre Dieu et l'homme. Binet le dit explicitement en commentant un adage pseudo-augustinien.

> *Si tu esses Augustinus, et ego essem Deus, vellem esse Augustinus ut tu esses Deus meus.* À la rigueur de la théologie cela ne se peut pas dire ; mais à la douceur de l'Amour divin cette saillie pourrait être pensée et tolérée[56].

Binet est de ceux qui scellent le divorce entre langage théologique et langage spirituel en raison d'une théologie qui lui interdit de penser un don sans réserve de Dieu à l'homme. Binet fait dire cette prière à son lecteur au terme du parcours, en forme de reddition et non d'une alliance :

> Mon Seigneur, j'ai fait tout ce qui a été en ma puissance et que le Saint Amour m'a inspiré ; mais je connais que vous êtes si grand et si aimable et que mon cœur est si petit et si chétif que je ne saurais rien faire qui ne soit indigne de votre suprême grandeur et majesté infiniment infinie. Excusez ma faiblesse et agréez s'il vous plaît ce peu de bonne volonté. *Dedi quod habui quod dedisti, cum plus mihi dederis ; plus etiam habebis.* [St Augustin in Ps 85]. Et après cela il n'y a plus rien à dire ; mais il y a encore un abîme d'amour qui n'a ni fond ni rive, et il fait bon se perdre là-dedans, et faire fin sans fin dans le cœur du grand Dieu. – FIN[57].

Inscrite dans une dissymétrie radicale avec Dieu, dont la Souveraineté est le concept absolu, la relation spirituelle se décline avant tout en termes d'obéissance jusqu'à la perte ultime de soi. Conscient des degrés

54 Par contraste, on pourra comparer avec la prière finale des *Exercices*, « *Ad amorem* », qui pose comme principe, la réalité effective de ce don entre Dieu et le croyant. ES, 230-237.

55 Sur l'abdication, voir Le Brun, 2009.

56 Binet, 1631, p. 910.

57 *Ibid.*, p. 930 *sq.*

à parcourir pour atteindre cet abandon, Binet aménage des étapes de la vie spirituelle où sont décrites les principales vertus du chrétien dans l'exhortation à les acquérir. Mais Binet, et bien d'autres avec lui, fait dépendre la vie chrétienne dans son ensemble d'un modèle hiérarchique descendant. Le directeur relaie les préceptes divins, aide à désirer s'humilier par l'exaltation de la grandeur de Dieu et à s'attacher à lui par les élans d'un cœur que la rhétorique prend pour cible. Le lecteur est d'abord le terrain où Dieu triomphe de sa nature corrompue, et l'emporte, s'il obéit, vers sa gloire, sans jamais la lui partager totalement. Le sujet spirituel s'efface comme ce lecteur perdu dans l'amour de Dieu.

LES MIROIRS DE LA DIRECTION SELON FRANÇOIS GUILLORÉ

Inutile de répéter à l'envi les pages où est réaffirmée cette doctrine. Elle fournit à la direction spirituelle le modèle des relations, assigne au directeur la tâche de conduire le fidèle, ou le lecteur. S'il est clair que le directeur exerce un pouvoir et doit se faire obéir, et que pour cela le dirigé est soumis à sa conduite, on pourrait s'étonner que soit affiché ce point de vue dans un grand nombre d'ouvrages, si ce n'est tous. Il semblerait que la docilité du dirigé et le pouvoir du directeur aillent de soi. Ou bien la répétition n'est-elle pas plutôt l'indice que la leçon ne passait pas ? Le directeur trouve toujours de la résistance devant lui, elle-même, symptôme de l'opposition de chaque fidèle à Dieu lui-même, à laquelle le directeur n'échappe pas. À lire certains ouvrages jésuites, on se demande si ce n'est pas l'ensemble de l'édifice sur lequel repose la direction spirituelle qui est ébranlé par ce jeu de miroirs. Sans doute, François Guilloré (1615-1684) pousse-t-il la réflexion au plus loin, et place un grand point d'interrogation au-dessus de la direction : l'Église a-t-elle vraiment trouvé là le moyen de guider peuple et pasteur vers leur salut ?

L'ILLUSION DE LA DIRECTION

Les secrets de la vie spirituelle qui en découvrent les illusions[58] pourrait tenir en une phrase : le directeur avertit par ce livre sa dirigée des illusions qui la guettent en cherchant un directeur, lui-même sujet à des illusions. François Guilloré, longtemps affecté selon son souhait dans les missions de campagne, semble s'être acquis une solide réputation de directeur[59]. À partir de 1673, et jusqu'à sa mort, il est au noviciat de Paris, rue du Pot de fer, confesseur et directeur spirituel. Bremond le repère comme directeur de Louise du Néant[60]. Alors que ses autres œuvres furent souvent rééditées, notamment ses *Maximes* et son *Progrès de la vie spirituelle*, les *Secrets*, note André Derville dans la notice du *Dictionnaire de spiritualité*, sont l'ouvrage « le moins souvent reproduit ». Faut-il dire, comme l'écrit l'ultime directeur du *Dictionnaire de Spiritualité*, que « à la première lecture, l'ouvrage laisse une impression d'incertitude et d'insécurité : l'amour de soi se retrouve-t-il donc toujours ? Bien des pages évoquent La Rochefoucauld, La Bruyère et surtout Pascal. Il laisse une impression de fragmentation, de dépècement de l'homme[61] ». Toute l'existence est sujette à illusions :

> Il n'est rien de si universel, car elles sont de tous les états de l'âme, elles sont de toutes les personnes, elles sont des toutes les voies de la grâce, elles sont de tous les exercices de piété : il n'est aussi rien de caché, car elles portent toutes les apparences de la vertu ; ceux qui sont trompés, les aiment comme un véritable bien, et, ce qui est le pis, ont coutume d'en entreprendre la défense en les justifiant[62].

En englobant l'humanité tout entière, Guilloré ne dénonce pas tant une malice universelle, qu'il ne désigne l'impossibilité pour l'homme de se connaître et d'aller vers Dieu. Même la direction n'est pas le moyen assuré. Guilloré distingue les illusions innocentes, « où l'âme est engagée sans le vouloir », de la « tromperie affectée », l'hypocrisie de ceux qui

---

58 Guilloré, 1673.

59 Derville, « Guilloré », *Dictionnaire de spiritualité*, t. 6, 1967, col. 1678-1293. A. Derville eut la charge de mener à son terme la rédaction et la publication du *Dictionnaire*, commencé en 1932 et achevé en 1995. Décédé en 2017, il fut, pour tous ceux qui l'ont fréquenté, un admirable compagnon, à l'érudition exacte, fine et joyeuse.

60 Bremond, 2006, t. 5, p. 340-393.

61 Derville, « Guilloré », col. 1285.

62 Guilloré, 1673, Préface, p. 1 (non numérotée).

« faisant profession de la vie spirituelle n'en ont que l'apparence », et « il y en a même d'assez adroites, pour insinuer cette illusion, et cette fausse créance comme une vérité, dans l'esprit de ceux qui les écoutent ». Enfin :

> Il y en a encore de bien plus rusés : ceux-ci s'érigent en grands spirituels, et en prennent toute la réforme, tout le langage, et toutes les belles idées, mais c'est dans la vue de leurs intérêts. Leur spiritualité est un voile, dont ils cachent leurs intentions, et par cette apparence ils s'insinuent partout, pour venir à leurs fins. On en voit en effet qui s'élèvent par là aux honneurs et aux charges, et qui se servent de la vie spirituelle pour établir leur fortune temporelle. On en voit d'autres à qui la spiritualité sert pour faire leur main lors même qu'on les pense les plus intéressés. Et il y en a tels à qui la vie spirituelle n'a pas peu servi pour les mettre fort à l'aise, n'ayant pas été auparavant des plus accommodés. Cela vient de ce que cette opinion de spirituels leur donne accès à tout, et auprès des personnes les plus qualifiées, de ce qu'ils passent pour des gens morts à tous les intérêts humains, et de ce qu'ils savent adroitement tirer d'une main ce qu'ils refusent de l'autre. Notre siècle, hélas, n'est que trop infecté de ces sortes de spirituels que l'on voit très bien établis en peu de temps, et qui recevant de grandes aumônes des personnes de piété, pour des charités publiques, croient qu'ils s'en peuvent aussi faire la charité à eux-mêmes[63].

Double revers de l'illusion : se tromper soi-même, tromper autrui sans être dupe de son propre jeu, et se tromper soi-même à cette duperie. Guilloré ne traitera pas de l'hypocrisie religieuse. « Il ne me serait pas possible de débrouiller ni d'épuiser une matière si infinie ». On entreprendrait vainement de vouloir guérir ceux qui « aiment et entretiennent volontairement leur maladie[64] ». Mais ce dont il parle n'en fait pas moins se dérober le sol sous nos pas.

---

63 *Ibid.*, p. 4-5.

64 Si le lecteur moderne voit planer l'ombre du *Tartuffe* de Molière derrière un tel tableau, c'est dire si celui-ci incarnait parfaitement le directeur afin qu'il puisse effectivement tromper Orgon et Elmire. Sur ce point, voir les notices du dossier de La Pléiade, en particulier ceci : « Il faut en effet que Tartuffe soit un vrai directeur pour que sa faiblesse amoureuse le rende ridicule en le faisant agir au rebours de ce qu'on attend de lui ». Le retournement du langage mystique, dans la scène de séduction d'Elmire, dans ses sous-entendus érotiques n'en est que plus vraisemblable pour jouer de l'équivoque des métaphores spirituelles. Molière, 2010, t. 1, p. 1382.

DÉNONCER LA CULTURE DE LA DIRECTION

L'illusion en vient à miner le principe de la direction spirituelle : dire le vrai est finalement impossible, et celui à qui on le dit peut n'en rien entendre. En outre, la culture de la conversation, dans laquelle la direction s'est intriquée, noie plus encore, selon Guilloré, les bienfaits escomptés de la direction dans la jalousie.

Si l'on retrouve dans les pages de Guilloré bien des lieux communs des traités de vie spirituelle qui égrènent les risques d'une direction mal établie, d'autres pages témoignent d'un sens de l'observation des mœurs de son temps, et en particulier de l'inscription de la direction spirituelle dans la société de la conversation. Rédigé sous la forme de réponses et d'objections entre le directeur et Théonée, sa dirigée, le traité récuse l'idée que partager ce qui anime sa vie intérieure aurait un intérêt spirituel. On a vu que Lejeune non seulement en recommandait la pratique, mais la promouvait en publiant lui-même les confidences de ses dirigés :

> Ne direz-vous pas, Theonée, qu'il ne fut jamais rien de mieux. Car quoi ? c'est pour s'animer mutuellement, nos ferveurs sont si languissantes, si elles ne sont un peu réveillées ; le souffle que nous y pouvons donner de nous-mêmes à nous-mêmes est si froid, mais le discours qu'on fait de part et d'autre par la communication de ses petits biens échauffe bien autrement les cœurs.
>
> Réponse :
> Je ne feindrai point de vous dire une chose que parmi le sexe d'ordinaire il dégénère à une certaine puérilité : chacune en dit des plus belles, chacune fait l'intelligente et l'extasiée, et l'on parle de ses grâces avec plus de fait et de dévotion affectée que de vérité. On sait et on dit que celle-là est dans de telles voies, que cet autre a un tel attrait, que celle-ci a des visites rares de Dieu. Il ne se voit ordinairement que de l'enfant dans ces manifestations mutuelles de ses grâces particulières. [...] Elles n'en demeurent pas là. Il en naît ensuite une inclination à ne se pouvoir tenir de dire ce qui se passe en son âme : il faut que chacune trouve la sienne à qui elle découvre tous ses trésors [...] Elles passent encore plus avant, c'est qu'elles contractent par ces communications un désir qui les porte à entrer dans les dispositions de celles dont elles entendent les grâces, si leur état n'est pas si élevé. Elle ne se pourront même tenir qu'elles n'y fassent des efforts autant par jalousie que par imitation et qu'elles ne disent après chose approchante comme si elles avaient déjà quelque entrée dans leur élévation[65].

65 *Ibid.*, p. 159-160.

Bref, le désir mimétique nuit. Ce faisant, Guilloré sape ce qui organise la culture de la direction, la circulation des écrits dans les cercles dévots, l'émulation religieuse sur laquelle repose une bonne partie des confréries et congrégations mariales, et une bonne part de la pédagogie spirituelle qui repose sur le désir d'imiter les modèles pour lesquels on éprouve de l'admiration[66].

Guilloré ne s'arrête pas là. Un bon directeur est difficile à trouver. Les remarques de l'auteur ne trahissent aucun désabusement. Elles s'énoncent comme des constats objectifs ancrés dans une conviction métaphysique autant que dans une observation pratique : la vérité est difficile à approcher. La vérité de l'âme échappe toujours, même aux directeurs les plus doués :

> Un directeur semble ne pouvoir être jamais trop spirituel, car pour intelligent qu'il puisse être, il y a toujours des chemins dans cette vie secrète de l'intérieur, où, tout ce qu'il pourra faire, ce sera d'y entrer et de les démêler ; il semble donc qu'on fait toujours bien et très prudemment de chercher ceux qui ont toute la science la plus éclairée de cette divine vie[67].

Les descriptions du directeur, bien qu'elles reprennent les lieux communs des traités, éloignent toujours la possibilité d'en rencontrer un qui soit vraiment efficace. Affirmer qu'il est rare d'en trouver un relativise leur usage répandu.

> Et pour prendre cette vérité, comme dans son principe, c'est qu'il ne faut pas ignorer que le talent de la conduite des âmes est quelque chose d'ajouté de la part de Dieu à l'intelligence intime des choses spirituelles. Il faut pour cela un certain discernement, il faut une certaine manière, heureuse, nette et affective, d'énoncer ses pensées, il faut un certain tour de conception dans les opérations de l'âme, et tout cela ne se rencontre pas très souvent en un grand spirituel[68].

La direction mérite des experts, comme les définit Guilloré, lesquels peuvent traiter les âmes en laissant leur zèle être gâtée par l'illusion. Un chapitre entier y est consacré : le directeur peut se fourvoyer en voulant aider, et cela d'autant plus que des fidèles voudront tromper

---

66 Sur l'émulation religieuse dans la pédagogie spirituelle, je me permets de renvoyer à Goujon, 2008, « La sainte émulation de tous », p. 223-232.

67 Guilloré, 1673., p. 145.

68 *Ibid.*, p. 148.

leur directeur. Aux illusions des uns s'ajoutent les tromperies des autres. Guilloré manie le style en bris de miroir, l'éclatement indéfini des illusions de la direction :

> Des personnes entrent si bien dans les sentiments d'un Directeur, et en prennent si à propos et si heureusement l'esprit qu'elles en sont toutes passées dans ses idées, et ne font plus avec lui qu'une même volonté[69].

La recherche d'un bon directeur est asymptotique : on s'en approche sans cesse pour n'en trouver jamais. Certes, Guilloré ne va pas si loin, en affirmant qu'ils sont rares, mais le chapitre 3, conçu comme des conseils pour trouver un bon directeur conclut :

> Si vous suivez exactement toutes ces règles, je ne doute pas que l'homme de Dieu qui est destiné pour votre conduite ne vous soit envoyé[70].

La formule pourrait sembler anodine, mais elle relève du paradoxe de l'action, dans une formule baroque, où il s'agit tout à la fois de suivre des règles pour obtenir quelque chose qui de toute façon ne s'obtient que par grâce. Le rapprochement, avec la formule plus tardive de Hevenesi, est frappant :

> Voici la première règle de l'agir : Ainsi fie-toi à Dieu comme si le succès des choses dépendait de toi tout entier, et en rien de Dieu ; Alors, pourtant mets-y tout ton labeur comme si Dieu seul allait tout faire, toi rien[71].

Guilloré semble ici retourner comme un gant l'ensemble de la pastorale jésuite. Tout ce qui est mis en œuvre peut être attaqué par l'illusion dont les hommes sont les victimes et les auteurs[72]. À la différence de bien des traités qui mettent en garde contre les usurpateurs, directeur ou dirigé, il nous a semblé que la réflexion de Guilloré soulevait la

---

69 *Ibid.*, p. 184.

70 *Ibid.*, p. 155.

71 « *Haec prima sit agendorum regula : Sic Deo fide quasi rerum successus omnis a te, nihil a Deo penderet ; ita tamen iis operam omnem admove, quasi tu nihil, Deus omnia solus sit facturus.* » *Scintillae Ignatianae*, 1705, attribué à Gabor Hevenesi (1656-1715) par Sommervogel, IV, col. 349, n° 23. Voir Beirnaert, 1987, p. 219-228.

72 Notons d'ailleurs que si Guilloré parle de la direction en général, ses exemples impliquent toujours des femmes. L'histoire de la direction se prête particulièrement à une histoire genrée. On se rapportera aux travaux de S. Mostaccio, X. von Tippelskirsch, ou H. Keller Lapp.

difficulté de fond de la direction spirituelle. Il fait planer un doute sur son principe : dire le vrai sur soi est-il possible et un pasteur peut-il l'entendre ?

« CAR ALORS LA NATURE SE DÉVOILE ELLE-MÊME… » : ANTOINE LE GAUDIER

Moins connu que d'autres, Antoine Le Gaudier (1572-1622) exerça une grande influence sur de nombreux jésuites, pour avoir été à la fin de sa vie maître des novices à Paris et instructeur du Troisième An. Ses œuvres, en partie publiées à titre posthume, furent constamment lues dans la Compagnie[73]. Les qualités qu'il détaille du directeur spirituel viendront clore notre parcours. Mais nous voudrions les lire avec les objections soulevées par Guilloré et renouer ainsi avec notre interrogation de départ sur la direction spirituelle et la manière dont elle éclaire le sujet moderne. Est-il possible d'édifier le corps social en en faisant reposer le principe sur le dire vrai de ses membres ?

Le Gaudier, dans son *De natura et statibus perfectionis*, 1643[74], rappelle les qualités fondamentales d'un bon directeur. Parce que les exhortations publiques, nécessaires au bien général comme à celui des particuliers, ne suffisent pas, la direction personnelle est requise pour que chacun puisse résoudre les difficultés dans lesquelles il se trouve. Dieu, principal maître et guide de chacun par le Saint-Esprit, a choisi néanmoins de faire appel à des hommes, familiers de Lui, pour diriger les autres dans la vie[75]. Homme de vertus, dégagé de lui-même, le directeur aura à connaître l'âme de ceux qu'il conduit, avant de lui prodiguer les conseils adaptés.

> Cette connaissance est d'une grande importance et la direction tout entière en dépend, plus elle sera certaine et distincte, plus il sera facile de lui donner des conseils, de lui porter secours. […]
>
> Envisagez l'homme au physique dans sa physionomie générale et d'un œil attentif étudiez son attitude comme son tempérament, vous aurez dès l'abord

73 Gensac, « Le Gaudier », *Dictionnaire de spiritualité*, t. 9, 1976, col. 529-540.

74 Le Gaudier, 1643 (posthume). Réédité à la demande de Roothan en 1856, et traduit alors en français sous le titre *De la perfection de la vie spirituelle*, Bruxelles, 1908. Nous suivons cette édition pour les citations. Le *De natura* rassemble des textes, conférences ou écrits, que Le Gaudier avaient circulés sous forme manuscrite ou imprimés de son vivant.

75 Nicolas Caussin suit de très près cette justification théologique de la fonction de directeur dans le tableau qu'il donne de la venue de François de Sales, dans son *Traité de la conduite spirituelle* en 1637. Voir chapitre 3.

une matière préjudicielle qui peut être une base très importante pour la direction. La complexion physique ne donne, il est vrai, par elle-même aucun droit à des conclusions certaines relativement à la moralité, elle offre toutefois de sérieuses présomptions pour juger de l'intelligence, du jugement, du caractère, des dispositions morales comme des aptitudes physiques et de la santé. Cet examen ne peut être négligé, car il aide beaucoup à pénétrer dans l'intérieur de l'homme aussi bien qu'à nous diriger dans le choix des moyens ou des remèdes convenables, qui ne doivent pécher ni par excès, ni par défaut. [...]

Un second moyen est l'ouverture de conscience où chacun fait soi-même connaître l'état de son âme. Si elle est bien faite, elle facilite grandement la direction, elle en est une base très sûre et très efficace.

Un troisième moyen est fourni par les appréciations étrangères. Car il n'est pas rare qu'on fasse le silence sur ses passions, ou que la feinte et une certaine dissimulation, même inconsciente, dénaturent nos aveux, qui dès lors n'ont plus qu'une demi valeur. Mais, comme entre égaux la liberté est plus grande, on se confie parfois volontiers ses secrets. On se laisse aussi aller sans contrainte aux franchises de son esprit et il n'est pas difficile alors d'y lire à livre ouvert.

Un quatrième moyen est offert au directeur par notre manière de parler, nos actes, notre attitude. S'il est avisé et prudent, s'il a un peu la connaissance des hommes, il lui sera facile de présumer à l'aide de ces signes les propensions de l'âme et la nature des passions : car alors la nature se dévoile elle-même, et livre ses secrets, se manifestant sans contrainte et sans détours. Il pourra en profiter pour un examen de détail, interrogeant ou blâmant, étudiant les actes et l'attitude pour l'analyse et la synthèse de celui qu'il veut connaître.

Le dernier moyen est cette lumière que Dieu donne pour pénétrer les cœurs et discerner les esprits[76].

Les directives de Le Gaudier fournissent un véritable manuel d'inquisition spirituelle, plaçant au centre l'incorporation des contraintes par les membres de la Compagnie et la recherche d'une transparence[77] : « la nature se dévoile elle-même et livre ses secrets, se manifestant sans contrainte et sans détours ».

Guilloré doutait qu'une telle vérité sur soi puisse se dire ainsi, comme si toutes les procédures que les directeurs avaient pu mettre en place ne cessaient de se dérober, laissant la vérité de soi dans une trop rare épiphanie. Si Guilloré retournait la pastorale jésuite sur elle-même, Le Gaudier, qui serait l'emblème d'un directeur parfait, semblait quant à lui avoir inversé le dispositif d'effacement décrit par Ignace de Loyola dans ses *Exercices*.

76 Nous suivons la traduction française, Le Gaudier, 1908, p. 520-522.
77 Le Gaudier décrit ici l'attitude du directeur spirituel au sein de la Compagnie de Jésus.

Jugement sévère ou étonnement devant ce qui fit passer du désir que d'autres apprennent à se décider au pouvoir de leur faire livrer leurs secrets. On s'étonne davantage encore à constater que les illusions que dénonçait Guilloré n'ont pas manqué d'aveugler bon nombre de directeurs. Il semble que la direction ne réussissait pas à résoudre les situations qui ont été, dès l'époque moderne, signalées comme étranges, voire pathologiques[78]. L'exigence de transparence faite aux dirigé(e)s n'est pas venue à bout des secrets des âmes. La vérité lui échappait en effet. Sans doute était-ce mieux ainsi…

78 Il suffit de citer Coton et Elisabeth de Ranfaing, Surin et Jeanne des Anges, ou Lallemant et les pratiques macabres qui lui furent reprochées. Sur les équivoques de la vie spirituelle, leur proximité avec l'hérésie, et l'indécidabilité de la vie spirituelle, voir Houdard, 2008.

ÉPILOGUE

> Il est si commode d'être mineur. Si j'ai un livre qui me tient lieu d'entendement, un directeur qui me tient lieu de conscience, un médecin qui juge de mon régime à ma place, etc. je n'ai pas besoin de me fatiguer moi-même. Je ne suis pas obligé de penser, pourvu que je puisse payer ; d'autres se chargeront pour moi de cette besogne fastidieuse[1].

L'ironie du philosophe de Königsberg a tout dit : « La minorité est l'incapacité de se servir de son entendement sans être dirigé par un autre. Elle est due à notre propre faute quand elle résulte non pas d'un manque d'entendement, mais d'un manque de résolution et de courage pour s'en servir sans être dirigé par un autre. *Sapere aude* ! ». Désignée comme une abdication volontaire de l'entendement, la direction nie la responsabilité de chacun. Que soit mis sur le même pied le livre ne surprendra pas. Les voies du renoncement volontaire à ce qui fait de l'être humain un sujet auraient donc été parcourues par les jésuites : pastorale du livre et direction spirituelle ont maintenu l'homme dans sa minorité.

Ce constat radical reçoit une certaine confirmation du parcours que nous venons d'effectuer. La vie spirituelle est une vie gouvernée, par Dieu, dont les agents du pouvoir sont l'intériorisation des conduites. L'Esprit Saint en est la figure la plus achevée, relayée par un encadrement des pratiques et des modes de vie dont les confesseurs et les directeurs sont les censeurs. Le livre occupe la place du lecteur : au lieu de le conduire à recourir à son entendement dans la méditation, ainsi qu'à sa volonté et son imagination, comme le rappelle le livret des *Exercices*, le livre de méditation lui ravit ses facultés. Le directeur demande d'être obéi : qui ne se soumettrait à ses avis ressemblerait à l'homme révolté contre Dieu. Écarter la tentation d'échapper à l'audace de se conduire soi-même, illusion de l'homme déchu, tel est le devoir du directeur.

---

1 E. Kant, *Qu'est-ce que les lumières ?*, p. 209.

Entraîné lui-même à l'obéissance par ses vœux de religion, le directeur jésuite est un dominateur assujetti. Les jésuites seraient donc des êtres du ressentiment nietzschéen.

Rien ne nous dispense de mesurer à quel point les textes qui accompagnaient la direction spirituelle l'ont construite comme instruments du pouvoir pastoral. Foucault aiguise le regard en plaçant la direction spirituelle dans la gouvernementalité. L'assujettissement à la volonté de l'autre, typique de la subjectivation chrétienne, trouve dans la direction spirituelle un de ses meilleurs dispositifs. La direction en effet relaie une multitude de pratiques religieuses (examen de conscience, confession, aveu, méditation, discernement …) qui permettent l'intériorisation de cet asservissement volontaire. Mais en outre, liées à des pratiques culturelles, qu'elle contribue à forger tout autant qu'elles lui donnent forme, la direction est un élément-maître de la culture de l'époque moderne. Plus qu'une mode, dénoncée par certains directeurs, la direction s'inscrit dans la culture mondaine de la conversation, la pratique lettrée de la lecture et de l'écriture de soi. Elle donne naissance à une littérature, spirituelle ; elle attise la satire de la controverse et de la comédie. La direction spirituelle montre comment la littérature peut être tentée d'exercer un pouvoir sur les âmes.

Sans doute une telle conclusion souffre-t-elle d'un biais méthodologique et théorique. Il faudrait avoir pu observer les conduites effectives des directeurs et des dirigé(e)s, et ne pas s'en tenir à l'appareil des textes qui organisent une pratique qui en sont issues, et cherchent à la régler. Ne pourrait-on se risquer à une lecture inverse : si les directeurs exigent tant d'être obéis, n'est-ce pas en raison d'une résistance toujours réaffirmée, voire, plus radicalement, d'une impossibilité de fait à ce que la vie d'autrui soit conduite comme l'entendent les directeurs ? Cela n'enlève rien à la revendication d'un pouvoir qui traverse la manière dont la direction se pense, mais l'encadrement théorique ne peut être pris pour la pratique. Même la place que les directeurs voulaient voir tenir à leurs livres de méditation ne renseigne pas sur les lectures qui en furent faites. Les mises en garde de certains directeurs sur le « mauvais usage » des livres de méditation nous alertent plutôt sur les chemins de traverse, les braconnages, des dirigés. La lecture ouvre l'espace de la liberté et du plaisir. La direction spirituelle ne révèlerait-elle pas plutôt le fantasme de la culture moderne qu'elle soit religieuse ou non ? Assigner une place à chaque être alors même que le grand ordonnancement du monde, le gouvernement providentiel de la Création, semble désormais caduc et que les monarques peinent en leurs États.

N'est-ce pas finalement la problématique d'une histoire des sujets qui biaise l'interrogation ? À se demander ce qui, à une certaine époque, a permis l'émergence du sujet ou s'y est opposé ? Le sujet émerge-t-il ? De quel état antérieur à son être sujet aurait-il à sortir ? La perspective kantienne parle de sa minorité : avant les Lumières, le siècle dévot ; avant la Renaissance, le Moyen Âge obscur ? Curieux regard sur l'histoire… À parler d'émergence d'un sujet dans une culture, on risque toujours de voir se glisser le postulat d'un état antérieur où l'homme serait sans être un sujet, voire d'opposer un sujet à la culture, ses institutions, qui lui sont une altérité ? Examiner la direction spirituelle à l'époque moderne nous a conduits à essayer d'autres observations.

La direction spirituelle émerge comme pratique au sein d'une culture fortement structurée par une vision des rapports humains hiérarchisés. Elle trouve ses fondements dans un ordre théologico-politique où Dieu est le souverain absolu, à moins que cette théologie-là ne soit l'expression d'une politique en mal de justification. Toujours est-il que c'est bien dans une culture où les rapports humains sont fortement polarisés, entre les clercs et les fidèles, les hommes et les femmes, les élites et le peuple … que la direction spirituelle se développe. La démarche que propose Ignace de Loyola s'y insère entièrement, mais la travaille radicalement. En me situant devant Dieu, par une série d'exercices, je peux trouver ma place, singulière, dans la mesure où la relation que je suis invité à nouer avec Dieu ne dépend pas d'un modèle uniquement politique. Le Maître et Seigneur se découvre, au fil des méditations et de la contemplation de la vie de son Fils, comme un ami. Au schème politique se substitue la possibilité d'une relation cordiale, voire amoureuse, où celui qui aime partage ce qu'il a et ce qu'il est avec celui qu'il aime, selon les termes de la dernière contemplation des *Exercices*. Pour autant, cette relation prétend à une inscription dans la société telle qu'elle est, non pour y occuper une place désignée par avance, selon la logique des états de vie, mais pour y trouver la place qui sera la mienne, unique, tel que je suis ou plutôt je deviens quand je me vois devant un tel Dieu. Mon désir se révèle à moi-même dans la conversation que j'entretiens avec Lui. Ouvert par la pratique des

Exercices, mon désir s'incarne dans la société, dans le jeu des relations, dans lesquelles pouvoir et violence ont leur part.

Dans ce processus par lequel, dirait Kant, un sujet accède à sa majorité, le directeur est conduit à s'effacer. Ignace de Loyola creuse par la conversation spirituelle un écart dans la culture de l'aveu, une brèche. Ou plutôt, il instaure une utopie, dont la Compagnie de Jésus, comme ordre, se voulait être l'institution. À nouveau, il ne s'agit pas de prendre ce qui s'écrit comme normes pour ce qui a été. Mais la procédure par laquelle les jésuites deviennent des hommes de conversation les initient à porter l'utopie de fonder un corps par l'expression des désirs des membres qui le constituent. Cette utopie connut l'épreuve de la société hiérarchisée de l'Ancien Régime et d'une Compagnie de Jésus ralliée à un exercice du gouvernement dans les formes politiques de son temps. Église cléricale, masculine, monarchie absolue, famille patriarcale, mission colonisatrice… rien de cela n'était propice à l'éclosion d'une société fondée sur le partage cordial du bien commun. Les jésuites eux-mêmes eurent de la peine à reconnaître le projet utopique des *Constitutions* et des *Exercices*. La volonté d'organiser la société par la domination étouffe la possibilité entrevue de la cordialité comme fondement de la vie commune.

L'utopie des conversations saintes est toujours concurrencée par les politiques de la direction spirituelle. Dans la conversation, à la lumière des *Exercices spirituels*, le salut se met en œuvre par la capacité de sujets à se décider pour trouver leur place dans la société. Leur liberté, entendue comme grâce reçue, est un bien spirituel à faire fructifier socialement. La direction cherche à inventer des espaces d'inscription de cette liberté : église nouvelle de la mission québécoise, marge de la société mondaine qui abrite des mystiques, conversion de la Cour en lieu de sainteté. Aucune de ces utopies n'est réalisation parfaite. Ce sont des transactions. La perspective de l'analyse sociale proposée par Norbert Elias aide à comprendre le projet spirituel poursuivi par les conversations saintes : comme être social, formé dans l'interaction des individus, le sujet est invité à trouver sa place et les espaces d'exercice de sa liberté. La détermination absolue de cette place relative relève, dans le projet ignatien, du fondement de l'existence humaine en Dieu, d'une spiritualité qui se déploie dans les négociations auxquelles se livrent les sujets.

Ce n'est dès lors pas sans raison que la direction, parce qu'elle oscille entre conversation familière et prescription de conduites, a rencontré, jusqu'à le partager, le sort de la littérature à l'époque moderne. Apparue dans des espaces de libre circulation, la littérature dans son émergence moderne, doit aussi transiger : libre tout en dépendant des institutions qui la cautionnent ; affiliée, elle crée des espaces de liberté. Les directeurs jésuites s'en saisiront. Pertes et profits de la conversation dans cette conversion littéraire s'entremêlent : le lecteur médite-t-il encore ou n'est-il que lecteur passif ? La lecture ne lui fait-elle pas découvrir la place à laquelle il est appelé pour qu'il soit sauvé. Mais si un tel pouvoir est entre les mains du lecteur, il faut le lui retirer.

La direction spirituelle moderne met l'esprit à la roue : conquête de sujets émancipés, domination des clercs, manifestation des dispositifs de la gouvernementalité, utopie d'une société que la parole libérée du désir engendre ? La direction spirituelle est un des lieux d'articulation du rapport entre les individus au sein d'une société. Cette interaction altère et constitue des sujets qui mettent en œuvre au sein d'une culture donnée les médiations qu'ils inventent. La direction spirituelle, qui s'est frayée un chemin dans la littérature de l'époque moderne, institue des liens sociaux entre des sujets qu'elle met à l'épreuve, dans la critique et l'utopie de la cordialité.

ANNEXE 1

Pierre Coton, *Méditations sur la vie de Notre Sauveur Jésus Christ dressées par le commandement de la Reyne*, Paris, Eustache Foucault, 1614

Au Roy

Sire,

Tout ainsi qu'il y a dans l'aire plus de paille que de grain, en la vigne de pampres que de raisins, sur les arbres, plus de feuilles que de fruits ; et comme il y a plus d'eau salée que de douce, plus de terre qui ne porte point d'or, que de celle qui produit ce précieux métal ; tout de même, dit Esdras [Esdras ch. 5. 2 & 3], sera plus grand le nombre des réprouvés que celui des Prédestinés. La principale raison de ce désastre provient de ce que, comme il est plus aisé de démolir que de bâtir, de perdre que de trouver, de descendre que de monter, de mourir que de ressusciter, pareillement depuis le désarroi de la justice originelle, il est plus facile à l'homme de tomber, que de se relever, de pécher, que de bien faire, de se damner, que de se sauver.

Dieu Père de Miséricorde voyant ce désordre de la nature qu'il avait formée à son image, envoya son cher fils, lui commandant de prendre chair humaine, pour remédier à ce mal qui était autrement incurable. Et voilà néanmoins que s'étant fait homme pour les hommes, à peine s'en trouve-t-il un parmi les milliers qui hausse sa vue, pour contempler ce Rédempteur, un entre millions, auquel il vienne en pensée de régler sa vie sur celui qui a exposé la sienne, pour les garantir de la mort. Les Lacédémoniens parlent de leur Argilaüs, les Thébains de leur Epaminondas, les Athéniens de leur Thémistocle, toute la Grèce de son Alexandre, Rome et l'Occident de ses Scipion, Pompée et César, et n'y a pour le jourd'hui soldat qui n'en chante les prouesses, petit écolier qui n'en sache les Parallèles, Humaniste qui n'en déclame les

Dits et Réponses, faits et gestes. Et s'il est question de la vie, de la mort, de la doctrine, ou des miracles de Jésus-Christ l'honneur et les délices du ciel et de la terre, il faut être longtemps en quête pour rencontrer qui les entende, plus encore pour trouver qui les médite, et plus, sans comparaison, pour découvrir qui les imite. Et ne sait-on, hors les familles religieuses, et quelque petit nombre de bons ecclésiastiques, et autres personnes séculières, où le fils de Dieu puisse trouver retraite. Aveuglement si prodigieux, ingratitude si dénaturée, que quand il n'y aurait autre manquement au monde, ni autre cause d'une si déplorable perte, celle-ci est par trop suffisante à décréter contre l'homme, sentence de condamnation. J'avoue, Sire, tout imparfait que je suis, que c'est ce qui m'a souvent mis les regrets en l'âme, les soupirs en la poitrine, la larme à l'œil, la prière sur les lèvres, et la parole en la bouche ; et qui maintenant me met cette plume en main, pour essayer si les conceptions imprimées n'auront point plus d'énergie en cet endroit que la vive voix, vu mêmement que par ce moyen, elles durent et subsistent davantage, peuvent être lues et relues plus attentivement. Le mépris de Jésus-Christ est un si grand mal, et mettre à nonchaloir ce qu'il a dit et fait, et enduré pour nous, ingratitude si détestable, que quand toute la terre servirait de table d'attente, toute l'eau de la mer serait changée en encre, ou en couleurs, tous les arbres en plumes ou en pinceaux, et tous les animaux, en peintres ou écrivains, on n'en saurait représenter suffisamment l'énormité. En quoi donc se pourraient mieux et plus utilement employer ceux auxquels Dieu a donné le talent de pouvoir dire et écrire quelque chose qu'à persécuter ce monstre de nature et de grâce qu'à réveiller les hommes d'une si profonde léthargie, et qu'à leur rendre la vue en leur proposant l'objet qu'ils doivent contempler avec les yeux de la foi, durant leur séjour en ce monde, s'ils prétendent de le voir tel qu'il est en sa gloire en une vie meilleure.

Il a plu à V. M. Sire, de me prêter l'oreille quelquefois sur ce sujet, en chaire; il lui plaira maintenant de me faire aussi l'honneur quand elle sera à son Oratoire de jeter l'œil sur ce petit volume. Elle y verra, comme dans un miroir, la vie, les mœurs et la doctrine du Réparateur des siècles, avec les profits, et les documents que l'on peut retirer de chaque point. Le premier tome, qui représentait les fruits, que l'on peut cueillir sur l'arbre de la Croix, fut dédié à la Reine Votre mère, environ le temps qu'elle avait besoin d'alléger sa douleur, en considérant celle de la plus grande et signalée Dame du monde dont elle porte le très illustre nom. Le second (qui est le premier en ordre), appartient ores à votre Majesté, d'autant plus qu'étant à la veille de sa Majorité et comme aux portes de son Adolescence, elle est autant capable que désireuse de reconnaître celui qui est la cause efficiente, méritoire, exemplaire et finale tant des grands biens qu'elle possède, que de ceux qu'elle espère : c'est celui dont je décris et médite la vie, lequel je supplie d'épandre ses bénédictions sur tous ceux qui liront ces feuilles, et beaucoup plus de les accroître sur la sacrée personne de votre Majesté, de qui je suis, le très humble, très fidèle et très obéissant serviteur et sujet, Pierre Coton de la Compagnie de Jésus.

ANNEXE 2

Étienne Binet, *Des attraits tout puissants de l'amour de Jésus Christ et du paradis de ce monde*, Sébastien Cramoisy, 1631

Premier extrait : L'histoire d'Abraham et d'Isaac, miroir de la vie de Jésus-Christ et tableau de la bonté du Père.

Le miroir où on peut voir les plus beaux traits de la vie de Jésus-Christ, et le tableau excellent de la bonté ineffable du Père éternel, c'est l'histoire d'Abraham et d'Isaac. Les premiers Chrétiens en avaient coutume d'avoir ce tableau en leurs maisons, comme un remède à tous les maux que le cœur peut souffrir en ce monde. La vue de cette amoureuse offrande console si fort une bonne âme, qu'il n'y a supplice qu'elle ne trouve doux, considérant attentivement ce sacrifice.

Qui veut donc savoir l'ineffable bonté de Dieu notre Père en nous donnant son Fils, et qui veut voir les perfections de Jésus-Christ, dans un tableau raccourci, mais tiré au vif, il faut suivre mot à mot le narré de cette histoire, et bien peser toutes les paroles, et les goûter, pour en tirer le suc et la substance. Quiconque donc veut apprendre à bien servir Dieu, il faut lire ce que fit Abraham, et ce que souffrit Isaac ; se mouler là-dessus, et y façonner sa vie : et voilà un vrai moyen d'être bientôt un Saint du Paradis.
p. 23-24

Deuxième extrait : La demande de Dieu à Abraham

Prends ton cher fils Isaac ; le cœur me tremble ; je ne sais pas si celui d'Abraham en fait de même : je prévois ici quelque malheur ; que ne prend-on plutôt Ismaël ? Aussi bien le faut-il chasser. Que ne prend-on le fils d'un de ses valets ? Que veut-on faire de cet innocent Isaac qui est beau comme le plus beau jour, et bon comme un Ange, et qui est le seul appui de la maison, la lumière des yeux du père, et le cœur de la mère. Que prétend faire Dieu de ce saint homme et de ce fils unique ?

Prends ton fils, et je te commande que tu me l'offres en holocauste. Autant de mots, ce sont autant de coups de dague, et autant de quarreaux du Ciel qui martyrisent le cœur de ce pauvre et misérable père.
p. 26

Troisième extrait : La grandeur d'Abraham

Un bon père n'a pas plus grande frayeur que voir mourir son fils devant soi ; et quand il faut arriver à cette extrémité déplorable que de faire mourir quelqu'un, on en cache tous les instruments, et toutes les circonstances qui peuvent faire crever le cœur des pères et des mères ; vous avez vous-même commandé que jamais on ne sacrifiât la brebis et l'agneau, la mère et le fils tout ensemble, et pourtant vous le faites ici, car en nommant Isaac et Abraham, vous massacrez le fils d'un coup de coutelas, et le pauvre père d'un coup horrible de tonnerre ; et pour l'accabler tout à fait, vous lui dites, et redites, et ce n'est jamais fait. O Dieu, quel brave homme que ce saint patriarche ! quel cœur d'or massif ! quelle âme diamantine ! quelle fidélité envers Dieu ! quel cœur et quel amour épuré ! combien de pères et de mères seraient morts de frayeur, et lui le saint homme ne dit pas un seul mot ; je ne sais pas s'il change de couleur au visage ; je sais bien que son cœur ne branle nullement, et que sa constance est tout à fait inébranlable.
p. 33

Quatrième extrait : la tentation d'Abraham ?

Ne lui vint-il point en pensée que tout cela n'était qu'une illusion du malin esprit, plutôt qu'une vision de Dieu ou du bon Ange ? Une chose si étrange viendrait-elle de Dieu qui est si bon ? [...] Tout ceci n'est-il pas évidemment contre les lois du ciel qui détestent les sacrifices des chairs humaines et les défendent sous peine de mort. [...] Qui jamais représentera mieux Dieu le Père qu'Abraham, et le fils de Dieu qu'Isaac. Cependant, ce n'est pas Dieu le Père qui a crucifié son Fils, mais il l'a abandonné à la barbarie des bourreaux, et ici on veut que ce soit Abraham même qui en soit l'exécuteur ?
p. 34-35

Cinquième extrait : s'abandonner à la Providence de Dieu

Mon fils, c'est l'affaire de Dieu, laissons-lui en le souci, et la conduite ; il y pourvoira en son temps, et nous donnera une brebis telle qu'il nous la faudra ; allons seulement faire ce qu'il commande ; il faut mourir et obéir, quand Dieu parle.

Il demande un fils qui n'est qu'un homme, et, véritablement, c'est qu'il veut donner son Fils, qui sera homme et Dieu. Il en demande un seul pour en donner un million ; c'est la coutume : il demande de la terre pour nous donner le Paradis ; il arrache nos cœurs pour enchâsser le sien au milieu de nos seins, et fait semblant de nous ravir la vie périssable pour nous faire gagner l'éternelle. Que le ciel et la terre puissent adorer à jamais une si excessive bonté ! p. 44

ANNEXE 3

Ignace et la Compagnie, brève chronologie

1491	Naissance d'Ignace de Loyola
1521	Blessure au siège de Pampelune
1526	Cycle des Arts libéraux à Alcala. Premier procès pour soupçon d'illuminisme
1528	Études latines au collège de Montaigu à Paris
1533	Licencié. Donne les Exercices à Pierre Favre
1534	Vœux de Montmartre.
1535	Maître ès Arts. Enquête de l'Inquisition sur les Exercices.
1538	Rome : prédication, exercices, pauvres. Renonce à Jérusalem. « Offrande » au pape
1539	Délibération. Préparation de la Bulle pontificale de fondation
1540	Bulle *Regimini Militantis*
1541	Début de la rédaction des *Constitutions*. Premières constitutions sur les collèges. Élection d'Ignace comme Préposé général
1544	Fragment du *Journal*. Premières constitutions sur les missions.
1546	1e Province créée au Portugal.
1547	Jean Polanco secrétaire. Création de la Province d'Espagne.
1548	Poursuite des *Constitutions*. Paul III approuve et recommande les *Exercices*.
1550	*Expocit debitum* de Jules III. Achèvement de la première version des *Constitutions*.
1551	Examen des *Constitutions* par les Pères. 1res règles du Collège Romain. Création de la Province d'Italie

1552	Achèvement du texte des *Constitutions*. Fondation du Collège Germanique.
1553	Création de la Province du Brésil. Dictée du *Récit*
1554	Nadal vicaire général.
1555	*Récit*. Création de la Province de France.
1556	Création des Provinces de Germanie. Mort d'Ignace
1558	Congrégation générale élit Jacob Lainez. Approbation du texte définitif des *Constitutions*
1565	Élection de Francisco de Borgia comme Préposé général
1573	Élection de Everard Mercurian
1581	Élection de Claudio Acquaviva
1615	Élection de Muzzio Vitelleschi

BIBLIOGRAPHIE

Dans le fil du texte et dans les notes, nous avons utilisé ces abréviations suivantes :

ES *Exercices spirituels*, suivi du numéro du paragraphe. Le texte adopté est celui de l'édition des *Écrits*, M. Giuliani, 1991.

CS *Constitutions*, suivi du numéro du paragraphe. Le texte adopté est celui de la version officielle de la Compagnie de Jésus, dit texte D, traduite du latin : *Constitutions*, Paris, Compagnie de Jésus, 1997. Nous avons revu la traduction à partir du texte des *Monumenta*.

SOURCES

BINET, Étienne, *Recueil d'œuvres spirituelles du P. Étienne Binet de la Compagnie de Jésus*, Rouen, Richard Lallemant, 1620.

BINET, Étienne, *Abrégé de la perfection chrétienne très propre pour guider une âme en peu de temps au plus haut degré d'icelle, par un chemin assuré, court et solide, composé par le R. P. Achille Gagliardi, et traduite de l'italien en français par le R. P. Binet*, Saint-Omer, Charles Boscart, 1621.

BINET, Étienne, *L'ineffable miséricorde de Dieu à la conversion du bon larron*, Paris, Sébastien Cramoisy, 1626.

BINET, Étienne, *De l'état heureux et malheureux des âmes souffrant en purgatoire*, Sébastien Cramoisy, 1626

BINET, Étienne, *La Pratique du saint Amour de Dieu*, Paris, Sébastien Chappelet, 1631.

BINET, Étienne, *Des attraits tout puissants de l'amour de Jésus-Christ et du paradis de ce monde*, Paris, Sébastien Cramoisy, 1631.

BOUHOURS, Dominique, *Les Entretiens d'Ariste et d'Eugène*, Paris, Sébastien Mabre-Cramoisy, 1671.

DA CÂMARA, Luis Gonçalves, *Mémorial*, Paris, DDB, Christus, 1966.
CAUSSIN, Nicolas, *Traité de la conduite spirituelle selon l'esprit du B. François de Sales, évêque de Genève*, Paris, Sébastien Chappelet, 1637.
CAUSSIN, Nicolas, *La Cour Sainte*, Sébastien Chappelet, Paris, 1638.
Constitutions de la Compagnie de Jésus, éd. F. Courel, preface F. Roustang, DDB, Christus, 1966.
COTON, Pierre, *Méditations sur la vie de Notre Sauveur Jésus Christ, dressées par le commandement de la Reyne*, Paris, Eustache Foucault, 1614.
La Vie du Père Pierre Coton de la Compagnie de Jésus, confesseur des Rois Henry IV et Louis XIII, par le Père Pierre Joseph d'Orléans, de la même Compagnie, Paris, Étienne Michallet, 1688
FAVRE, Pierre, *Mémorial*, éd. M. de Certeau, Christus, Desclée de Brouwer, 1959.
LA FONTAINE, Jean de, *Œuvres complètes. Fables et Contes*, J. –P. Collinet éd., Gallimard, La Pléiade, 1991.
GAGLIARDI, Achille, *Per via di annichilazione. Un testo di Isabella Cristina Berinzaga redatto da Achille Gagliardi*, éd. M. Gioia, Pontificia Università Gregoriana, Morcelliana, Brescia, 1994.
GAGLIARDI, Achille, *Un Breve Compedio di perfezione cristiana. Un testo di Achille Gagliardi*, saggio introduttivo e ed. critica a cura di Mario Gioia, Pontificia Università Gregoriana, Morcelliana, Brescia, 1996.
GAGLIARDI, Achille, *Commentaire des Exercices, Breve Compedio*, Desclée de Brouwer-Bellarmin, Christus, n° 83, 1996.
LE GAUDIER, Antoine, *De natura et statibus perfectionis*, Paris, Sébastien Cramoisy, 1643
LE GAUDIER, Antoine, *De la perfection de la vie spirituelle*, Bruxelles, 1908.
GUILLORÉ, François, *Les secrets de la vie spirituelle qui en découvrent les illusions*, Paris, chez Étienne Michalet, 1673
Institutum Societatis Iesu, vol. II, Florence, 1892-1893.
LOYOLA, Ignatio de, *Exercitia Spiritualia*, éd. J. Calveras et C. de Dalmases, *Monumeta Historica Societatis Iesu*, Rome, 1969.
LOYOLA, Ignatio de, *Monumenta Ignatiana, Series Secunda, Exercitia Spiritualia, Sancti Ignatii de Loyola et eorum Directoria*, Nova Editio, Institutum Historicum Societatis Iesu, Roma, 1969.
LOYOLA, Ignace de, *Texte autographe des* Exercices spirituels *et documents contemporains (1526-1615)*, éd. E. Gueydan, DDB, Christus, 1986.
LOYOLA, Ignace de, *Écrits*, éd. M. Giuliani, Desclée de Brouwer, Christus, 1991.
LOYOLA, Ignace de, *Journal des motions intérieures*, édition critique et nouvelle traduction des manuscrits autographes par P. A. Fabre, Au Singulier, Lessius, 200
Monumenta Ignatiana, Directoria (1540-1599), éd. I. Iparraguirre, tomus II, *Monumeta Historica Societatis Iesu*, Rome, 1955.

La Guide ou Directoire des Exercices spirituels du B. P. Ignace, Paris, chez Sébastien Huré, MDCXIX.

POLANCO, Juan, *Directorium breve ad confessarii, ac confessarii, ac confitentis munus recte*, Roma, 1573.

POLANCO, Juan, *Vita Ignatii Loyola et rerum Societatis Historia*, 6 vol., Madrid, IHSI, 1894-1898.

LALLEMANT, Louis, *Doctrine spirituelle*, éd. D. Salin, Paris, DDB-Bellarmin, coll. Christus, 2011.

LEJEUNE, Paul, *Épitres spirituelles écrites à plusieurs personnes de piété touchant leur intérieur, Par une personne fort expérimentée dans la conduite des âmes*, Paris, Florentin Lambert, 1665.

Les Relations de ce qui s'est passé dans la Nouvelle France, Sébastien Cramoisy. *Monumenta Novae Franciae, Monumenta Historica Societatis Iesu*, Rome-Montréal, 9 vol., 1967-2003.

MOLIÈRE, *Œuvres complètes*, G. Forestier éd., Gallimard, La Pléiade, 2010, t. 1.

MONTAIGNE, Michel de, *Journal*, éd. François Rigolot, PUF, 1992.

Ordonnances Royaux, déclarations, et arrêts du Conseil d'État du Roi concernant le Canada, « Acte pour l'établissement de la Compagnie des Cent-Associés pour le commerce du Canada contenant les articles accordés à ladite Compagnie par M. le Cardinal de Richelieu, le 29 avril 1627 », *Québec*, E. Fréchette, 1854.

RAPIN, René *Dissertatio de carmine pastorali. Dissertation sur le poème pastoral*, éd. P. Thouvenin, Classiques Garnier, Bibliothèque du XVIIe siècle, 2014.

SURIN, Jean-Joseph, *Guide spirituel*, éd. M. de Certeau, Desclée de Brouwer, coll. Christus, n° 12, 1963, p. 207

SURIN, Jean-Joseph, *Correspondance*, éd. M. de Certeau, préface de J. Green, Desclée de Brouwer, Bibliothèque européenne, 1966.

SURIN, Jean-Joseph, *Cantiques spirituels de l'Amour divin*, éd. B. Papàsogli, Florence, L. S. Olschki, Biblioteca della Rivista di Stori e letteratura religiosa, 1996.

SALES, François de, *Œuvres*, A. Ravier et R. Devos (éd.), Paris, Gallimard, La Pléiade, 1969.

ÉTUDES

ADNÈS, Pierre « Luxure spirituelle », *Dictionnaire de spiritualité*, t. 9, col. 1260-1264, Paris, Beauchesne, 1976.

ALDAMA, Antonio-Maria, *Iniciación al estudio de las Constituciones*, Roma, Centrum Ignatianum Spiritualitatis, 1981.

ALDAMA, Antonio-Maria, *Repartiéndose en la viña de Cristo. Comentario a la séptima parte de la Constituciones de la Compañía de Jesús*, Roma, Centrum Ignatianum Spiritualitatis, 1973.

Art de la lettre, art de la conversation à l'époque classique en France. Actes du colloque de Wolfenbüttel, octobre 1991, B. Bray, C. Strosetzki (éd.), Paris, Klincksieck, 1995.

AUBENQUE, Pierre, *La Prudence chez Aristote*, Paris, Presses Universitaires de France, Quadrige, 2014 (1963).

BARTHES, Roland, *Sade, Fourier, Loyola*, Paris, Seuil, Essais, 2016 (Tel Quel, 1971).

BARTOK, Tibor, *Un interprète et une interprétation de l'identité jésuite. Le Père Louis Lallemant et sa doctrine spirituelle*, Roma, Pontificio Istituto Biblico, 2016.

BATAILLON, Marcel, *Les jésuites dans l'Espagne du XVIe siècle*, P. A. Fabre éd., Paris, Les Belles Lettres 2009.

BELIN, Christian, *La conversation intérieure : la méditation en France au XVIIe siècle*, Paris, Honoré Champion, Littératures classiques, 2002.

BERRIOT-SALVADORE, Evelyne, *Les femmes dans la société française de la Renaissance*, Genève, Droz, 1990, Histoire des idées et critique littéraire, n° 285.

BÉRIOU, Nicole, *L'avènement des maîtres de la Parole. La prédication à Paris au XIIIe siècle*, Paris, Institut des Études Augustiniennes, 2000.

BEIRNAERT, Louis, *Aux frontières de l'acte analytique. La Bible, saint Ignace, Freud et Lacan*, Paris, Seuil, 1987.

BERTRAND, Dominique, *Un corps pour l'Esprit. Essai sur l'expérience communautaire d'après* Les Constitutions, Paris, DDB-Christus, 1974.

BERTRAND, Dominique, *La politique de Saint Ignace de Loyola. 1. Analyse sociale*, Paris, Cerf, 1985.

BIET, Christian, et al. « L'écriture du crime dans le théâtre de la cruauté et les récits sanglants français de la fin du XVIe au début du XVIIe siècle », *Littératures classiques*, vol. 67, no. 3, 2008, p. 231-245.

BIET, Christian, *Théâtre de la cruauté et récits sanglants, France XVIe-XVIIe*, éd. C. Biet, Paris, Robert Laffont, 2006.

BOCHET, Isabelle, *« Le Firmament de l'Écriture ». L'herméneutique augustinienne*, Paris, Institut d'Études Augustiniennes, Série Antiquité, 172, 2004.

BOQUET, Damien, Nagy, PIROSKA, *Sensible Moyen Age. Une histoire des émotions dans l'Occident médiéval*, Paris, Seuil, L'univers historique, 2015.

BREMOND, Henri, *Histoire littéraire du sentiment religieux. Depuis la fin des guerres de religion jusqu'à aujourd'hui*, éd. F. Trémolières, Grenoble, Jérôme Millon, 2006.

BRIANT, Isabelle, *Prêcher à Paris sous l'Ancien Régime. XVIIe-XVIIIe siècles*, Classiques Garnier, 2014.

BUSTARRET, Marie-Caroline, *Marie de l'Incarnation. Honorer le singulier*, Cerf Patrimoine, 2018.

CERTEAU, Michel de, « Crise sociale et réformisme spirituel au début du XVIIe siècle : une "nouvelle spiritualité chez les jésuites français" », *Revue d'Ascétique et Mystique*, 1965, t. 41, p. 339-386.

CERTEAU, Michel de, *La Fable mystique 1., XVIe-XVIIe*, Paris, Gallimard, Tel, 1987 (1982).

CERTEAU, Michel de, *L'invention du quotidien. 1. Arts de faire*, Paris, Gallimard, Folio Essais, 1990, (1980).

CERTEAU, Michel de, « Histoire des jésuites », *Le lieu de l'autre*, éd. L. Giard., Paris, Seuil/Gallimard, Hautes Études, 2005, p. 155-194.

CERTEAU, Michel de, « L'espace du désir ou le "fondement" des Exercices spirituels », chapitre X, *Le lieu de l'autre : histoire religieuse et mystique*, Paris, Seuil/Gallimard, 2005, p. 239-247. (Première parution, comme article, dans la revue *Christus*, janvier 1973, n° 77).

CHADUC, Pauline, *Fénelon, Direction spirituelle et littérature*, Paris, Honoré Champion, coll. Lumière classique, 100, 2015.

CHALINE, Olivier, « Familles parlementaires, familles dévotes, Rennes au XVIIIe siècle », *Annales de Bretagne et des pays de l'Ouest*, 2007.

CHÂTELLIER, Louis, *L'Europe des dévots*, Paris, Flammarion, 1988.

Confréries et dévotions dans la catholicité moderne (mi-XVe-début XIXe), éd. B. Dompnier B., Vismara P. (Rome, École Française de Rome, 2008.

CHEVALLIER, Philippe, *Michel Foucault et le christianisme*, Lyon, ENS éditions, coll. « La croisée des chemins », 2011.

CHEVALLIER, Philippe, « Étudier l'Église comme gouvernementalité », Bulletin du centre d'études médiévales d'Auxerre, BUCEMA, [en ligne], 2013, http://cem.revues.org/12874.

CONGAR, Yves-Marie, *Jalons pour une théologie du laïcat*, Paris, Cerf, Paris, 1953.

CONTE, Sophie, « Louis de Cressolles : le savoir au service de l'action oratoire », *XVIIe siècle*, 2007/4, p. 653-667.

CONTE, Sophie, éd., *Nicolas Caussin : rhétorique et spiritualité à l'époque de Louis XIII. Actes du colloque de Troyes, 16-17 sept. 2004*, Berlin, Lit-Verlag, 2007.

CONTE, Sophie, « Le prédicateur et son auditoire dans les traités de rhétorique sacrée au XVIIe siècle », in *L'éloquence ecclésiastique de la Pré-Réforme aux Lumières*, éd. M. Vénuat et Ch. Jérémie, Paris, Champion, 2015, p. 63-89.

CONWELL, Joseph-F., *Impelling Spirit. Revisiting a founding experience : 1539 Ignatius of Loyola and His Companions*, Chicago, Loyola Press, 1997.

COSTA, Maurizio, *Introduzione allo studio delle Costituzioni S. J.*, Roma, Centrum Ignatianum Spiritualitatis, 1973.

COUPEAU, Carlos, *From Inspiration to Invention. Rhetoric in the Constitutions of the Society of Jesus*, Saint Louis, The Institute of the Jesuit Sources, 2010.

CRAVERI, Benedetta, *L'âge de la conversation*, Gallimard, 2002 (italien, 2001).

DEKONINCK, Ralph, *Emblemata sacra. Rhétorique et herméneutique du discours sacré en images. The Rhetoric and Hermeneutics of Illustrated Sacred Discourse*, R. Dekoninck et A. Guiderdoni-Bruslé éd., Turnhout, Brepols, 2007.

DELUMEAU, Jean, *L'aveu et le pardon : les difficultés de la confession*, Paris, Fayard, 1990.

DEMOUSTIER, Adrien, « La distinction des fonctions et l'exercice du pouvoir selon les règles de la Compagnie de Jésus », dans L. Giard éd., *Les Jésuites à la Renaissance, Système éducatif et production du savoir*, PUF, 1995, p. 3-33.

DEMOUSTIER, Adrien, *Les* « Exercices spirituels » *de Saint Ignace de Loyola. Lecture et pratique d'un texte*, Paris, Éditions Facultés jésuites de Paris, 2006

DESLANDRES, Dominique, « Dans les Amériques », in Marc Venard (dir.), *Histoire du Christianisme*, t. 9, Paris, Desclée, 1997, p. 615-736.

DESLANDRES, Dominique, *Croire et faire croire. Les missions françaises au XVIIe siècle*, Fayard, 2003.

DICTIONNAIRE DE SPIRITUALITÉ, ASCÉTIQUE ET MYSTIQUE. DOCTRINE ET HISTOIRE, Paris, Beauchesne, 1935-1995.

DUYCK, Clément, Poétique de l'extase (France 1601-1675), Paris, Classiques Garnier, coll. « Lire le XVIIe siècle », 2019.

ELIAS, Norbert, *La société des individus*, Avant-propos de R. Chartier, trad. J. Etoré, Paris, Fayard, 1991 (1987).

FABRE, Pierre Antoine, « Dépouilles d'Égypte. L'expurgation des auteurs latins dans les collèges jésuites », *Les Jésuites à la Renaissance. Système éducatif et production du savoir*, éd. L. Giard, PUF, 1995, p. 55-76.

FABRE, Pierre Antoine, « Lire une méditation écrite. Direction spirituelle et littérature de spiritualité à travers quelques pages de Louis Richeome, jésuite (1544-1625) », *Annali del Istituto storico italo-germanico*, Trento, 2004, p. 25-51.

FABRE, Pierre Antoine, « La circulation de la force dans les exercices spirituels d'Ignace de Loyola », *Rivista di storia del Cristianesimo*, Brescia, 1, 2010, p. 85-95.

FABRE, Pierre Antoine, « La décision de partir comme accomplissement des Exercices ? Une lecture des Indipetae », *Archivum Historicum Societatis Iesu*, 2010.

FABRE, Pierre Antoine, « L'obéissance comme représentation dans la Compagnie de Jésus », *Négocier l'obéissance. Hommage à Bernard Vincent*, EHESS, 2013.

FABRE, Pierre Antoine, « Un désir antérieur. Les premiers jésuites des Philippines et leurs *Indipetae* (1580-1605) », *Notre lieu est le monde. Missions religieuses dans le monde ibérique à l'époque moderne*, éd. P. A. Fabre et B. Vincent, Bibliothèque de l'École Française de Rome, 2007.

FABRE, Pierre Antoine, « L'autorité sociale de la Compagnie de Jésus par la pratique des Exercices spirituels (XVIe-XXe siècles) », Actes du Colloque *Les sources religieuses de la liberté des consciences*, Nancy, 2017.

FABRE, Pierre Antoine, GOUJON, Patrick « Les *Exercices spirituels* dans le développement de la Compagnie de Jésus à l'époque du généralat d'Acquaviva », *The Acquaviva Project. Claudio Acquaviva's Generalate (1581-1615)*, éd. F. Rurale, P. A. Fabre, Boston, Brill, Jesuit Studies, 2017.

FABRE, Pierre Antoine, ROMANO, Antonella, « Les jésuites dans le monde moderne. Nouvelles approches », *Revue de synthèse*, t. CXX, 1999, no 2-3, avril-septembre 1999.

FEBVRE, Lucien, *Au cœur religieux du Seizième siècle*, Paris, Bibliothèque de l'École Pratique des Hautes Études, 1957.

FESSARD, Gaston, *La dialectique des Exercices spirituels de Saint Ignace de Loyola*, Paris, Aubier, coll. Théologie, n° 35, 1956.

FILORAMO Giovanni, *Storia della direzione spirituale*, éd. Zarri Gabriella, vol. 3, *L'età moderna*, Brescia, Morcelliana, 2008.

FOUCAULT, Michel, *L'archéologie du savoir*, Paris, Gallimard, Bibliothèque des Sciences humaines, 1969.

FOUCAULT, Michel, *Le Souci de soi*, *Histoire de la sexualité* 3, Paris, Gallimard, 1984.

FOUCAULT, Michel, « Les techniques de soi », *Dits et* Écrits, vol. IV, Paris, Gallimard, 1994, p. 783-812.

FOUCAULT, Michel, *Les anormaux. Cours au Collège de France, 1974-1975*, éd. V. Marchetti et A. Salomoni, Paris, Seuil/Gallimard, Hautes Études, 1999.

FOUCAULT, Michel, *Sécurité, territoire, population. Cours au Collège de France*, 1977-1978, éd. M. Senellart, Paris, Seuil/Gallimard, Hautes Études, 2004.

FOUCAULT, Michel, *Le gouvernement de soi et des autres. Cours au Collège de France, 1982-1983*, éd. F. Gros, Paris, Seuil/Gallimard, Hautes Études, 2008.

FOUCAULT, Michel, *Du gouvernement des vivants. Cours au Collège de France*, 1979-1980, éd. M. Sellenart, Seuil-Gallimard, 2012.

FOUCAULT, Michel, *Origine de l'Herméneutique de Soi. Conférences prononcées à Dartmouth College, 1980*, éd. H.-P. Fruchaud et D. Lorenzini, Paris, Vrin, 2013.

FOUCAULT, Michel, *Les aveux de la chair, Histoire de la sexualité IV*, éd. F. Gros, Coll. Bibliothèque des histoires, Gallimard, 2018.

FOUQUERAY, Henri, *Histoire de la Compagnie de Jésus en France*, t. 5, Paris, 1924.

FUMAROLI, Marc, « La conversation », *Les lieux de mémoire*, éd. P. Nora, III, 2, Gallimard, 1992, p 679-743.

FUMAROLI, Marc, *L'Âge de l'éloquence. Rhétorique et « res literaria » de la Renaissance au seuil de l'époque classique*, Paris, Albin Michel, 1994 (1980).

FUMAROLI, Marc, « L'art de la conversation ou le Forum du Royaume », *La Diplomatie de l'Esprit*, Hermann, 1994, p. 283-320.

GANSS, Georg-E., *The Constitutions of the Society of Jesus*, Translated with an introduction and a commentary by George-E. Ganss, Saint Louis, The Institute of the Jesuit Sources, 1970.

GARCIA HERNAN, Enrique, *Ignace de Loyola*, trad. P. A. Fabre, Paris, Seuil, 2016.

GAY, Jean-Pascal, *Morale en conflits : Théologie et polémique au Grand siècle (1640-1700)*, Paris, Cerf, 2011.

GAY, Jean-Pascal, *Jesuit Civil Wars : Theology, Politics and Government Under Tirso Gonzalez* (1687-1705), Ashgate Publishing, 2012.

GENNEP, Arnold van, *Les rites de passage : étude systématique des rites de la porte et du seuil, de l'hospitalité, de l'adoption, de la grossesse et de l'accouchement, de la naissance, de l'enfance, de la puberté, de l'initiation, de l'ordination, du couronnement, des fiançailles et du mariage, des funérailles, des saisons, etc.*, Paris, 1909, Réédition augmentée, 1969.

GILMONT, Jean-François, *Les écrits spirituels des premiers jésuites*, Rome, IHSI, 1961, p. 57-72.

GIULIANI, Maurice, *L'accueil du temps qui vient. Études sur Saint Ignace de Loyola*, Namur, Lessius, coll. Christus, 2015 (2003).

GOUJON, Patrick, *Prendre part à l'intransmissible. La communication spirituelle à travers la correspondance de J.-J. Surin*, Grenoble, Jérôme Millon, 2008.

GOUJON, Patrick, « Textes spirituels et existence chrétienne : la place évangélique du lecteur », *Recherches de Science Religieuse*, 97/1, 2009, p. 13-32.

GOUJON, Patrick, « Elites and Constitution of Jesuit Identity », *Oxford Handbook of the History of the Jesuits*, I. Zupanov éd., Oxford-New York, Oxford University Press, 2018.

GOUJON, Patrick, *Les conseils de l'Esprit. Lire les lettres d'Ignace de Loyola*, Namur, Lessius, 2017.

GOUJON Patrick et HOUDARD Sophie, « Les "saintes liaisons" de Mme du Houx (1616-1677) : la direction spirituelle, un réseau de pratiques sociales », *Les*

Dossiers du Gribl [En ligne], Les dossiers de Sophie Houdard, mis en ligne le 16 juin 2015. URL : http://dossiersgrihl.revues.org/6242

GOUVERNAIRE, Jean, *Quand Dieu entre à l'improviste*, Paris, Desclée de Brouwer, Christus, 1980.

GOYET, Francis, *Les audaces de la prudence. Littérature et politique aux XVIe-XVIIe siècles*, Paris, Classiques Garnier, 2009.

GUERRA, Alessandro, *Un generale fra le milizie del papa. La vita di Claudio Aquaviva scritta da Franceso Sacchini della Compagnia di Gesù*, Milan, Francoangeli, 2001, p. 189-191.

GUIBERT, Joseph de, *La spiritualité de la Compagnie de Jésus. Esquisse historique*, Rome, IHSI, 1953.

HADOT, Pierre, *Exercices spirituels et philosophie antique*, Paris, Bibliothèque Augustinienne, 1981.

HADOT, Pierre, « Réflexion sur la notion de "culture de soi" », *Michel Foucault philosophie, Rencontre internationale Paris 9, 10, 11 janvier 1988*, Seuil, Des Travaux, 1989, p. 261-268.

HADOT, Pierre, *La Philosophie comme manière de vivre*, Entretiens avec J. Carlier et A. I. Davidson, Paris, Albin Michel, Biblio Essais, 2001.

HAUSSHERR, Irénée, *Direction spirituelle en Orient autrefois*, Rome, Orientala Christiana Analecta, 144, 1955.

HOUDARD, Sophie, « La donation pure et simple : la mystique contractuelle chez Jean-Joseph Surin », *Littératures classiques*, 40, 2000, p. 295-308.

HOUDARD, Sophie, « Expérience et écriture des *Choses de l'autre vie* chez Jean-Joseph Surin », *Littératures classiques*, « Littérature et religion », éd. G. Ferreyrolles, 39, 2000, p. 331-347.

HOUDARD, Sophie, « Le cri public du fils abandonné », *Littératures classiques*, n° 68, 2009, p. 273-284.

HOUDARD, Sophie, *Les invasions mystiques. Spiritualités, hétérodoxies et censures au début de l'époque moderne*, Les Belles Lettres, 2008.

HOURS, Bernard, *Des moines dans la cité. XVIe-XVIIIe siècles*, Paris, Belin, 2016.

IPARRAGUIRRE, Ignacio, *Historia de los ejercicios espirituales*, II, Rome, 1955.

JAER, André de, *Faire corps pour la mission. Lire les Constitutions de la Compagnie de Jésus*, Namur, Lessius, 1998.

JOUHAUD, Christian, « Histoire et histoire littéraire. Naissance de l'écrivain », *Annales*, juillet-août 1988, n° 4.

JOUHAUD, Christian, *Les pouvoirs de la littérature. Histoire d'un paradoxe*, Paris, Gallimard, NRF Essais, 2000.

JOUHAUD, Christian, *Richelieu et l'écriture du pouvoir. Autour de la journée des Dupes*, Paris, Gallimard, 2015.

KANT, Emmanuel, *Qu'est-ce que les lumières ?*, in *Œuvres philosophiques*, F. Alquié éd. Paris, Gallimard, La Pléiade, 1985.

KELLER LAPP, Heidi, « Le devenir des Jésuitesses : les missionnaires ursulines du monde atlantique », *Histoire et missions chrétiennes*, 2010/4, p. 19-51.

KOLVENBACH, Hans-Peter, "*Quaedam via*. Un certain chemin", Rome, *Centrum Ignatianum Spiritualis*, n° 68, 1991, p. 112-126.

La Lyre jésuite. Anthologie de poèmes latins (1620-1730), A. Thill et G. Banderier éd., Librairie Genève, Droz, Travaux du Grand siècle, 1999.

La religion des élites au XVIIe siècle, éd. D. Lopez, C. Mazouer, E. Suire, Tübingen, Gunter Narr Verlag, Biblio 17.

LE BRUN, Jacques, « Les Écrits d'Ignace de Loyola », *Recherches de Science Religieuse*, 79/4, 1991, p. 493-505.

LE BRUN, Jacques, *La Jouissance et le trouble. Recherches sur la littérature chrétienne de l'âge classique*, Genève, Droz, Titre courant, 2004.

LE BRUN, Jacques, *Le pouvoir d'abdiquer. Essai sur la déchéance volontaire*, Paris, Gallimard, L'esprit de la cité, 2009.

LE BRUN, Jacques, *Sœur et amante. Les biographies spirituelles féminines au XVIIe siècle*, Genève, Droz, Titre courant, 2013.

Le discernement spirituel au XVIIe siècle, éd. S. Icard, Nolin, 2011.

LEGROS, Alain, « Montaigne et Maldonat », *Montaigne studies*, 2001, XIII (1-2), p. 65-98.

LENCQUESAING, Marion de, « Confisquer l'exceptionnel féminin : Jeanne de Chantal et la Femme forte », *Littératures classiques*, n° 90, *Les voies du genre. Rapports de sexe et rôles sexués (XVIe-XVIIIe s.)*, Florence Lotterie éd., 2016, p. 133-148.

LIGTHART, Cornelius, *Le retour des jésuites au dix-neuvième siècle. La vie du P. Général J.-Ph. Roothaan*, Namur, Éditions Culture et Vérité, 1991.

LUBAC, Henri de, *Exégèse médiévale. Les quatre sens de l'Écriture*, Paris, Aubier-Montaigne, 1959-1964.

MAHONEY, John, *The making of moral theology : Study of the roman catholic tradition*, Oxford, Clarendon Press, 1987.

MARIN, Louis, *Utopiques. Jeux d'espace*, Paris, Les Éditions de Minuit, 1973.

MARIN, Louis, *Le récit est un piège*, Paris, Les Éditions de Minuit, 1978.

MARTIN, Philippe, « Le livre de piété jésuite du XVIIe au XIXe : une spiritualité originale ? », *Y a t-il une spiritualité jésuite ? (XVIe-XXIe siècles)*, éd. E. Fouilloux et P. Martin, Lyon, LARHRA, coll. Chrétiens et sociétés, Documents et mémoires n° 30, p. 61-78.

MARTIN, Philippe, *Une religion des livres (vers 1640 – vers 1850)*, Paris, Cerf, 2003.

MARTIN, Philippe, *Le théâtre divin : une histoire de la messe (XVIe-XXe)*, Paris, CNRS, 2009.

MELLINGHOFF-BOURGERIE, Viviane, *François de Sales : 1567-1622. Un homme de lettres spirituelles. Culture, tradition, épistolarité*, Genève, Droz, Travaux d'humanisme et de Renaissance, 1999.

MERLIN-KAJMAN, Hélène, *Public et littérature en France au XVIIe siècle*, Paris, Les Belles Lettres, 1994

MERLIN-KAJMAN, Hélène, *Lire dans la gueule du loup*, Paris, Gallimard, NRF Essais, 2016.

MONGINI, Guido, *Maschere dell'identità. Alle origini della Compagnia di Gesù*, Roma, Edizioni di Storia e letteratura, 2016.

MOSTACCIO, Silvia : « Per via di donna. Il laboratorio della mistica al servizio degli Esercizi Spirituali : il caso Gagliardi/Berinzaga », *Storia della direzione spirituale*, Filoramo Giovanni, Zarri Gabriella éd., vol. 3, *L'età moderna*, Brescia, Morcelliana, 2008, 311-331.

MOSTACCIO, Silvia, *Early Modern Jesuits between obedience and conscience under the generalate of Claudio Acquaviva (1581-1615)*, Farnham-Burlington, Ashgate, 2014.

ORCIBAL, Jean, *Le Cardinal de Bérulle. Évolution d'une spiritualité*, Paris, Cerf, 1965.

OSUNA, Javier, *Amigos en el Señor. Unidos para la dispersión*, Bilbao-Santander, Mensajero-Sal Terrae, 1998.

PAPÀSOGLI, Benedetta, *Le « fond du cœur ». Figures de l'espace intérieur au XVIIe siècle*, Paris, Honoré Champion, Lumière classique, 2000.

PAPASOGLI, Benedetta, *Le sourire de Mentor*, Paris, Honoré Champion, Lumière classique, 2015.

POULIOT, Léon « Le Jeune, Paul », dans *Dictionnaire biographique du Canada*, vol. 1, Université Laval/University of Toronto, 2003, http://www.biographi.ca/fr/bio/le_jeune_paul1F.html

POUSSET, Edouard, *La vie dans la foi et la liberté, Essai sur les Exercices spirituels de St Ignace*, Paris, CERP, 1972.

PROSPERI, Adriano, *Tribunali della coscienza. Inquisitori, confessori, missionari*, Collana Biblioteca di cultura storica, Torino, Einaudi, 1996.

PUDHICHERRY, Francis, *An Analysis and Commentary on Changing Interests and Perspectives* (1900-2009), http://www.ignaziana.org/14-2012.pdf

QUÉNIART, Jean, « La "retraite" de Vannes à la fin du XVIIe siècle », *Revue d'histoire des religions*, 217, 3/2000, p. 547-561.

RANUM, Patricia M. *Beginning to be a Jesuit : Instructions for the Paris Noviciate circa 1685*, Saint Louis, Institute of Jesuit Sources, 2011.

RÉGENT-SUSINI, Anne, « De l'oral à l'écrit : les Sermons du Père Coton "réduits par l'auteur en forme de méditations", ou l'usage du paragraphe dans le livre de dévotion », *Papers on French Seventeenth Century Literature*, Periodicals.narr.de, 2017, *Voyages, rencontres, échanges au XVIIe siècle*, Marseille, https://hal.archives-ouvertes.fr/hal-01456429/document

REICHLER, Claude, « Littérature et anthropologie. De la représentation à l'interaction dans une *Relation de la Nouvelle France au XVIIe siècle* », *L'Homme*, 164, 2002, p. 37-56.

RESTIF, Bruno, *La Révolution des paroisses. Culture paroissiale et réforme catholique en Haute-Bretagne aux XVIe et XVIIe siècles*, Rennes, PUR, 2006.

ROCHEMONTEIX, Camille de, *Nicolas Caussin, confesseur de Louis XIII et le cardinal de Richelieu*, Paris, 1911.

ROUSSET, Jean, *La littérature de l'âge baroque en France. Circé et le paon*, Paris, José Corti, 1953.

ROUSTANG, François, *Influence*, Les Éditions de Minuit, Collection Critique, 1991.

ROUSTANG, François, *La fin de la plainte*, Paris, Odile Jacob, 2001.

RUIZ JURADO, Miguel, *Orígenes del noviciado en la Compañía de Jesús*, Roma, Institutum Historicum Societatis Iesu, 1980.

SÉGUY, Jean, *Conflit, utopie, ou réformer l'Église. Parcours wébérien en douze essais*, Paris, Cerf, 1999.

SKINNER, Quentin, *Les fondements de la politique moderne*, J. Grosmann et J.-Y. Pouilloux (trad.), Paris, Albin Michel, 2001 (1978).

TIPPELSKIRCH, Xenia von, *Sotto controllo. Letture femminili in Italia nella prima età moderna*, Rome, Viella, 2011.

TURRINI, Miriam, *La coscienza e le leggi. Morale et diritto nei testi per la confessione della prima età moderna*, Bologne, 1991.

Una fonte lunga cinque secoli : Litterae Indipetae, éd. Pierre Antoine Fabre, Girolamo Imbruglia, Guido Mongini, Rome, IHSI, 2019.

VAN DAMME, Stéphane, *Le Temple de la sagesse. Savoirs, écriture et sociabilité urbaine, Lyon XVIIe-XVIIIe siècle*, Paris, École des Hautes Études en Sciences Sociales, 2005.

VIALA, Alain, *La naissance de l'écrivain. Sociologie de la littérature à l'âge classique*, Paris, Les Éditions de Minuit, 1992.

VOLPILHAC, Aude, « *Le secret de bien lire* ». *Lecture et herméneutique de soi en France au XVIIe siècle*, Paris, Honoré Champion, Littérature classique, n° 106, 2015.

WATRIGANT, Henri, *Catalogue de la bibliothèque des Exercices*, Enghien, Spes, 1926.

INDEX DES NOMS

INDEX DES NOTIONS

TABLE DES MATIÈRES

Achevé d'imprimer par Corlet Numéric,
Z.A. Charles Tellier, Condé-en-Normandie (Calvados), en mars 2020
N° d'impression : 165047 - dépôt légal : mars 2020
Imprimé en France